KB273381

공연예술신서 1

오태석희곡집 1

백마강 달밤에

오태석 지음

공연예술신서 1

오태석희곡집 1

백마강 달밤에

오태석 지음

평민사

책을 엮으며

자주 공연된 작품중에 占典 李春風傳을 가지고 요새 구미에 맞게 재조립해논 것으로 "春風의 妻"라는 작품이 있습니다.

—아주까리 피마자 열지마라 여지마라. 촌놈의 가시나 놀아를 난다.
 낙동강 칠백리 공굴을 놓구서 하이카라 잡놈이 손짓을 한다. 시집
 살이 못살면 친정 가 살지 술 담배 끊고는 나는 못살레라.

이러고 조잡한 말씨가 많이 동원되는 작품인데 우리 젊은 관객들이 무슨 말인지 모르겠다는 말을 많이 해요. 번역극보다 어렵다는 겁니다.
가령 남녀간에 좋거든 번역극에서는 "나는 너를 사랑한다" 그러고 아주 명료하게 말을 하는데 여기서는 사랑한다 안 그러고 "썩을년" 그러니 그게 어디 사랑하는 거냐 욕하는 거지 그래요.
그래서 정신 나간 사람이라는 말 많이 듣고 어느 평론가한테서는 병원에 가보라는 얘기도 들었습니다.
시골 할머니가 조청이나 인절미 감춰두시던 벽장을 뒤져보면 우리가 모르는 새 죽어버린 말, 숨넘기기 직전에 있는 말, 창지가 이만큼 삐져 있는 말, 금계랍 먹이면 낫을 말 그런 말들이 해묵은 밤·대추·호도 모양 구석구석 숨겨져 있다는 것이 제 생각입니다.
그거 꺼내 양잿물에 담가 빨고 방맹이질하고 밟고 짜서 볕에 널어 보면 그중에 팍 삭아 부스러져버리고 마는 말도 있겠습니다만 어찌저찌 꿰고 나서도 될만한 말 또 왜 없겠느냐, 그러거든 주저 말고 주어 꿰고서 무대로 나서보자는 겁니다.
목소리 돋구어 자주 내지르다보면 그거 쓸만하다 그래서 요행 人

間에 膾炙되기라도 한다면 그거 죽은 자식 살리는 거 아니겠느냐.

　제 말 살려내는 거 演劇이 해야 되는 첫번째 일이라고 굳게 믿으면서도 책으로 엮기에는 잡스런 소리 너무 많아 못 맨들겠다고들 해서 변변한 책 한권없이 지내던 중에 이재명 학형, 평민사 이정옥 님을 만나 책이 한꺼번에 세 권 씩이나 만들어졌으니 세상천지 이러고 고마울 데가 어디 또 있을 것이요.

甲戌年　오태석

차례

백마강 달밤에

등장인물

의자왕
효
태
융
계백
성충
금화
할멈
순단
산신
천신
덕중
이장
한산댁
덕상
근희
영덕
연순
지산
지환
남포댁
수문장

당집

할멈이 당집을 돌아나온다.

산신 아이고 배고파. 누가 밥 한 상 채려주면 죽는 목숨도 살려주
　　련만.
천신 아이고 시끄러, 잠 좀 잡시다.
할멈 (묵 사발을 제상에 바친다) 신장님네 좋아하시는 도토리묵이
　　요. 묵살이 쫄깃쫄깃해요.
천신 도토리. 으―우.
산신 코에 향내 난다.
천신 신물 나오. 혼자 다 자시오.
산신 머리 맑아져.

할멈이 기주(基主)*에 정화수(井華水)를 바치려다 물그릇 떨어뜨
리고 놀래 그 자리에 쭈그리고 앉는다.

할멈 내가 요새 손목 시린게 죙일 가요. 아무래도 얼매 못가 죽을
　　모양이요. 나 죽으면 누가 신장님들한테 조석 바친다우.
순단 뭐 엎질렀다우.

순단이 물그릇을 들고 뒤안으로 든다.

할멈 우리 쟈 순단이밖에 없어요. 쟤 맘 좀 잡아 주시요. 순단이
　　쟤가 요새 읍내 나댕겨라우. 따로 살림을 차릴란가. 엊그제는

---

* 기주(基主) ― 정화수 떠다 놓고 비는 단.

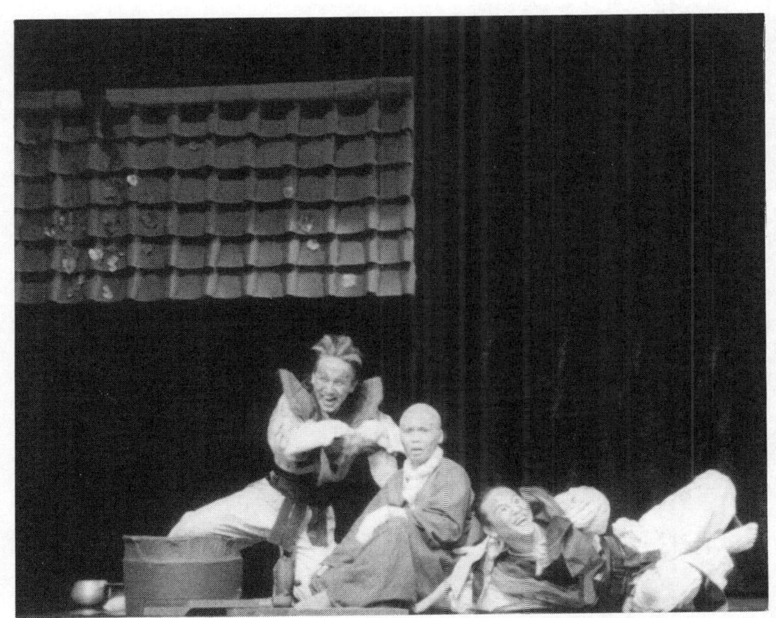

읍내다 방 얻어 놓습디다. 예삿일이 아니요. 신장님만 하늘
모양 알고서 이 정성 바치오니 적다 나무라지 마시고 검다
투정 마시고 만사여의 발원이요.

山神이 맹렬히 묵을 쑤셔 넣는다.

천신 백일 동안 먹고도 질리지도 않는다오. 그거 가지고 나가 먹
어.

산신 백일째여.

천신 오늘이 여드레요.

산신 우리가 그동안 도토리 네다섯 가마 족히 먹었을테니 이 상
그냥 물릴 수 없다. 할멈 꿈 한자락 만들어주자. 할멈. 지금
이 꿈이 어느 국면인고 하니 의자왕(義慈王)이 태자 삼형제
대동하고 사비성 버리고 곰나루로 피난가는 행렬이여. 불러라

불러라 의자왕 불러라.
천신 큰 태자 효 불러라.
산신 차 태자 태 부르고
천신 막내 융 부르고
산신 기생 금화 불러라.

의자왕과 태자 삼형제, 금화가 人形모양 모습을 보인다.

천신 어저께 성 안에 노루만한 개가 나타나 울더니 개들이 떼지어 울며 쏘다녔습니다. 해질녘에 한 거리에 이르러 떼로 땅 속으로 없어져. 그 자리 팠더니 한 길 깊은 곳에 이 거북이 들어 있어. 등에 글자가 적혀 있습니다. 백제는 보름달이요 신라는 초승달이다.
의자왕 무당을 들여라.
천신 할멈. 할멈이 여기서 나서.

할멈, 벌떡 몸 세워 읍한다.

의자왕 보름달이 백제라니 무슨 소리냐.
할멈 보름달이면 차오르는 것 아니요. 차면 이즈러지게 마련이요. 초승달과 같다는 것은 아직 차지 못한 것이요. 차지 못했으니 장차 차오르게 마련이요.
금화 늙은 것이 여게가 어딘줄 알고 함부로 입을 놀리느냐. 보름달은 성한 것이다. 초승달과 같다는 것은 미약한 것 아니냐. 우리 백제는 장차 보름달 모양 성대해지고 신라는 백년 하세월 초승달 모양 미미한 존재에 불과하다는 뜻이다.
의자왕 옳다. 너는 나를 우롱하지 말라.

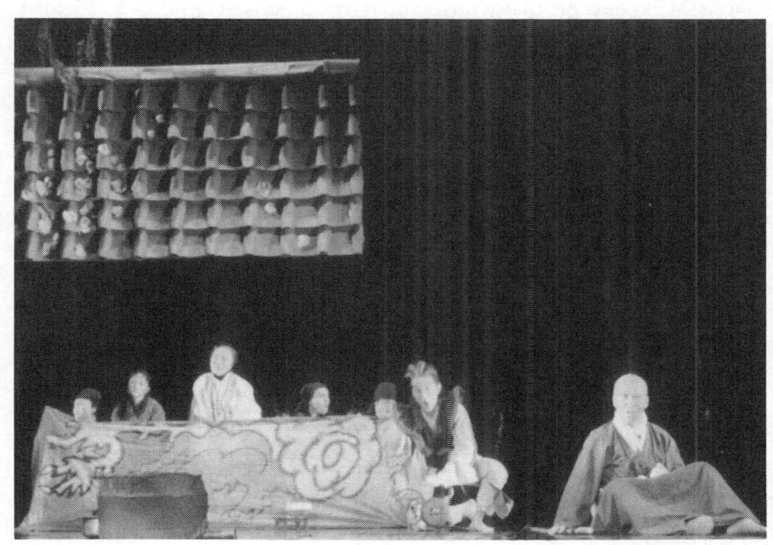

의자왕이 할멈 옆구리에 칼을 꽂는다. 모두 유쾌하게 웃는다. 할멈
이 놀래서 금화를 찬찬히 본다.

할멈 야가 영낙 우리 순단이 아니라고.

천신 왜 아녀. 순단이 전생이여.

산신 황등이 무너졌소.

의자왕 계백이 어찌 됐느냐.

산신 전사했소.

태 솔읍으로 돌아갑시다. 백성들이 거기 있소. 저들의 군주가 되시
　　요.

효 거긴 가서 뭘해. 난 곰나루로 가 후일을 도모하리다.

융 김유신이 하고 강화하시요.

의자왕 아니다. 나라면 소정방이 하고 ㅎ-겠다. 그래 가자. 금화야. 솔
　　읍으로 가자. 김유신이 잡아 혼내주러 가자.

금화 장부가 죽으러 가면서 아녀자 보고 동행하자 이르시요. 차라리
　　여기서 목을 베시요.

의자왕 아니다. 내 김유신이 목을 베어 너를 주마.

금화 난 비위가 약해 물고기 배 가르는 것도 못 봐요.

　　금화가 의자왕 등판에 칼을 꽂는다. 人形들 사라진다.

할멈 억. (놀래 그 자리에 쓰러진다. 순단이 당집을 돌아나온다)

순단 예. (기주에 정화수를 바친다)

할멈 야이. (순단의 얼굴을 찬찬히 본다) 전생이 왜 금화여. 다 놔두고
　　왜 하필 금화여. 내가 여태 뭘 살었어. 이러구 허망할 데가 있
　　나. 이런 법도 있어. 그려 의자왕이 오실란갑다. 의자왕을 상석
　　에 모셔.

순단 올이 계백장군 모실 차례요.

할멈 바꿔 지네. 올이 의자왕 내년이 계백장군.

순단 계백장군이 서운해 할틴디요.

할멈 의자왕. 그 어른이 내 목 자르는 거 보지 않었데. 넌 의자왕 등
　　판에 칼 꽂고, 그 어른이 이러구 나서는디 까닭이 있을 것이여.

순단 내가 뭘 어쨌다구요.

할멈 금화여 니가 전생이. 니가 칼 잡고.

순단 내가 뭐라구요.

　　덕상이 모습을 뵌다.

덕상 솔매 성벽 아래서 유해가 집단으로 발굴됐다느만요. 군청 학무
　　과에서 과학원에 감정의뢰했대요. 천삼백년 전 것으로 판명이 나
　　거든 그것은 일단 백제 병사로 봐도 된다, 그러고 거론들하는가

봅디다. 백제 병사가 됐든 인공 때 잘못된 떼죽음이 됐든 당집이
여기 있는 이상 그 열일곱 분 위패는 마땅히 이 당집에 모셔야
되다구 내 말은 났어요.

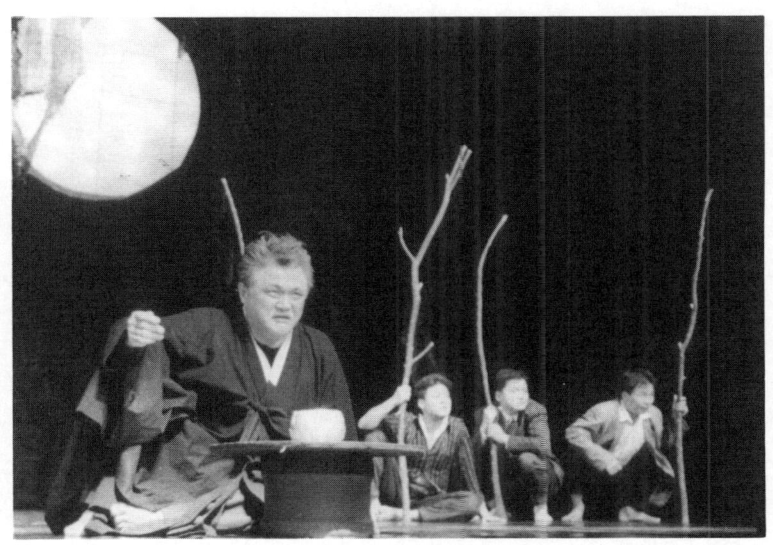

喜洵, 智煥, 德中, 里長, 韓山댁이 모습을 보인다.

지환 마을 사람들이 죄 강으로 몰려들 갑디다. 그래 뭔 일이냔게 큰
괴기가 떠올랐다는 게요. 그래 내처 가본게 괴기는 잉어 모양 생
겼더구만 기장이 세 길이나 돼.

덕상 언제.

지환 어젯밤 꿈에. 그걸 쇠고기 모양 조박지내서 가져들 가더만 그거
끓여먹은 집 사람들 다 몰살합디다. 멀쩡한 동네 줄초상나더란
게.

덕중 감나무집이 꿈을 꾼게요 윗뜸 잽배기로 귀신이 여럿 길거리에
서서는 그러구 섧게 울어쌓더래.

근희 시뻘건 천구 한 마리가 저 동루 늪쪽에 떨어졌어. 머리가 영낙

간장독 모양 생겼고 꼬리가 석 자나 되는디 짖어대는데 천지가
진동하더랴.

이장 너더리 재득이 집이 오동나무 실한 거 있지 않은가. 거그 머구
리가 새까맣게 붙어갖고 쥍일 울더랴.

할멈 그건 뭔가.

이장 신대요.

할멈 신대라니.

이장 하도 겁이 나서 잘러 왔구만요.

할멈 대사 아직 보름 남었어.

덕상 내 지난밤 꿈이서 봤구만, 어디서 나타났는가 뻘건 말이 절루
뒤로 해서 빙빙 여섯 바퀴 돌고 없어져. 무량사(無量寺) 중 하는
소리 들었지요. 백제 망하던 해 2월에도 그랬다고. 그 뻘건 말이
밤새 돌드란게요.

한산댁 야가 왜 이려. 야이 아가. 야이. 어매 아짐씨 야좀 봐요. 우리
애가 왜 이려. 야 침 좀 놔주시요. 야가 왜 이런디야. 아가 아
가.

덕상 어허 그 뻘건 말이 야한테 씌웠는가 보네.

한산댁 뭐요. 그게 뭔 소리요.

덕상 침으로 될란가.

애 안고 당집으로 든다.

이장 뭐냐. 왜 그려.

한산댁 젖병 잘 빨았어요. 헌디 목을 자꾸 이러구 이러구 뒤로 꺽드
니만 경기를 일으켜요. 어쩐데. 침으로 될란가. 업고 읍내 병원
으로 가야 하는거 아닌가. 업고 바로 읍내로 갈 걸. 아가 아가.

당집으로 든다.

이장 날자를 땡기지요.

덕중 예삿일이 아니여.

순단 저 어린 것도 뭔 꿈꿨나베.

할멈 너 이년 나가. 저 문 밖으로 썩 나가. 니 눈 앞에 뵈들 말어. 야 누가 데려가. 저리가. 뵈기 싫여. 얼굴 저쪽으로 해. (이장에게) 날자를 땡기소.

이장 우덜 생각도 그렇구만요.

순단 그 몸으로 뭘해요. 내가 헐팅게 누워계시요.

지환 니가 뭘해. 애들 장난노냐.

순단 나 할멈 허는 거 다해요.

할멈 니가 어른 등판에 칼 꽂았어. 이러구.

순단 나 칼 안 꽂았어요.

이장 가만 있어.

순단 나 순단이요.

이장 절루 가 있어.

순단 내가 뭘 어쨌어요.

덕중 니가 그러고 밖으로 나댕겨서 그려. 그게 사단이여, 쟈가 춤 배운 뒤로는 알로 까져갖고 여긴 벌셔 종쳤어. 할멈 돌아가시면 여그 남어 있을 애도 아니요.

순단 내가 춤 가르치면 안되요.

덕중 다 뜨는 마당에 저는 뭐라고 붙어 있었어. 여그 있어봤자 남들한테 손가락질이나 받어. 타관 가든 야 대우 받어요. 아 춤 잘춰 소리 잘해 얼굴 반반해.

근희 어허.

덕중 세태가 그런게.

할멈 이 사람 거기 위패 내오소.

덕상의 소리 위패는 뭘로 내요. 방으로 들어오시요 어서.

할멈 위패 모셔와. 불 피우고 꼬슬라. 이년 부정탄 거 다 씻어. 이년 손탄 거 다 털어내.

덕상이 位牌 내다 순단이한테 건넨다.
순단이 위패를 불에다 꼬슬린다.

할멈 너 여기 떠나. 너 나 죽어나가믄 한 달도 못 가서 너 죽어. 내 너한테 남겨줄 것도 없다. 쌀이 있어 간장이 있어. 논, 밭, 산 뭐가 있어. 긍게 떠나.

순단 이 어른들이 나 하나 건사 못할까.

할멈 니가 금화로 판명난 이상 전하고 달라. 원수가 됐어.

순단 내가 뭐요.

할멈 너는 당신들 망친 장본인이다. 그런 너를 먹여 살리겠냐. 고마운지 알아. 니가 당신 죽인 금화라고 당신들 가차히 말라고 일러주러 오지 않았어. 너 내빼라고 얼씬 말라고 행여 어멈 따라허지 말라고 너 죽는다고…….

순단 나 금화 아니요. 89년에 공주사범 나오고 부여유치원 보모 정순단. 할멈 호적에 올라 있는 수양딸. 나 여태 의자왕하고 같이 살았어. 그래도 여태 아무일도 없었어. 그런데 갑자기….

할멈 너는 여기 못 있어. 여길 떠나. 가서 남처럼 살어. 귀신 다 잊어. 다 고만 둬. 나 하고 끊자. 너 내 딸 아니다. 알것냐. 떠나. 나 잊어버리고 의자왕도 잊고 다 잊어. 다 끊어.

할멈이 경기 일으킨 거 모양 부들부들 떤다.

순단 할멈. 할멈.

덕상, 지산댁이 할멈을 안아 당집으로 든다.

덕상 할멈이 심상찮구만요. 오늘 밤 신대 벼오고 차례 밟어가죠.

이장 할멈이 저래가지고 제를 주제하겠는가.

덕상 (순단이를 본다) 야가 해요.

이장 니가 해볼래.

할멈 내가 헌다. 다른 말 말어. 내가 해.

한산댁 아짐씨. 애 좀 봐요. 애가 또 이려. 아가. 애 좀 봐요.

덕상 안 되겠어. 읍내 병원으로 가게. 강경(江景)* 영덕이 데려다 대

　　사 치르지요.

할멈 영덕이.

덕상 멀쩡하던 애 죽어 넘어가요. 그냥 미적거릴 일이 아니요.

순단 내가 헌다고 그러잖아요. 작년 모양 허믄 되죠.

이장 영덕이 그 사람 금새가 솔찬하다는디요.

순단 내가 해요.

할멈 갱갱이 대녀 오소.

순단이 잔뜩 주둥아리 빼물고 총총히 사라진다.

덕상 어디 가냐.

덕중 영덕이 오구새남 한 판 벌이는 데도 쌀 서른 가매 넘게 받어요.

　　여게 별신굿이 근방서 이렇다하는 큰 굿인디 얼매를 쳐 달랠 것

　　이요. 쉰 가매 일흔 가매. 하이고, 선암리(仙岩里)* 이자 망했네.

---

* 강경(江景) ─충청남도 논산군에 있는 도읍.

* 선암리(仙岩里) ─충청남도 서천군 시초면에 있는 마을.

할멈 영덕이는 내게 맡겨.

이장 날자를 어느 날자로 땡기믄 좋대요.

할멈 영덕이 내일 오믄 상의허세.

근희 저. 내려가느만요.

할멈 우리 순단이 저 애 처음 보는디요 사람 눈이 아니요. 새 눈이
요. 총총한게 내 대를 잇을 애로구나 바로 짚어지대요. 크면서
본게 애가 담력도 좋아요. 그런디 왜 이렇게 됐다우. (위패를
불에 쬔다) 발 따습지요. 물 데워 목간도 하십시다.

二神이 다가와 쪼른히 앉아 위패 세우는 거 거든다.

천신 순단이 쟈 어디 가나.

산신 춤추러 가.

천신 바람나믄 어쩌.

할멈 날벼락이 따로 있었어요. 읍내 가는 제 심정도 분하고 억울
할 것이요.

천신 타관도 살면 정드는 법이네. 놔 둬.

할멈 아니요. 지가 내일 와요. 분해서도 올 것이요. 지 오기 못
이겨서도 올 것이요. 애가 보기보다 단단해요.

음악소리 들린다. 할멈과 二神이 위패 두 손에 나누어 들고 춤춰뵌
다.

별신제

마당 한 켠에 병풍(併風), 제상(祭床)이 차려져 있다.

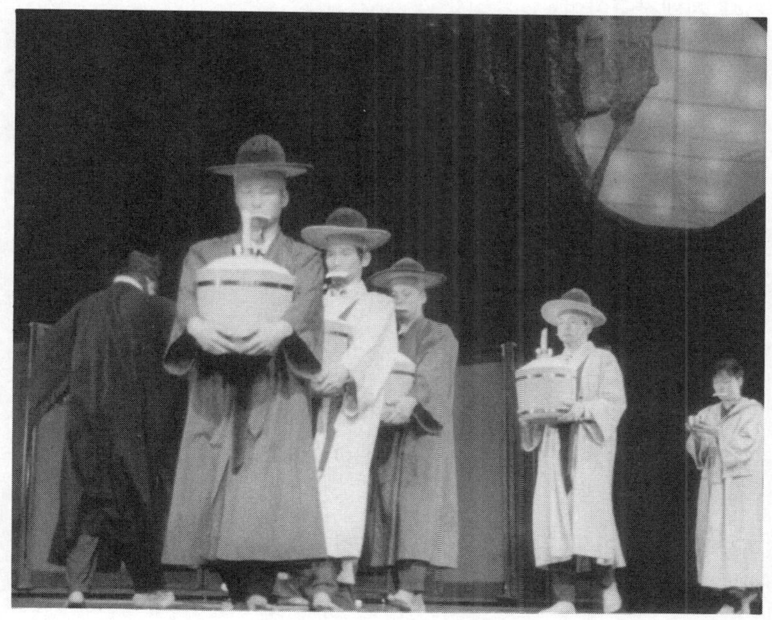

덕상 이거 뭐요.

할멈 뭐가.

덕상 위패가 바뀌었어요.

할멈 꿈에 자꾸 의자왕이 뵈.

덕상 이러믄 계백장군이 가만 있겠소.

할멈 그 어른 내년에 모셔.

덕상 어허. 올 내내 들볶이네 이자.

　　둔덕에 어른거리던 義慈王이 二神의 인도 받아 祭床에 자리한다.
　　階伯이 둔덕에 서서 내려오지 않는다.

산신 저거 누구여.

천신 계백장군이여.

산신 왜 저러고 섰어.

천신 상석이 바뀌었다고 삐졌는게비요.

산신 상석이 바뀌었어. 할멈, 상석 바뀌었다고 계백장군이 골났
어. 바로 잡어.

부채질해서 촛불 끈다.

할멈 바람 부나.

동네 사람들이 입에 백지 물고 제물(祭物) 날라온다.

이장 영덕이 이 사람하고 얘기 확실히 됐던가. 본인 만났어.

덕상 조금 있으면 올 것이요.

덕중 그냥 반나절 다 가네.

할멈 이러는 사람이 아닌디. 생배 지나오나.

희순 할멈 나도 가.

할멈이 上手 쪽으로 나간다. 희순이 덜렁거리며 쫓아나간다.

이장 조금 물어볼 것이 있네. (한켠으로 비켜 앉는다) 할멈이 금화
얘기로 순단이 못 본다 인연 끊자 그러는데. 금화라는 여자가
의자왕 칼로 찔렀나. 역사가 실지 그려.

덕상 의자왕*은 저기 중국 가서 돌아가셨어.

---

* 의자왕(義慈王)—당나라 소정방은 의자왕 및 태자 隆과 왕자 演과 대신 및 장수
급의 사람 **88**명과 백성 **1**만**2**천**8**백**7**명을 당나라의 서울 장안으로 호송시켰다…….
의자왕이 그곳에서 병사하자 당나라 조정에서는 그에게 金紫光椽大夫衞尉卿의 작

이장 그럼 칼로 찔렀단 소린 뭐여.

덕상 찔른 건 아니고 여하간 금화가 백제 망하게 만든 장본인이
여.

근희 실지가 그렇다믄 할멈이 겁먹을 만도 하네.

지환 금화가 의자왕 뭐여. 근게.

덕상 총애를 받었디야. 그래서 의자왕 부추겨서 집집이 솥이고 쇠
스랑이고 도끼고 낫이고 좌우간 쇠붙이가 될만한 거는 다 거
두어다 나라에 바치라고 꼬드겼다는 게여. 그걸 다 거두어다
어찌했는고 하니 뚝을 쌌는다고 저 백마강에다 처넣었디야.
그러믄 당나라 배가 거기 걸려 올라오지 못한다고 그랬다느
만. 그게 실은 농가의 쇠붙이 다 없애려는 저 신라의 계략이
었다는 게요. 그러고 없애노면 나중에 백제가 창, 칼, 투구,
방패 다 거덜나게 됐을 때 그거 어쩔 것이요. 그런 낭패가
어디 있을 것이요. 그래 망하지 안했는가.

지환 금화가 김유신이 보낸 첩자였구만 근게. 미인계 썼네.

이장 할멈 말은 바로 그 금화가 여게 순단이로 다시 태어났다 그
소리 아닌가

덕중 그런게 순단이 쟈가 굿을 했다가는 이 마을에 솥 냄비 다
뽑아 백마강에 처넣느만 근게.

희순이 덜렁거리며 들이친다.

희순 온다. 온다. 깽깽이 온다. 깽깽깽깽

영덕이, 연순이, 풍물잽이 들어서며 자리잡는가 소리 내지른다.

위를 주고 그의 옛 신하들이 弔喪하는 것을 허락하였다(三國遺事(上卷) **83**쪽, 三
中堂文庫版).

영덕 어어어어어어…… 여게 뉘집 요강 있으면 나 좀 가져다 줄
라우. 아래가 막혔는가 위가 막혔는가 통 소리가 나오들 안
해. 내가 오늘 그저 힘만 들지 어째 운신이 뻑뻑하고 찌푸둥
하고 저리고 뻐근하고 양수 양족이 몽당 빗자루 달아매논 거
모양 건들거리기만 하지 당최 돌아가들 않네.

이때 들어오던 순단을 본다.

영덕 쟈가 순단이요. 몰라보겠네.
연순 쇠로 허시요.
영덕 이래가지고는 날짐승의 발자국 하나 못 찍네 나.
할멈 본디 실력이 그렇구만 뭘 그려.
영덕 가질러 갔어.
할멈 갔어.
영덕 사람은 백결치듯 했구만, 이 동네 어디여 충청도 선암리 맞
다우. 선암린가 善男善女인가 이 부락엔 죄 聽盲이만 사는가.
어째 사람말에 대꾸가 없어.
할멈 그 요강 큰 애기가 올라타고 일 본디야 지금.
영덕 아 해필 일 보는 거 가질러 보네. 쉬는 거 없다우. 쉬는 게
정갈하고 청결하고 가벼서 더 존게 쉬는 거 보내요. 앗따 내
가 급하단게 그런다.
할멈 그냥 급하거든 우리 왕고모 모냥 치마 가리고 봐 우선.
영덕 우선 그래볼까―오매 숭한 거. 에고 어느 년이 내 치마 걷어
갔네. 거그 누구 임자 없는 치마 걸쳤거든 나 잠깐 빌립시다.
남포댁 여그 임자 없는 치마 들어가네.

남포댁이 건듯건듯 춤을 도와 나온다.

영덕 치마 달라는데 지체는 왜 따라 들어와. 벗어놓고 가소. 뭘
　　빤히 보고 섰디야. 어여 가.

남포댁 내등 임자 없는 치마 들어오라구 하놓고 딴소리하는 거
　　봐.

영덕 임자가 없어.

남포댁 없어 이 사람아.

영덕 그럼 벗어.

남포댁 자넨 나중에 벗고.

영덕 나는 입지 왜 벗어.

남포댁 나는 벗고 자네는 입어.

영덕 어여 벗어.

남포댁 자네 먼저 벗어 그럼.

영덕 내가 벗으믄.

남포댁 나도 벗지.

영덕 둘 다 벗어. 어허 이 사람 음흉한 거 보소. 대낮에 사람 둘
　　러 세워 놓고 뭐 어쩌. 벗구 벗어.

남포댁 치마 들어와라 벗어라 지가 먼저 해놓고 어른 소리 하는
　　거 봐.

영덕 임자 없는 치마라며.

남포댁 그려 임자고 넘자고 없는 처자다. 보거라. 자.
　　(바가지 엎어논 배 내놓고 노래한다.)
　　白馬江에 고요한 달밤아. 皐蘭寺에 종소리가 들리어 오면 九
　　曲肝腸 찢어지는 백제꿈이 그립구나. 아 달빛어린 낙화암에
　　그늘 아래서 불러보자 삼천궁녀를.

　　춤추다가 이장이 춤의 순서가 틀리자 덕중이 이장 어깨를 친다.

이장 뭐여.

덕중 왼발부터 나가야죠.

이장 왜 어깨 쳐.

덕중 사람 잡네.

이장 잡어. 내가 뭘 잡냐. 닭 잡냐 개 잡냐. 오늘 너 아께부터 내
　　지켜봤다. 요새 어째 꼭 읍내 삼열이 닮어간다 너.

덕중 어허. 사람 우스워지네.

이장 어허, 어허.

지환 말어. 어린 것 데리고 뭐하는가.

근희 혼내. 혼내야 바로 커.

이장 대가리 피도 안 마른 것이.

덕중 나 올이 스물 아홉이요.

이장 너 이놈 이리 와.

덕상 여게 요강 들어가. 치마 고만 치워.

　　순단이 요강 가져온다.

영덕 날이 시퍼렇게 선 것이 한번 물렸다간 저그 가게 생겼다.
　　너.

할멈 말어. 어디라고 나서. 니가 나설 자리 아니여. 너 나섰다간
　　다쳐. 보게. 저 애 다쳐. 절루 읍내루 보내.

덕상 예. 지가 알아서 해요. 안으로 들어가시요.

할멈 내가 쟈를 어떻게 키웠는가. 어려서 실부모하였기로 내 지
　　어멈이 되주리라. 갖은 공력 다 드렸어. 다 키운 자식 여기서
　　죽여.

덕상 죽기는 뭘로 죽는다고 그러시요.

할멈 순단이 쟈 손에 피 묻었어.

덕상 근게 이 사람이 허지 않어요. 들어가시오 어서.

영덕 내가 씻어요. 피도 씻고 살도 씻고 아래 씻고 위 씻고 머리 씻고 뒤 씻고 다 씻어줄틴게 백지 물고 가 주무시요. 배 타러 가자. 대해서해 용왕신, 대강소강 용왕신, 조종한강 용왕신, 세류계천 용왕신, 동정서천 용왕신, 남정북천 용왕신, 이십팔수 용왕신, 이십사방 용왕신.

산신 팔수이십 신용왕, 팔수팔수 신용왕.

영덕 팔수이십 신용왕, 팔수팔수 신용왕.

덕상 경 외나 숫자 패나. 이십팔수 이십사방이여. 팔수팔수가 뭐여.

고수 다시 해봐.

산신 팔수이십 신용왕, 사방이십 신용왕

덕상 이십팔수란게 그냥 팔수이십이라네.

영덕 내가 뭐랬어.

덕상 팔수이십 안 그랬는가.

영덕 사람 잡네. 내가 언제 팔수이십이여. 나 아무 소리도 안 했어.

덕성 아무 소리 안 허든가. 못 들었어.

연순 팔수이십이라고.

영덕 어허 환장허네.

덕중 이러고 뭐가 될랑가 모르것소. 우리 쟈 순단이 시키는게 안 낫겄어요. 장단도 모르는 것이 잡스리나 늘어 놓고.

이장 할멈 같을라고.

지환 꽃 받는거 어려운 일 아닌데 어렵게 하네 그 사람.

근희 담배 있는가.

덕중 야이 순단이 니가 하거라. 나 지저분해서 더 못 보겄다.

순단 허는 소리 못 들었다오. 내가 든화요. 내가 나섰다간 사람

　　죽어요.

영덕 이십팔수 용왕신

산신 팔수팔수 신용왕

덕상 거그 팔수팔수는 왜 붙어. 이십팔수 이십사방

영덕 그려 이십팔수. 이십팔수라고 내 안 했냐.

연순 팔수팔수 신용왕이라고.

영덕 두 사람 왜 이런데 오늘. 나 잡어먹을라고 그려.

연순 했은게 했다지.

영덕 내가 팔수팔수허데. 팔수팔수가 뭐냐 뭐여.

연순 이십팔수로 하시요 근게.

덕상 개천에 가 씻어. 나하고 가세.

영덕 여게 놋대야는 없다우. 요강이라고 주둥아리 좁아터져 답답
　　해서 쓰겠소 어디. 팔수팔수가 다 나오고.

덕상 신대들 잡더라고.

이장 야이 여게 놋대야 내거라. 니가 한 판 하거라.

　　연순이 칼춤 춘다. 순단이 대야 나르는데 등성이서 계백이 내려와
　　연순의 칼춤을 어지럽힌다. 연순의 칼날이 마침 대야 가져오던 순
　　단이 손등을 가른다.

순단 야가 눈이 삐었나.

　　순단이 손등의 피가 대야 물에 번지는 것을 지켜본다.

이장 야 손에 피 봐. 야이 괜찮으냐.

　　영덕이 들어오다 이 모습을 본다.

순단 물 갈어야겠구만요.

순단이 대야 들고 나간다. 덕상이 등판에 칼 꽂힌 닭 가져다 기주
에 바친다.

영덕 금화, 금화가 찾아왔어.

덕상 금화가 여게는 왜 와. 여게는 백게 귀신 멕이는 디여.

영덕 의자왕 찾아 왔어.

덕상 이 짐승 잘 멕여서 용왕님전 돌려 보내오니 적다 나무라지
　　마시고 검다 투정하지 마시고 수복으로 점지하니 백재천재
　　소멸하고 만사여의 발원이요.

영덕이 칼 잡고 춤춘다. 둔덕 무대에 헛것처럼 보이던 계백이 금화
가 따라 춤춘다.

산신 말어 이 사람아.

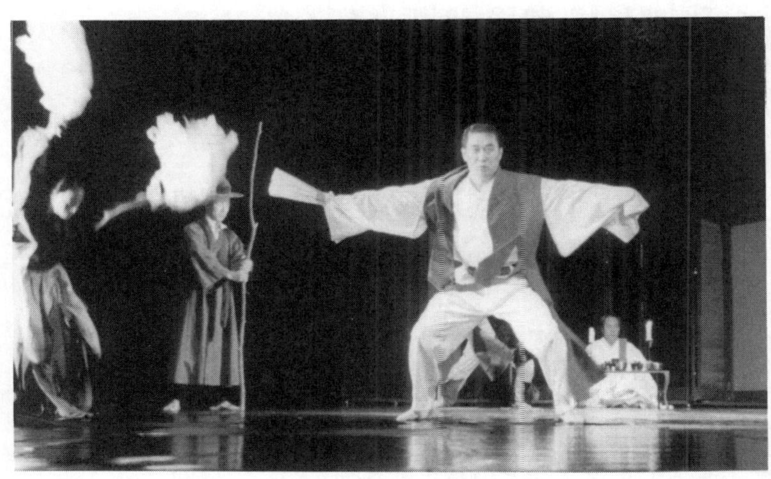

천신 저리 물려.

계백이 영덕이하고 대거리하는가 외다리 걸어 영덕이를
넘어뜨린다.

영덕 아이 이거 누구여. 왜 어깨 쳐.
덕상 뭔 소리요. 누가 어째.
영덕 여그 등판을 누가 할퀴는가 뜨끔해.
덕상 오늘 참 말이 많소 잉.
영덕 봐 여그 피. 안 뵈는가.
덕상 닭피여 그게.

순단이 대야 가져다 놓는다.

영덕 이 사람아, 닭이 홰치지 피 뿌리냐.

영덕이 부채로 순단을 친다.

영덕 닭이 아니라 솔개로구나.

순단이는 금화가 그랬던 거 모양 겅중겅중 뛰어오른다.

영덕 금화야.
순단 예.
덕상 백재천재 소멸이다. 신내렸다. 금화가 내렸다.

순단이 중얼거리다 의자왕을 본다.

순단 전하 ── . 나 알아보시겠소. 금화요. 성충이 옥에 가두고 흥수 유배시키고 윤충이 목자른 금화요. 내 전하께 사화하러 찾아왔소. 소인의 목숨을 거두시요.

의자왕 군주의 검으로 어찌 아녀자를 자르랴. 할아버님, 소인 불민하여 육백년 사직 쑥대밭 되었소. 소인 행여 머리카락 하나이 차진 땅 더럽히지 못하게 사허 멀리 방송해 흥한 버러지나 되게 하시고. 그렇거니와 상기 저 출증한 백성들이 있으니 여태 할아버님께서 제게 해주셨던거 모양 저 백성들 흙이 되고 물이 되고 불이 되고 바람이 돼 주시요. 저 백성들 몸에 다시 살이 돋고 피가 돌고 근력이 생기고 숨결이 살아나게 하시요. 개울이 불고 우물이 충충하고 는, 밭, 들에 윤기 흘러 곡식 심고 베 짜고 기화요초 만발허서 할아버님 뫼시게 하시오. 저 백성들 말고 누가 할아버님 제사 지낼 것이요. 백성들 맡기고 소인 물러갑니다.

한순간 의자왕이 사라졌는가 멀리 등성이로 넘어가는 것이 뵌다.

순단 전하, 나도 데리고 가시요. 나도 가요.

영덕 어디 가.

순단 의자왕 찾으러 가.

영덕 그럼 나도 가야지.

덕상 어디 간다고.

영덕 의자왕 찾으러 간디야.

덕상 의자왕을 어디로 찾으러 가.

영덕 명부(冥府)* 가지 어디로 가.

─────────────

* 흙이 되고 물이 되고─崔南善의 "白頭山 觀參記"에서 발췌.

* 명부(冥府)─사람이 죽어서 간다는 곳. 저승.

덕상 거그 우리도 갑시다.

이장 어디로 간디야.

덕상 명부 간다고.

이장 명부가 어디여.

덕상 어디여 북망산이지.

이장 나 오래 살아야겠네.

지환 가. 우리도 구경 갑시다. 모두 가자구.

덕상 갈 사람 다 가. 귀신도 떠들떠들해야 잠 깨.

마을 사람들 모여서 산등성이 넘어간다.

천신 저 사람들 서천 꽃밭으로 가려는 데 어디로 가야 하는지요.

산신 육로로는 구만 사천리고 수로로는 팔만 사천리나 수로로는
갈 수 없으니 육로로 가거라. 가더라도 그냥 가지 말고 은가
래에 은줄 매고 놋가래에 놋줄 매고 쇠가래에 쇠줄 매어 좁
은 길은 넓게 닦고 굽은 길은 곧게 닦고 높은 길은 밀어 깎
고 깊은 길은 매워 가렵니다. 소리주어 가면 수이 가리라.

돌다리 가는 길

수문장 노자 내라.

순단 얼마요.

수문장 일만팔만원. 백제 오천 군사 술맥여 재워놔야 너 무사해.

천신 여가 백제 명부 아닌가. 금화는 곤난하다는 소리여.

산신 이 분이 계백장군이여.

영덕이 부채로 얼굴을 가린다.

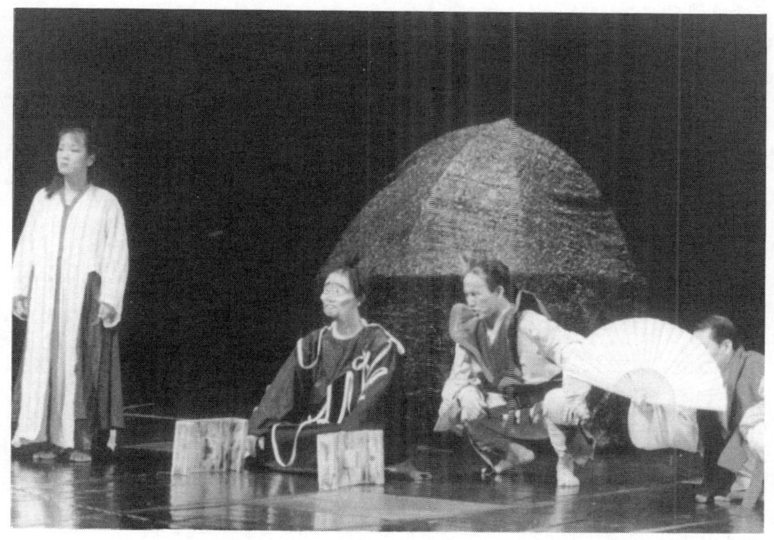

冥府 초입. 守門將이 모습을 보인다.

수문장 아이고 예.

영덕 나 계백장군이다. 백제 오천 군사는 명심하라. 지금부터 면벽하고 눈 감고 고구려 안시성주 양만춘이가 오천 군사로 당의 군사 칠십만을 쳐부수는 전과를 헤아려봄으로써 사기를 진작한다. 당나라 군사가 하나 죽었다. 둘 죽었다. 셋 죽었다. 넷 죽었다…….

수문장 다섯 죽었다. 여섯 죽었다. 일곱 죽었다…….
　(두 사람 지나가도록 길 터준다. 成忠이 한켠에 들짐승모양 널브러져 있다.) 벌을 받았어. 생전에 단식하고 죽지 않았는가. 그래 여기서도 뭘 못 먹어. 목구녕에 창살을 쳤는가 넘기질 못해.

제상의 제물을 게걸스레 먹어 뵌준다. 성충이 제상으로 기어와 밥그릇을 입으로 가져간다. 이내 토하고서 저 자리에 가 늘어진다.

영덕 저게 뭐요.

천신 성충이여.

순단 곧장 의자왕한테로 갑시다.

천신 그럴라거든 여기서 물 삼 년 길어줘야 돼. 상소문, 충신은
죽어도…… 해봐.

성충 (감전당한 것 모양 몸 세우고 두루마리 펴 던지며 소리친다)
충신은 죽어도 임금을 잊지 못하느니 신 한 말씀 올리고 죽
고자 합니다. 臣이 天時와 人事를 살피니 오래지 않아 戰禍가
있을 것이오. 무릇 군사를 씀에 地勢를 택하여 위쪽에서 대응
해야 萬全합니다. 적병이 침입하거든 육로는 탄현에서 막고
수로는 백강 기벌포에서 막아…….

순단 평생 상소문 쓰고도 모질라 여기서 또 쓰시오.

성충 내가 이걸 보내야 눈 감아.

순단 보내도 소용 없어. 탄현, 기벌포 다 없어졌어.

성충 (길게 우는 듯 소리친다. 부실한 다리 끌며 물려고 대든다)
국가 존망이 달렸어. 가져다 줘. 말 들어. 내 말 들어.

순단 나 금화요, 대감을 옥에 가둔 장본인이요. 생각나오. 흥수를
고마미지(전라도 長興)로 유배하고 당신 아우 윤충이를 참수
한 장본인이요.

성충 죽일 년. 내 너를…… 내 너를.

창지가 터진 승냥이 이를 드러내고 덤벼드는 듯하다.

순단 대감을 옥에 가둔 까닭을 아시오. 백성들 목에 유교라는 올
가미 씌워 목을 쥔 장본인이 대감이요. 유교……지아비 성을
내면 웃음 웃어라. 걱정하면 황송해 해라. 더러운 꼴 뵈지 말
어라. 어른 말씀 깃달지 말아라. 어른 앞에서 웃지 마라. …

…하지 마라. 안된다. 황송해라. 공경해라. 극진해라. ……그 저 뭐든 되도록 하지 말고 되도록 죽어 지내라. ……이래가 지고 백성을 모두 빈충이로 만들어버렸어. 인정 많고 패기 등 등 하던 이 백성들을 죄 비열하고 소심하고 남 눈치나 보는 대도 없고 소견도 없는 하인배, 종의 자식들로 만들어버렸어.

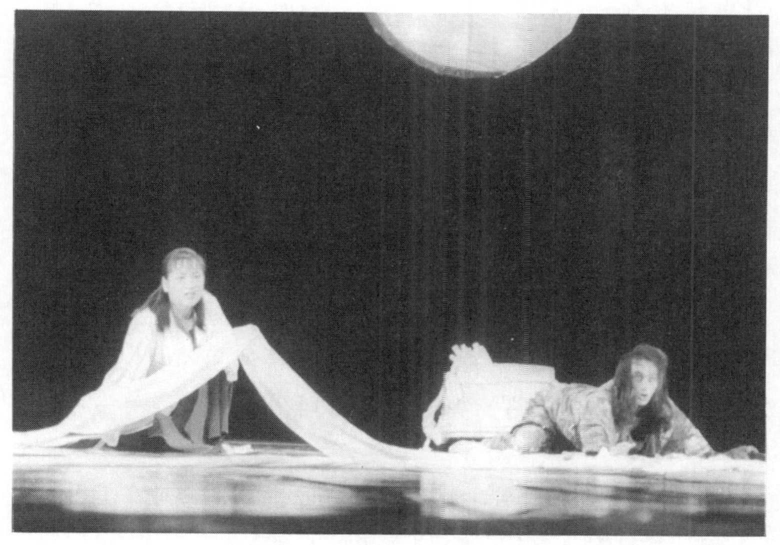

영덕 말이 들리겠소. 고만두시오.

순단 내가 가두었어요. 왜 갇혔는지 이 사람은 알아야 돼요. 君臣 有義―대감 같은 충신한테는 잘 어울리는 덕목이요. 백성들은 충신이 아니요. 대감한테나 어울리는 충절이 아무나 걸칠 수 있는 옷이요. 할 수 없는 일을 하라 하고 할만한 일은 하지 말라고 하고…… 그래서 백성들은 질식해서 다 헛것들이 되 버렸어. 그래 내 이 모든 질식거리를 다련한 장본인 대감을 잡아 질식시켜 쥑이기로 한 것이요.

성충 금화, 너의 말이 옳다. 내 절을 받아라.

순단 알아 보시요. 금화 맞소. 내가 금화요. 미천한 년이 대감을 이러구 욕되게.

성충 간다, 나도 가. 탄현 가. 탄현 가 죽는다. 나도 죽는다. 나 데려가.

순단 갑시다, 나하고 갑시다.

천신 같이 가. 그럼 여기서 물 삼 년 길어주고 데려가.

성충 나 데려가, 나도 간다.

순단 물지게를 주시요.

영덕, 순단이한테 모자를 내보인다.

천신 이걸 쓰게.

영덕 뭐요.

천신 명부에서 본 일 누설하지 말라는 당부의 표시다. 여기 얘기 갖다가 이승에 함부로 지껄였다간 너 벌받어.

모자 씌우자 무대 뒤켠에 사공 넷이 노를 젓는 돛배가 나타난다. 음악소리 들리는 가운데 상석에 성충이 그린 듯이 앉아 있다. 천신이 모자를 벗기자 돛배 사공 성충이 오간 데 없고 젯상 차려져 있는 마을 삼거리가 된다. 마을 사람들이 반갑게 맞는다.

덕상 아이고 그 먼 데 댕겨오느라고 욕들 봤네. 그래 귀신 봤나. 뭔 소리 나눠 봤어.

영덕 우리가 도착한 게 거북이 세 마리가 끄는 배가 우리를 마중하는 거 모양 떠웁디다. 선상에 풍류잔치를 벌였는데 꽃 향내가 가득하고 사위는 맑은 정기로 눈이 부셔, 향내에 취해서 눈물이…….

순단 저 양반 내둥 뭘 봤디야. 아 땅 속이 불도 없고 달도 없는

곳에 꽃 향내가 뭐여…… 배가 어떻게 더요. 본게 성충이 사
람도 아니요. 영낙 돼지우리여. 저만치 구석이 턱 빼고 엎뎠
드만 그저 야산에서 잡아다 논 도둑꿩이여. 비쩍 말라갖고—
생긴 건 노인넨디 몸 기장이 벼개만도 못해. 젯밥 던져준게
먹두 못해. 다 토해.

영덕 그래서 내가 신장님 잡고 물었소. 저 배가 무슨 배요. 예.
나라에 충신이요, 부모에 효도하고 동기간에 우애 있고 일가
에 화목한 사람들이 유람다니는 벼요 그러고 일러줍디.
그러구 본게 상석에 훤하게 생긴 노인이 보여, 머리는 희더만
혈색은 우리보다 나요, 내가 누구냐고 여쭌게 아니나 달라 백
제 성충이라고 합디.

이장 근게 삼강오륜이 어딜 가나 최고구만.

덕중 두 사람이 같이 안 갔나. 가다가 갈라 섰어.

순단 성충이가 둘이요, 갈라스게.

덕중 두 사람 애기가 영판 다르지 않은가.

영덕 저 사람은 그 뒤에 오는 배를 봤구만.

순단 뒤에 배가 어디 있었다구 저런디야.

영덕 바로 잇대서 배가 오는데 머리 풀어 산발하고 옷도 걸친 것
이 없고 이러고 결박 당해 갖고 우는디—그 울음소리 사방에
가득하고 살 썩는 내 진동하는데—맞어, 내가 저 배 탄 사람
들은 또 누구냐고 물었어. 허는 소리가 나라에 역적이거나 부
모에 불효하고 일가에 살이 세고 동네 사람간에 불손하고 험
담이나 늘어 놓고…….

순단 어허 환장하겠네. 가서 보잘 수도 없고…… 저 양반 왜 어
든 소리만 늘어 놓는데요. 실지는요, 내 갈이 맞어요.

지산 여그서 가져간 음식은 잘 잡숫던가.

영덕 여그 사람들 인정이 고맙다고 먼 길 오느라고 욕봤다고 헌

소리 또하고 여러 번 그래요.

지산 근게 음식이 뭐 서운하거나 모지란다거나 그런 건 아니었구
면.

순단 이봐요, 아니, 그 어른이 어러구 웩웩 게우지 않았어요.

영덕 게웠지, 인정이 고맙다고…… 목이 메어 넘어가지 않는다믄
서 게워 냅디다. 게우느라고 눈물 글썽거리믄서…….

순단 그거 참 조화네. 나는 배 같은 건 본 적이 없고 성충이 써
논 상소문은 내 봤소.

지환 상소문이믄 임금한티 보내는 글 아녀. 나라 언제 망했는디
지금 상소문 써.

순단 썼은게 썼다지요. 내가 봤단게요.

덕상 성충이 그 어른이 금화를 보고 뭐라고 하던가.

순단 처음이는 이 년 죽일 년 하면서 대드는디, 사람도 아니더란
게요. 영낙…….

이장 여그 성충이 이 어른이 충신이여. 누명 쓰고 죽는 마당에도
나라 걱정하는 상소문 올린 어른이여. 그런 양반을 저승에서
몰라 보겠는가.

순단 나도 그 점은 이상해요. 헌디 실지가.

덕상 여그서 날 새네. 가 오늘 밤 모실 양반들 줄 섰어.

(동네 사람들 엎디어 절 한다. 서낭당에 당도한 꼴이 된다.)

여기 계백장군 모신디여. 올이 상석에 모실 차렌디 의자왕하
고 바뀌었어. 근게 뭐 궂은 일 생기면 여기 소홀히 해서 그
런 줄 알어. 근게 자주 둘러 보고 철 맞춰 상도 봐 드리고
하여간 올해 우덜하고 동거동락할 어른이여. 집안 어른 한 분
더 모시는구나 그러구 절들 혀. 산개. 이 사람 신 내리세. 또
가야지.

祭酒 바치고 절한다.

순단 나 이번엔 안 가요. 여기서 양단간에 담판을 져요.

덕상 담판이 뭐여.

순단 갔다 와서 딴소리 할라거든 나 여기서 고만둘라요.

영덕 딴소리가 뭐여. 본대로 말했지 그럼 내가 지어냈단 말이여.

순단 다 고만 둬.

덕상 됐네 됐어. 이번이는 우리가 자네 말만 듣도록 하세. 이 사
람 신 불러야지.

영덕 오너라. 금화 너 오너라. 이 댁이 본댁이요. 잠시 출타했다
가 귀댁하니 내우말고 주저말고 무서말고 빼지말고 노여워말
고 낯가릴 것 없고 개 물릴 염려없으니 후딱 후드락 똑딱—
귀댁안녕 만사여의 소원성취 너 하거라 탁 탁 탁. 왔어 어이
가.

천신 아주 속전속결이네 이 사람. 히히. 어여 가세. 저 사람 놓쳤
다가 명부 출입 불가여.

수문장이 보인다. 순단, 영덕이 모습을 보인다.

수문장 노자 내라. (영덕이 귓속말을 한다)
백제 오천 군사는 들어라. 지금부터 눈감고 면벽하고 고구려
안시성주 양만춘이를 상기한다. 당나라 군사가 하나 죽었다.
둘 죽었다. 셋 죽었다. 넷 죽었다…….

수문장이 길을 터준다. 커다란 거미가 보인다.

영덕 저 게 뭐요.

산신 계백장군이여.

영덕 세상에 ─ 아니 성충이 어른은 사람 모양을 하고 있더만 계
백장군은 왜 저렇게 됐소.

산신 생전에 인명 해치면 버러지 돼. (거미가 외마디 소리 지른다)
애들이 보고 싶대.

영덕 애들이 알아보기나 하겠어.

산신 전번에 한 애 찾아왔지. 즈이 애비를 볼라고 그랬던지 나비
가 돼서 왔더만. 와서 저 거미줄에 걸렸어. 또 한 놈 왔다.

계백의 모습이 눈부시게 변한다.
되도록 몸을 작게 오그라뜨리고 약장사 입 속에서 나는 이상한 음
색을 내어 꼬득이는데 그 소리가 일정한 音位律을 가지고 있어 그
것에 맞추어서 거미다리가 환상적인 춤을 춘다.
나비 한 마리가 모습을 보인다.
순간 계백이 다가가 잡는다. 막내다.

막내 아버님이 의자왕 칼로 치셨소. 병사들이 역적의 자식들이라
고 형님 잡아갔소. 엄니도 잡아갔소.

계백이 외마디 소리지른다. 계백의 온몸에 독이 오른다.
독이 넘쳐 연기로 피어오른다. 연기가 식성을 돋았는가
막내 등판을 물어뜯는다. 비명소리 내지르면서 발버둥친다.

순단 말어. 이승에서 처자식 목을 치구서 그도 모질라 여기서 또
자식 잡어 먹어. 그 새벽 처자식 마당에 꿇어 앉혀 놓고 “살
아서 적의 노비가 됨은 차라리 죽음만 같지 못하다” 일갈대
성 끝에 칼날이 희끗 한 가닥 유성모양 줄을 긋고 흐르니…
… 장군의 손에 죽었기로 부인은 정절을 지켰고 애들 삼 형

제는 노비로 끌려가는 짓을 면하였소. 참으로 가상한 일 아
니오. 해도 보시요. 자랑스러운 일은 듯 되오. 당신은 가족
몰살한 장본인이요. 처자식 목자른 기운 가져다가 의자왕 목
을 쳤더라면 후대에 만고 영웅이라 칭송이나 받았을 것이네.
의자왕— 그 자만 버텼더라면 김유신이 어찌 탄현을 넘었을
것이며 소정방이 감히 기벌포를 넘봤겠ㄴ.

순간 영덕이 달려들어 순단이를 끌어 안고 굴 속으로 들어간다.
순단이 비명 내지른다.

산신 저 두 사람 뭘하고 있는게냐.
천신 둘이 살림 차릴란갑다. 즈이 부인으로 뵈는 모양이오.
산신 그럼 잡아먹는다 말려. 야 이리 오너라.

순단이 굴에서 뛰쳐나온다. 영덕이 따라나와 덮친다. 거미 지체가
쫓아나온다. 二神이 번갈아 올라타고 삼지창 언월도로 내리찍는다.
거미 다리가 잘린다. 잘린 다리가 경련을 일으키듯 춤을 춘다.
순단이하고 계백이 기함한다. 잘린 다리가 늘어진다.

영덕 두 사람 다치지 않았소.
천신 에쿠, 냄새. 벌써 반넘어 썩었구나.
영덕 우리가 갈 길이 천린데 두 사람 살려주시요.
산신 여게 나무 삼 년 해주면 두 사람 살아나네.
성충 도끼를 주시요.
산신 옛다 금도끼.
천신 옛다 은도끼.

二神이 영덕과 순단이 머리 위에 모자 씌운다.

음악소리 들리면서 무대 뒷켠에 돛배가 나타난다.
거기 계백의 처자식이 모습을 보인다.

계백 아가—부인. 거가 어디요—.

돛배 사라진다.

수문장 (중국말을 늘어 놓는다)
산신 중국 갈라믄 문이 하나 더 있니라.
천신 선가를 더 얹혀.
영덕 선가가 뭐요.
산신 배 삯.
영덕 여기 있소.

노자를 내 놓는다. 중국 풍정이 한눈에 들어온다.
무대 가운데 허수아비 셋이 을씨년스럽게 서서 자고 있다.
가운데 허수아비가 의자왕, 양켠에 두 태자 효, 융이 팔을 벌리고
벙거지에 넝마 걸치고 논두락 허수아비 모양 서 있다.
의자왕, 융, 효의 가슴과 등짝에는 지나가는 병사들이 꽂고 간 칼
이 고슴도치 바늘 꽂힌 것 못지 않게 박혀 있다.
태자 태는 가슴 등짝에 칼 화살 꽂힌 채 종이나발 목에 걸고
"義兵募集"이라고 쓴 깃발 아래서 졸고 있다.

순단 전하. 나 금화요. 성충이 옥에 가두고 홍수 유배시키고 윤충
이 목잘른 금화요. 내 전하께 사화하러 찾아왔소. 소인의 목
숨을 거두시요.
천신 하이고 이 사람들 한밤중이네. 어이 손님 오셨어. 실로 얼매
만에 맞는 손님들인가. 빈집 모양 이러구 교교해서 쓰겄는가.
떠들떠들 반겨들.

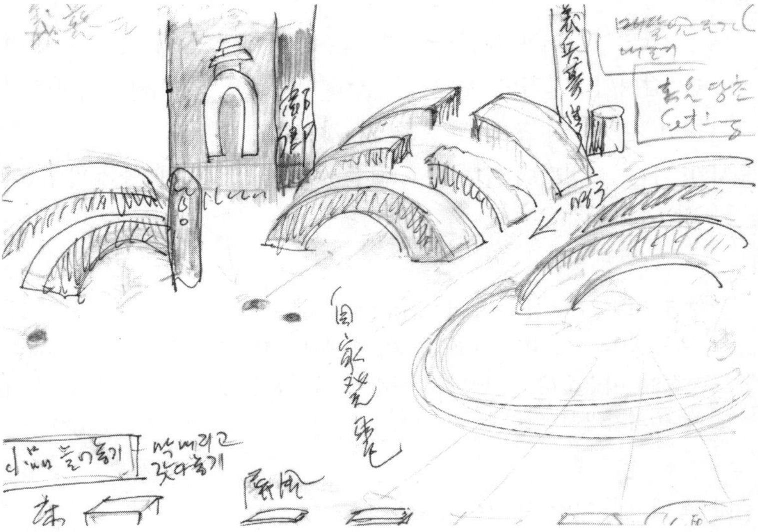

융의 등판에 꽂힌 칼을 잡아 뽑는다. 외마디 비명소리,
이에 모두 놀래서 깬다. 의병모집 호소문을 제가끔 윈다.

태 내 조국 백제 땅에 신라 김유신이가 먼저 들어오는 게 좋은가 당나라 소정방이가 먼저 들어오는게 좋은가. 누가 먼저 들어와야 당신은 출세하는가. 아니다. 솔읍으로 가자. 백성들이 거기…….

의자왕 나는 소정방이 편이다. 왜냐. 이 싸움을 일으킨 게 소정방이 아니고 김유신이 그 졸장부가 내게 복수를 한다고…….

태 아니다. 솔읍으로 가자 거기 백성들이 있다. 같이 가자.

효 나는 북경 곰나루성으로 가 후일을 도모하여…….

태 황등에서 백강에서 계백, 의직 두 장군이 한줌도 안되는 군사 이끌고 혈투 중이다. 우리도 거기 가자. 우리가 간다는 소문 퍼져…….

융 김유신이 하고 강화하시오. 소정방이가 십삼만 대군을 이끌고 온 까닭이 있습니다. 우리 치고 나서 여세 몰아 신라를 치려는 겁니다. 그러면 두 나라 꼴이 뭐가 되겠소. 이 점 깨우쳐 주면 김유신이 전하께 절을 할 것이요.

의자왕 나는 소정방이 편이다. 왜냐 싸움을 일으킨게 소정방이 아니고…….

모두 허공을 무섭게 노려본다. 침묵 ―소리친다
온다. 왔다. 모기다. 저기 저쪽. 이쪽에 ―모기 모기다.
처절한 비명소리. 순단이 의자왕에 들러붙은 모기를 쫓으려고 후려
치니 의자왕이 비명을 지른다.

순단 옥체 이 어인 변고이시요.

의자왕 어서 오게 어서 와. 내가 반거워서 품에 품어도 보고 볼도 대보고 그래야 하는데 지금 내 처지가…….
나를 죽이려 왔다하더라도 내 이러고 보는 반가움을 덜하겠나. 저 계백이를 김유신이가 죽였나. 아니 날세. 내가 죽였어. 성충이, 흥수, 의직이, 윤충이를 죽인 것도 나. 모두 내가 죽였어. 그래 기다렸지. 누가 와도 올 것이다. 와서 치고 박고 찌르고 분질르고 물어 뜯으라고…… 원한 다 풀라고. 많이 와줬어. 억울해서 오고 잠못자니 오고 밥맛 없어 오고 상처 쑤셔서 오구 부황나서 오고 빠진 눈깔 손에 들고 삐진 창지 틀어 잡고 잘린 다리 어깨 매고 잘린 팔 곁에 끼고 동강난 제 모가지 양손에 받쳐들고 혀 빼물고 오고 대검 빼들고 오고 비수 품고 오고.

병사들이 모습을 보인다.

태 백제 병사다. 우리 병사다.

해골 같은 병사들. 군복은 갈갈이 찢겼고 칼걸음은 인사불성이다.
한 병사가 뛰쳐나와 의자왕 가슴에 칼을 꽂는다. 의자왕 비명을 내
지른다. 두 번째 병사가 칼을 치켜들고 찌르려고 대드는데 순단이
융의 등판에서 칼을 뽑아 병사를 내리친다.
병사들 힐끔 보더니 가던 걸음 재촉해서 사라진다.

태 어전이시다. 어디서 칼을 놀려.

효 저 사람이 정신이 있어. 이 칼이 무슨 칼인지 알어. 저 칼 꽂
혀야 아버님 풀려나. 아버님 풀려나야 우리들 풀려나. 자네
우리를 여기 영 묶어둘려고 왔는가. 이 사람아 이러구 일을
그르치면 어쩌.

태 칠 년에 두 개 꽂히는 칼이다. 그 중 하나를 쓰러뜨렸어. 당
신. 그래 몰랐는가. 소문도 못 들었어.

의자왕 금화. 그 칼 집어 날 찌르게.

순단 더 못 보겠어요. 그만 거기서 나오시요.

달겨들어 손목을 풀른다. 의자왕 비명을 지른다.

산신 말어. 시왕님 물건이여. 손 대면 안 좋아. 시왕님이 이 어른
내세 결정하느라고 의논 중에 있으니 조금 더 기다려.
(의자왕 목에 개패처럼 달려 있는 ㄱ록부를 본다)
칼 삼백개 꽂혀야 이 줄 풀어져. 여게 몇 개나 꽂혔는가.

효 아흔일곱 개 남았소.

순단 칠 년에 두 개 꽂힌단 말이요. 두 병사 기다린다고 칠 년간
을 어른갖다 저러고 묶어 세워 놓고 모기 물리고 잠자고. 나
불 불고. 어른 저 꼴이 보기 좋소. 전하 아니시요. 육백년 사

직의 마지막 군주이시요. 시정잡배는 아니잖소. 삼 형제 맘
먹으면 호랑이도 잡는답니다. 가서 병사 잡아 와.

효 칼 아흔일곱 개가 꽂히려면 앞으로 삼백사십삼 년이 걸려.

순단 그러면 아흔일곱 개 갖다 꽂으면 될 거 아니요. 뭘 망설이고
있소.

효 애비한테 칼 꽂는 자식 봤나 자네.

순단 내게 맡겨요.

효 등판에 꽂혔던 칼을 뽑는다. 효는 울부짖고 의자왕 가슴에 칼을
꽂으려 하니 의자왕이 버럭 소리친다.

의자왕 말어 이 사람아. 나는 안 돼. 나는 못 가. 내 병사가 남아
있어. 아흔일곱 명이나 남어 있대. 내가 없으면 그 병사들 저
희 칼 어디 꽂겠는가. 나중에 우리 병사들 칼 다 꽂히면 내
그 병사들 데리고 백제로 돌아가겠네. 위패. 그러네, 이 칼은
그 병사들 위패라네. 내 말 알겠나. 나 없으면 누가 그 병사
들 위패를 가져 가겠나. 옛 정리를 생각해서.

순단 나 김유신이 보낸 여자요. 성충이 옥에 가두고 윤충이 목자
르고 흥수 유배시킨 장본인이요. 이제 당신을 거두러 왔소.
(칼 꽂는다. 의자왕 울부짖는다. 순단이는 三太子의 가슴 등판에서
칼을 뽑아 의자왕 등판에 가슴에 꽂는다. 기진한다)
나 저기서 쇳물 끓입니다. 대장간 해요. 백제 쇠붙이 다 거두
어다 백강에 처넣은 일 기억하시오. 그거 건져서 끓입니다.
쇳물로 쇠스랑, 낫, 도끼, 호미, 자구 벼릅니다. 그래요. 이
칼 가져다 끓입시다. 저기 저것도—전하 쇠스랑 별러 보셨소.
나하고 가요. 가서 별러 보세요. 아주 재밌어요. 전하는 벼르
고 나는 풀무질하고 ── .

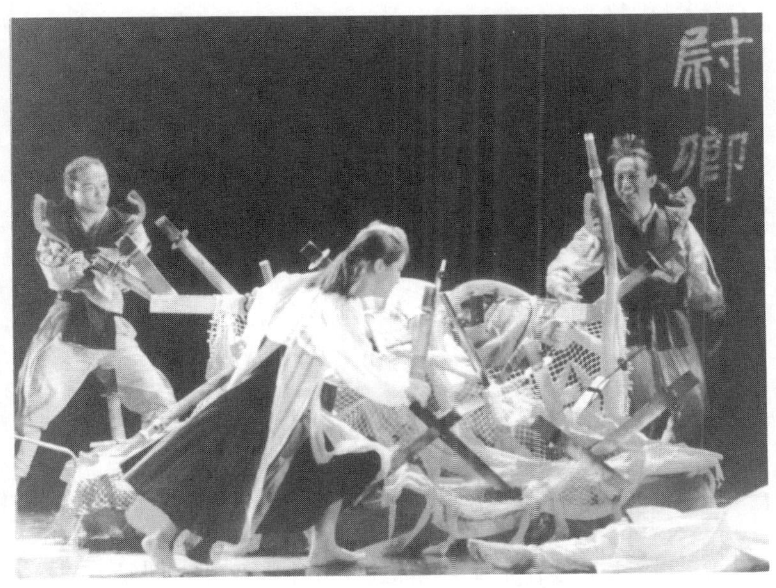

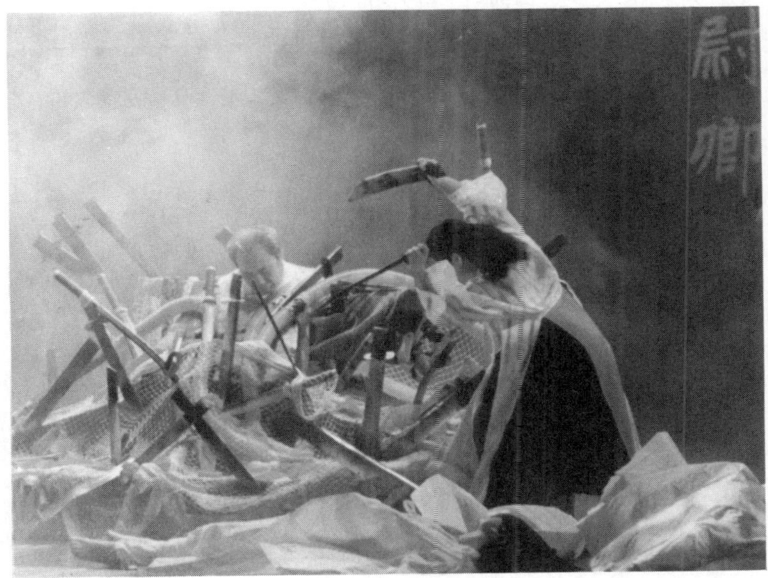

(소리한다)

앞산아 땡겨라 아궁지를 살리구로 앉힌 솥이 걸음을 간다.
뒷산아 밀어라 부지깽이 꽃이 피니 전생 궂은 이내 몸 간다.
오금아—힘써라.

기진하여 머리 떨군다. 산신, 천신이 두 사람 머리에 모자 씌운다.
산등성이로 의자왕이 물지게 지고 넘어가는 모양이 보인다. 산신
천신이 모자를 벗긴다.

덕상 아이구 욕들 봤네.

영덕 오늘 우리가 행여 모지란 데가 있더라도 서운해 마시고 이
마을에 구름복은 모여들고 안개복은 둘러싸고 물길복은 흘러
들고 바람복은 몰려들어 천복지복이 고루 들게만 하여 주시
요. 저 여그 당집에 모신 어른들이 백제 의자왕 하구…….

덕상 성충이, 홍수, 계백이, 의직이, 윤충이…….

영덕 의자왕 그 어른 부탁이시네. 여그 병사들 위패를 모셔달랴.
위패 오천개를 만들어 가지고 저 당집에 모셔달래. 간곡히
일르대.

덕상 보자, 오천 군사라믄 당으로 끌려간 병사를 두고 허는 소린
가.

영덕 청수바다 건너서 백수바다 건너서 흑수바다 건너서 적수바다
건너서 황수바다 건너 오는 노자가 마련될 거라고—서둘면
좋대.

근희 나 오늘 저 사람 말만 끄내면 머리가 아퍼.

덕상 근게 그래주면 당신 거동이 수월하겠다 그런가.

영덕 떠돈디야. 여기 잔뜩 떠돌고 있디야.

덕상 이 사람 뭘 보고 이러는가. 의자왕 봤는가.

순단 중국서 물지게 집디다.

덕중 농사 짓던가.

순단 배고픈 사람한테 밥 주고 옷 없는 사람한테 옷 주고 돈 없
는 사람한테 돈 주는 것도 적선이나 목마른 사람한테 물 공
양하는 것이 제일이라믄서 가거든 물 공양 잘 하라고 신신
당부합디다. 그러고 적선을 해야 저승서 받는 니 궤가 찰 것
이다. 그래요.

등성이로 희끗거리면서 올라가는 것이 보인다.
산신이 요령소리 내고 천신이 할멈을 이끈다.

순단 저게 뭐요. 절루 할멈이 가네.

덕상 어디.

지산 순단이 — 순단이. 할멈이 돌아가셨어.

덕상 뭐여, 왜 그랬어.

지산 나를 불러. 그냥 헛구역질 허시는 줄 알았구만…….
자네한테 전하라데, 변성대왕님이 오셨다고. 하는 말씀이 사
화했다고 그러더랴. 저승서 의자왕이 금화하고 사화했디야.
그런게 장차 순단이 자네하고 아무 염려 없디야. 의자왕을
순단이가 모신디야. 금실이 아주 좋디여. 그러고 대고 숨 몰
아쉬더만. (운다)

지환 대물림굿 해야겠네.

순단이 그 자리 볏단모양 쓰러진다. 한산댁이 모습 보인다.

한산댁 아짐씨, 애가 깨났어요. 우리 애가 살아났어요. 할멈 고마
워요.

순단 애 나 좀 주시요. 할멈이요, 할덤이 애로 부생하셨는가 봐.

덕상 별신굿을 여게서 중도막낼 수 없는 일이네. 할멈이 그러기
바래겠는가. 어른들 모시는 일이 할멈 모시는 것이여. 할멈
조문 겸해서 절들 올리고 다음 절차 밟어 가더라고.
이 동네 농사하는 사람, 장사하는 사람 담 끼고 정답게 지내
오니 일년 열두 달 삼백육십오일 번개같이 지나가도 산으로
들로 강으로 두루 사방 다녀도 아픔 간새 없게 하시고 어둔
데로 등돌리고 밝은 데로 앞돌려 웃음 가운데 꽃이 피고 말
가운데 향내나게 하시고 바람결 물결 거두어 火災, 官災, 口
舌, 三災 波浪일랑 멀리 放送을 시켜 주시요.

의자왕, 三太子, 성충이 평복차림으로 자전거 타고 지나간다.

지환 교장선생님 오시요.
효 이 사람들 밤새네.
의자왕 할멈 여전허시고.

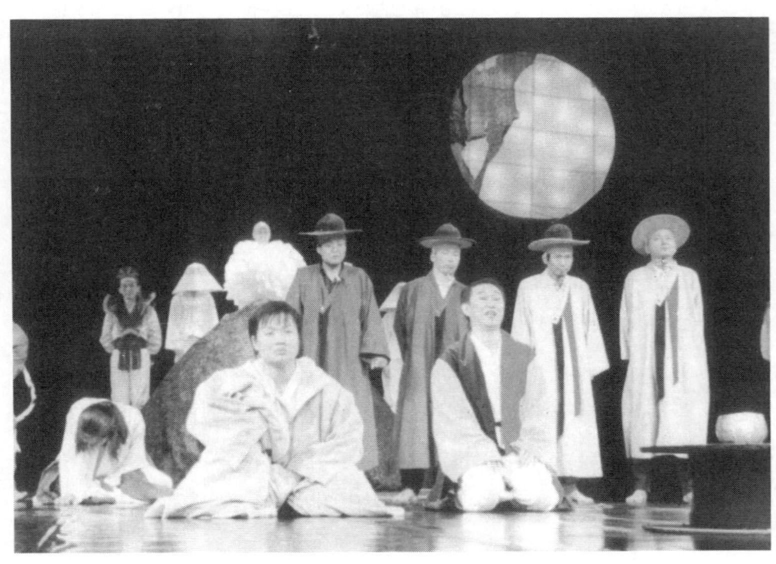

덕상 늦었구만요.

의자왕 욕들 보소.

덕상 살펴가시요.

영덕 가 오천 군사 뫼시러 가더라고.

덕상 그려 모셔. 갱갱이 영덕이 덕분어 선암리 올이 새 손님 맞느
만.

덕중 오천 군사 뭘루 먹인디야.

태(胎)

등장인물

사육신(死六臣)
단종(端宗)
세조(世祖)
신숙주(申叔舟)
박중림(朴仲林)
순(洵)의 처
종(從)
여종(女從)
왕방연(王邦衍)

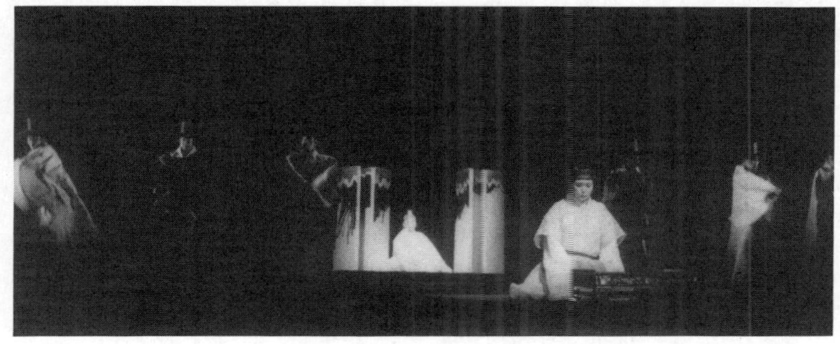

단종 양위교서. 숙부는 주공(周公)의 재질의 아름다움이 있고 또
　　　주공의 큰 훈공을 겸하였으나 과인은 성왕(成王)같이 어린
　　　나이에 또 다난한 처지에 있다. 과인은 성왕이 주공에게 구하
　　　는 것처럼 숙부에게 구하노니 숙부도 역시 주공이 성왕을 보
　　　좌했던 것 같이 과인을 도우라.

사육신 (일제히 소리친다) 전하, 아니되오!

소리 가마귀 눈비 맞아 휘는 듯 검노매라. 야광명월이야 밤인들
　　　어두우랴. 님 향한 일편단심 가실 줄이 있으랴.

　　　사육신 중에 유성원이 비수로 가슴을 치고 쓰러진다.

세조 성삼문, 너는 무엇때문에 나를 배반하느냐?

성삼문 임금을 복위시키려 했을 뿐이다. 누구가 제 임금을 사랑하
　　　지 않겠느냐. 내 마음은 나라 사람이 다 알고 있으니 어찌
　　　배반이라 하겠나. 내가 이런 일을 하려는 것은 하늘에는 해가
　　　둘이 없고 땅에는 왕이 둘 없기 때문이다.

세조 그러면 어찌 내가 왕위에 오를 때 막지 못하고 나를 섬기다
　　　가 배반하느냐?

성삼문 대세를 어찌할 수 없으므로 후일을 도모하였을 뿐이다.

세조 너는 내가 주는 녹을 먹고 오다가 지금 배반하니 반복무상
(叛服無常)한 자가 아닌가.

성삼문 나는 나으리 녹을 먹은 적이 없다. 상왕 단종이 계신데 어
찌 나를 나으리 신하라고 부르느냐. (인두로 성삼문의 넓적다
리를 지지니 연기가 솟는다. 비명소리) 나으리 형벌이 참으로
지독하구나. (신숙주가 보인다. 그에게) 네가 나하고 집현전에
입적할 때 세종대왕께서 세손을 품에 안고 뜰을 거닐면서 과
인이 만세 후에 그대들은 이 아이를 잘 보호하라, 이르시던
옥음(玉音)이 지금도 귀에 쟁쟁한데 너는 잊었더란 말이냐.
네가 이토록 못된 줄은 참으로 몰랐다 이놈.

연기가 솟는다. 비명소리.

세조 네가 나를 잘 섬기면 용서하리라.

박팽년 내가 언제 너의 신하가 됐더냐.

연기가 솟는다. 비명소리.

세조 너희가 모두 나의 옛 친구인데 어찌 이럴 수가 있겠나. 네가
그런 일이 없었다고만 하면 내가 너의 죄를 면하마.

이개 (웃고) 사람을 반역죄로 이름을 지었으면 그 죄로 응당 죽일
것이지 무슨 말이 더 듣겠다고 이러느냐.

연기가 솟는다. 비명소리. 모두 쓰러진다.

소리 인두질을 하였난데 저 소리를 들어 보소. 상감마마 아니하고

수양대군 웬말인가. 기러기 털같이 가벼이도 죽건마는, 아니
어다, 저로써 영화로다.

박팽년의 가묘(家廟)에 그의 부친 朴仲林이 엎드린다.

박중림 시방 종가의 종이 끊기려 하여 엎드려 고하옵고, 하마 저
승 가선들 뵈올 낯이 있으리오. 손 박중림이 불민한 죄 구천
에 미치니 나어린 핏덩이로 합하여 삼촌이 연좌되니 필시 족
멸할지라. 오호, 어르신들이여 —

이러는 중에 종과 그의 계집이 보인다.

종 상전님.
박중림 관아에서 왔느냐. 곧 가마.
종 상전님.
박중림 너는 누구냐.
종 상전님 둘째 손 박순의 종이옵니다. 이것이 소인의 계집이온
데.
여종 마나님이 해산기가 있사옵니다.
박중림 (고개를 떨군다) 불쌍한 것들. 낳으면 낳는대로 죽일 것이
로되 채 낳지 못하면 낳지 말라고 임산부를 해칠 것이 아니
냐. 나이 어린 에미의 운명이 참으로 기구하구나. 어르신들이
여. 이를 말리시오.
종 (강보에 싼 어린 것을 보이며) 이것이 엊그제 생겨난 소인의 자
식이온데 만일 마님께서 아들을 보시거든 서로 바꿔서 길러
후제 상전님네 뒤를 잇도록하면 안될까하고 이 미련한 것 둘
이서 상의하였기로 감히 상전님께 무례한 말씀을……

박중림 너희가 지금 무슨 소리를 하고 있느냐.

여종 마님께서 만일……(떨며 운다)

종 마님께서 아들을 보시거든 서로 바꿔서 길러 후제……

박중림 이리 다오. (강보에 싼 아이를 안고 가묘에 절하고) 보살피시오. 이 불쌍한 것의 예정을 보살피시오. 순천 박씨 대를 이으려고 이것이 대신 죽습니다. 이를 헛되이 버리지 마시오.

기함하듯 여종이 쓰러진다.

여종 창지야!

刑場

신숙주 대역신 성삼문, 부 성승, 아우 성삼빙, 성삼고, 성삼성, 아들 성맹철, 손맹평, 성맹종, 손 성현, 성택 등을 족멸하라.
(정악의 긴 울림)
대역신 박팽년, 부 박중림, 아우 박기년, 박인년, 박대년, 박영년 아들 박헌, 박순, 박분과 손을 족멸하라.
(정악의 긴 울림)
대역신 이개, 아우 이윤기, 아들 이공회 등을 족멸하라.
(정악의 긴 울림)
대역신 하위지, 형 하기지, 아우 하소저, 아들 하오박 등을 족멸하라.
(정악의 긴 울림)
대역신 유성원, 아들 유기련, 유송련 등을 족멸하라.
(정악의 긴 울림)

소리 심의산 세네 바퀴 감도느니, 오뉴월 낮게 즉만 살얼음 집힌

위에 보았느냐, 님아. 온놈이 온말을 하여도 님이 짐작하소서.

벌판 저쪽에서 패싸움이라도 하는 듯한 설레임 소리. 세조는 마치
허공에 뜬 헛것들하고 대치하는 듯도 하다.

세조 너희들이 무슨 일로 천청(天聽)을 더럽히느냐. 무엄하다.
    (여자의 비명소리) 무엇이냐. 예가 어딘줄로 알고 아녀자를 대
    동하느냐.
소리 박팽년의 손부(孫婦)요. 애를 뱄소.

박중림 아니된다. 놓거라. 놓아. 나를 죽여라 이놈들—
    (뛰어든다. 손부가 뒤따른다)
세조 누군가. 아니 그대가 어떻게 여기.
박중림 내 곧 형장으로 가 죽을 테니 염려말게. 그 먼저, 이보게
    이것이 내 손부인데 임신중이라 유복자를 염려하여 이것마저

죽이려 하기에 데리고 왔네.

세조 어명을 바꾸지 못하는 줄 모르는가.

박중림 그대가 뱃놈이 아닌 바에야 임신부를 바다 가운데 버리지는 아니할 것이다 하고 데리고 왔네.

세조 과인이 왜국에 사신으로 갔던 일을 두고 그러는가.

박중림 남을 죽여 살기를 구함은 덕에 좋지 못한 일이라고 그대가 뱃놈들을 말려 임신부를 살려내니, 내 아들 박팽년이 그 말을 전해 듣고 와서 내게 이르기를 관후활달(寬厚豁達)한 그대 성품을 칭송해마지 않데.

세조 그대가 나를 농하는가.

박중림 이것을 살려 달라는 소리요.

세조 여기는 뱃전이 아니다.

박중림 생질의 자리를 찬탈하더니 마음도 뱃전에서 다르고 어전에서 다르고나. 이놈 내 너를 먼저 베리라. (칼을 빼든다) 성삼문 부친 성승이 일찍이 너를 베려하여 내 그를 말리었드니 오늘에 이르러 천추의 한이라.

덤벼든다. 동시에 사육신이 헛것들의 차림으로 지쳐든다. 다급한 지경중에 박중림이 잠시 혼미하였는데 순간, 손부가 비수를 꺼내 박중림의 등에 꽂는다. 쓰러지는 박중림.

손부 나으리. 이 손의 피를 두고 맹세합니다. 내 자식을 낳거든 이처럼 죽이리라. 이것을 낳도록만 하여 주시오.

세조 그대 존속을 살해한 죄 면치 못하여 죽음이 마땅하거늘 어찌 살아 배 안에 자식을 낳기까지 바라느냐.

손부 역적의 머릿수를 하나 더 보태 주려고 그러오.

세조 내가 네 권속을 사사로운 감정으로 죽이는 게 아니다.

손부 이 난세에 저를 내놓았으니 순전한 이 어미 죄가 아니오니

까. 이 손으로 저를 거두게 하시오. 천지개벽을 하고 나으리
가 내 배 속으로 들어온다 하여도 이 아이한테는 손 못 대
오.

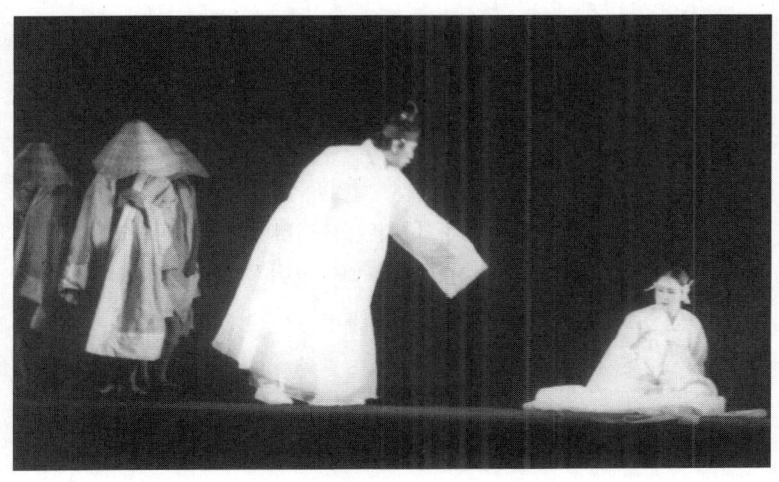

잠시.

세조 면전에서 시할아버님을 시해하고 또 제 자식을 죽이겠다 이
처럼 앙탈이니 그대 운명이 하마 그토록 기구하단 말이냐.
손부 기구하기는 마찬가지요. 위로는 상왕의 위를 찬탈하고 밑으
로는 충신의 삼족을 멸하니 나으리의 기구한 처지를 뉘라 동
정 아니하겠소.
세조 아녀자가 아니었다면 같이 국사를 논하자겠다.
손부 하였더라면 단종의 위를 찬탈하지는 아니했을 것이요.

오랜 침묵.

세조 옛사람이 말하기를 천균(千鈞)의 활은 작은 쥐를 보고 쏘지
않는다 하였다. 원컨대 아들을 낳도록 해라. 대역신이 아니오
충신의 손이니라. 가거라. 아들을 낳거든 죽여 바치고 계집이
거든 모녀가 연명하여도 좋다.

나간다.

손부 천은이 망극하오. (朴仲林을 끌어안고) 할아버님! 아이구, 할
아버님. (그 자리에 덮석 주저앉더니 터버리고 설리 운다) 가네
가네 하시더니 이제는 참 갔구나. 아이구 내 일을 어찌여. 손
자를 보시오. 할아버님이 그렇게 하여 주셨소.

死六臣이 기원하듯 움직인다.

손부 비나이다.
사육신 비나이다.
손부 일국지명산(一國之名山)
사육신 일국지명산
손부 제불지대찰(諸佛之大刹)
사육신 제불지대찰
손부 오십삼불(五十三佛) 부처님
사육신 오십삼불 부처님
손부 오백나한 제불(五百羅漢諸佛) 미륵
사육신 오백나한 제불 미륵
손부 사부칠성(四部七星)님게 발원이오.
사육신 사부칠성님게 발원이오.
손부 순천 박씨 한석당(閑碩堂) 박중림, 취금헌(醉琴軒) 박팽년의

대가 소녀 일신에 맡기었으니 소소한 이 정성 태산같이 굽어
보사 소망성취 발원이오.

사육신 소망성취 발원이오.

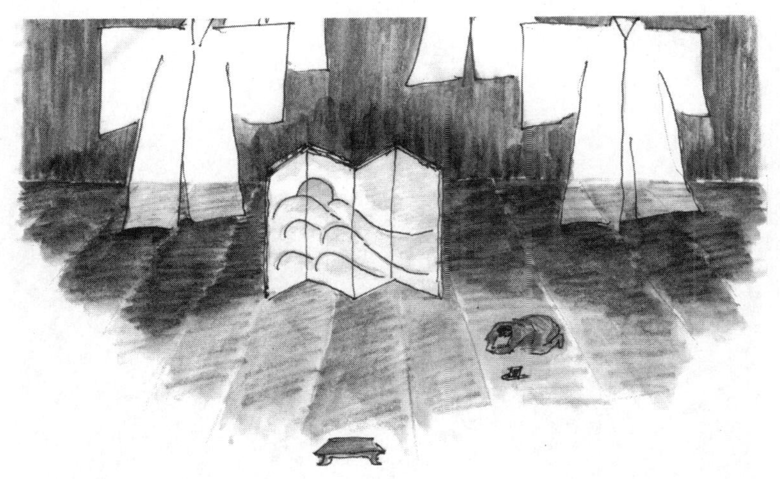

사육신과 손부가 어우러져 출산을 의미하는 의식을 벌인다.
종이 나타나 제 자식과 갓 태어난 핏덩이를 바꿔가지고 사라진다.
손부가 비수로 종의 자식을 찌르고 자결한다.

御前

세조 (고함친다) 귀양 보내지 않았나. 여기서 영월이 천리.
신숙주 (고함친다) 그럼 영월로 내통하는 자가 있어도 가만 두시
오.
세조 삼족이 당할 줄 알면서 누가 영월로 가.
신숙주 신도 가오.
세조 경은 못가.

신숙주 가만 두시오.

세조 단종을 가만두어. 성삼문, 박팽년도 그 애를 가만 둬야 했어. 그 애는 과인을 따르고 있지. 그 애는 그저 살아가게 놔두어. 그 천진한 것을 이용하려는 자는 죽어 마땅해. 절대 용서 안해. 이 점에는 경도 포함돼.

잠시.

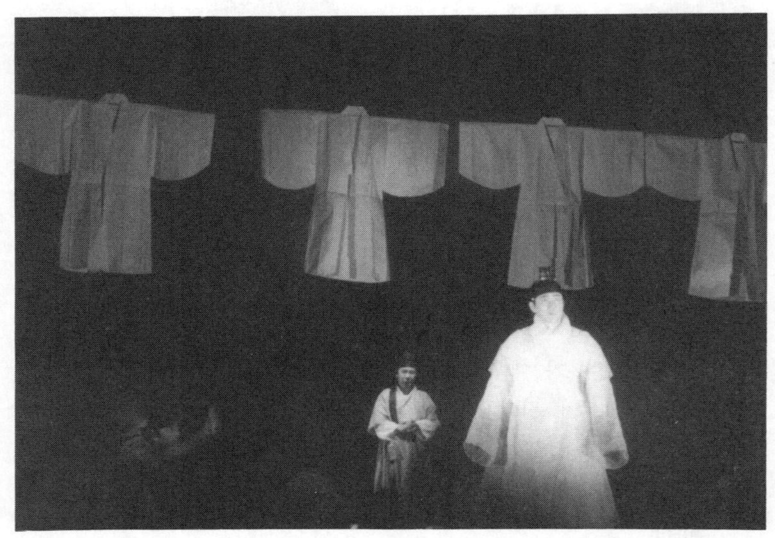

신숙주 조신들 중에는 어둑한 자도 있고 탐욕한 무리도 있으나 그역 전하의 신이요.

세조 단종이 죽는다 해도 어리석은 자는 여전히 어리석을 것이고, 탐욕한 자는 여전히 탐욕할 것이고, 단종이 죽는다고 우매한 것이 총명으로 바뀌고 탐욕이 자비가 된다면 대체 그만한 것들이 무엇이 그리 대단하여 과인보고 같은 댓줄을 죽이라고 그러는가, 경은.

신숙주 어리석은 무리가 너무 많습니다.

세조 얼마간 지나면 달라져.

신숙주 그 얼마간이 전하를 해할 것이오.

세조 단종을 가만 두어 (신숙주에게 손을 댄다, 잠시 후) 경사(經事)에 박흡하고 대체를 속장하며 작은 일에 까다롭지 아니한 경의 심정을 과인이 취하여 일찍이 경과 친분을 맺음에, 경의 권함이 없이, 경의 헌충이 없이 과인이 마침내 이 임금의 자리에 올랐을 리 천만 없소. 헌데, 시방 경은 과인한테 사람이 못할 짓을 하라 주장하니 웬일이오. 경은 과인의 중망을 버리지 마시오.

신숙주 다만 상왕 단종이 연명함을 기화로 단종의 복위를 음모하는 무리가 비등하겠고 그로 하여 인심이 흉흉하고 조정이 불안하고 또 얼마나 많은 조신들이 대역의 탈을 쓰고 죽어갈 것이오니까. 바라옵건대, 저들을 구하시오. 전하의 성은을 입어 연명토록 하시오. 살아 있는 자들로 전하의 종이 되게 하시오. 진실로 두려워 머리를 두드리고 삼가 아뢰오니 단종으로 하여 죽은 자들의 군주이게 하시오.

세조 (고개를 젓는다) 단종은 죽었어. 두 번 죽일 것이 못돼.

신숙주 내 말은……

세조 과인 곁에 있는 동안 더이상 단종을 입에 올리지 마시오. 만일 경이……(어느 사이엔가 사육신이 둘러싸듯이 섰는데 피묻은 강보를 펴들고 있다) 물러가거라!

신숙주 무엇을 보고 그러시오.

세조 이 자들이 안 보인단 말인가…… 저것을 들고 매일 한 번씩 찾아와서 저러고들 서서……(사육신이 강보를 세조의 손에 걸친다) 이것을 치워! 경, 이것을 치워!

신숙주 그것이 무엇이오.

세조 치워!

신숙주 (강보를 집어 든다) 이건 박팽년의 손을 죽여 싸온 강보가 아닙니까. 왜 이것을 들고 다니시오.

세조 이 자들이 방금 내게 주는 것을 보고 그러나.

신숙주 누가 무엇을 주었다고 그러시오.

사육신이 따라오라는 손짓을 하며 물러간다.

세조 (따라 나서며) 거기들 섰거라, 거기.

신숙주 전하. (세조, 고개를 저으며 나간다) 누가 단종을 두고 어리고 무능하달 것이냐. 천리 저쪽 영월에 앉아서 전하를 실성도 시키시니…… 하물며 신들이야!

강원도 영월

단종에게 금부도사(禁府都事) 왕방연이 사약을 하사한다. 단종이 큰 절을 하고 사약을 받아 입에 대고 쓰러진다.

소리 천만 리 먼 길에
고은 님 여의옵고
내 마음 둘 데 없어
울어 밤길 녜놋다.

宮

신숙주 천리 원정길에 막중한 국사를 이고 지고 노고가 많소.

상왕 단종께서는 무사하시오.

왕방연 옥체만강하옵니다.

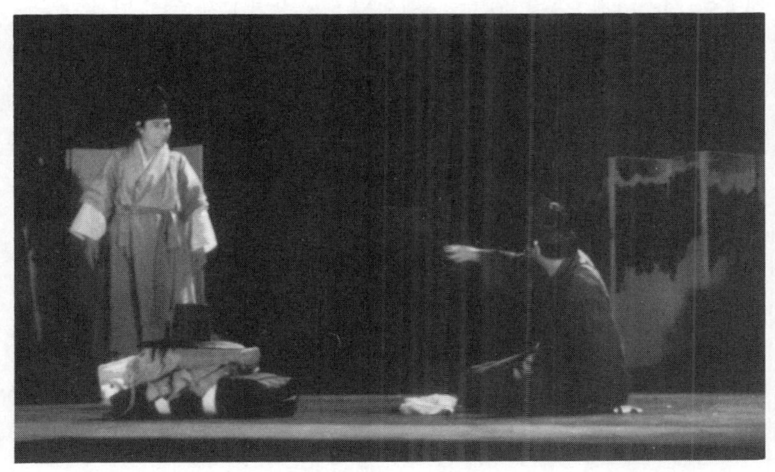

신숙주 영월의 풍치가 장관이라 들었는데.

왕방연 상왕께서 출입을 삼가시니 산천경개 돌아볼 날이 없었습니다.

신숙주 전하께서 경이 당도했느냐고 오늘 중에만 세 번을 물었소. 나오시거든 세세한 말씀 소상히 전하시오. 전하 못지않게 경을 기다린 사람이 하나 또 있소. 이 사람. (잠시) 경이 상왕을 모시고 영월로 떠나자 상왕을 복위시키려는 무리가 비등하였기로, 그중에 한 무리가 경을 통해서 상왕께 전한 것이 있다던데.

왕방연 소신 자질 노둔하여 상왕을 모시는 일에만도 힘이 부쳐 생각하면 송구할 따름이오.

신숙주 상왕이 아니고 경 얘기요.

왕방연 그런 일 없소.

신숙주 (백지를 펴주며) 이 자들을 아시오?

왕방연 조신들이 아닙니까.

신숙주 거기다가 경의 삼족을 더하면 그 머릿수가 몇이나 되겠소.
(잠시) 전하가 나오시면 내가 하는 소리를 그대로 전하시오.

왕방연 무슨 말씀이오니까.

신숙주 전하, 소신이 영월에 가 있는 동안 상왕하고 내통하려는
자들이 있었소, 하고 나서 그 자들의 명단을 읽어 내리시오.

왕방연 반복하거니와…….

신숙주 (소리친다) 열다섯 살 먹은 아이 하나로 수백명이 죽었어.
그 중엔 나라에서 고른 충신 여섯이 족멸하였고, 박팽년의 가
문에서는 배 속에 든 것까지 끌어내서 죽였네. 그것도 제 어
미 손으로 자 보아! (강보를 품에서 꺼내 면전에 던진다) 대역
신의 손이라 하여 일개 아녀자가 제 자식을 낳으면서 죽이기
도 하는데 아이 하나를 어쩌지 못해서 또 수백명이 떼로 죽
어. 아니, 더는 안돼. 충신은 여섯으로 됐어.

왕방연 하오나 상왕께서는……

신숙주 그 자들과 경은 무사할 것이오. 연이나 고하지 아니하면
경을 포함해서 모두 족멸이야. (잠시) 경이 그대로만 해주면
단종은 사약을 받게 돼. 전하는 그 징표를 구하고 계시오. 그
것이 경이오.

왕방연 (땅을 친다) 오호, 그 무서운 일을 누가 저질렀나!

신숙주 왜 이러시오. 무슨 일이 있었소.

왕방연 (고개를 젓는다) 신이 영월에 가 있는 동안 이 자들과 통
정을 하였기로, 하루는 단종을 복위시키려는 음모를 하였기로
나중에 발각될 것을 염려하여 통 잠을 못 이루다가 그만 황
망중에……(오열한다) 엊그제부터 큰 비바람이 밤낮으로 계속

하며 컴컴하여 신이 밤새 편히 자지 못하여, 혼미하여…….

신숙주 금부도사-

왕방연 소신이 상왕을 영월로 모시던 중에 모친께서 돌아가시니 가지는 못하고 빈소 앞에 제문만 써 보냈더니 이제까지 멀리서 한번도 전(奠)을 드리지 못하여, 애통하여…….

신숙주 (먹을 잡고) 영월에서 무슨 일이 있었나. 상왕의 신변은 안전하신가. (왕방연, 고개를 젓는다) 오호, 어찌 되었느냐. 어서 말을 하여라, 어서.

왕방연 어명을 칭하여 사약으로…….

오랜 침묵.

신숙주 천만가지로 옳다 하여도 어명이 없이 상왕을 시해하고 어찌 하늘을 보겠냐. (칼을 뽑아 내려치니 왕방연이 쓰러진다) 전하! (엎드려 운다) 상왕은 멸하였소. 전하, 어서 어명을 내리시오. 전하께서 상왕을 멸하였노라 명하시오. (일어서서) 어서 영월로 가자. 유해로 해서 폭동이 일기 전에 가 상왕의 유해를 모셔 오리다.

御前

여종 창지야. 내 창지를 내놓아. 내 창지, 창지야-

세조가 든다.

세조 왜 이리 소란하여, 무엇이냐. (여종, 놀라서 마치 짐승같은 소리를 내고 도망친다) 저것이 무엇인가. 뭐라고 하는 것 같은데

…… 가차이 오너라.

    사육신이 그림자처럼 밀려든다.

세조 고개를 들어라— 너희들이 어디 사는 누구이며 무엇하는 자
    들인데 이리 방자히 구는가. 산 것들이라면 여기가 어전인 줄
    알 것이고 한 번 물리라 하였으면 돌아갈 것이지, 또 와서
    설레느냐.
사육신 영월로 사람을 보내시오. 아니면 나으리 신변이 위태롭소.
세조 영월이라면 상왕이 어떠시단 말이냐.
사육신 모반이오
세조 누가 또.
사육신 희현당(希賢堂) 신숙주.

    잠시.

세조 모반이라면 과인을 시해한다는 소리. 희현당이 과인을 보좌
    하거늘…….
사육신 신숙주가 영월로 떠났소.
세조 영월은 어찌하여—
사육신 상왕을 시해하였소.
세조 (소리친다) 무고로다. 이놈들, 누구를 모함하느냐. 대왕 생존
    시 명나라 사신으로 동행하면서부터 생사를 같이 해온 희현
    당이다. 경을 욕되게 하는 것은 과인을 두고 그리하는 것이니
    ……
사육신 신숙주는 변절하였소. 세종대왕의 은의를 져버렸소.
세조 과인에게 헌충하였다.

사육신 나으리도 버렸소.

세조 죽은 것들을 닮았다 하였더니 말마다 괘죄로다.　내 너희들을 내다가 버히리라.

사육신 (왕방연을 가리키며) 금부도사 왕방연이오.

세조 누가.

사육신 희현당 신숙주.

세조 樂人之樂　悲人之悲　그대가 밝은 얼굴을 보이면 과인의 마음도 맑을 것이오, 흐리면 궂을 터인데 죽은 얼굴을 보이니 과인의 신변에 살기가 돈다는 저들의 말이 틀린 소리는 아닌가 보다. (소리친다) 어서 희현당을 오라고 하여라. 희현당이 과인하고는 핏줄도 같고 육신도 같더니 이 어인 일이냐. 그 어린 것을 끝내 죽이려는가. 아니면 과인을 저버리는가. (고개를 든다) 그보다 과인이 핏줄도 육신도 버히리라. 영월로 말을 몰아 둘 다 참하여라. 아니다. 과인이 버히리라. (급히 뛰어나간다.)

들판

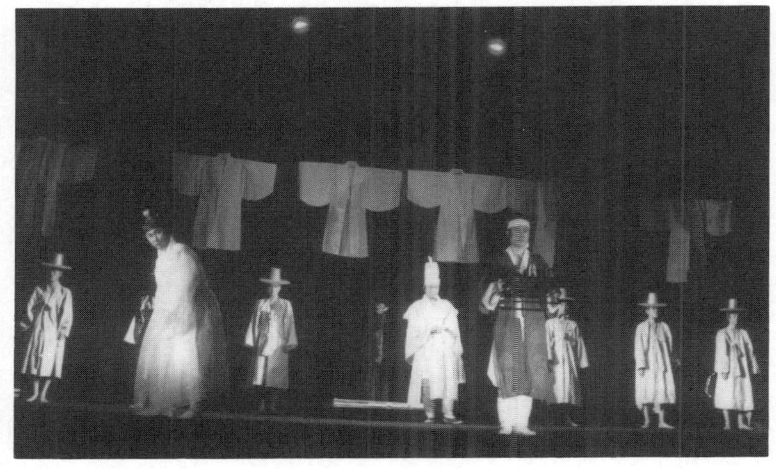

소리 명정(銘旌), 공포(功布)가 든다. 엎드려라—

사육신이 명정, 공포를 들고 온다.

세조 어디로 가는 상여인가 상주는 나서라.

신숙주 (엎드린다) 전하께서 상주이시오.

세조 에이 무지한 것 같으니. 기어이 그 어린 것을 죽였더란 말이
냐. (칼을 뺀다) 칼을 받아라.

무리들 명정, 공포로 가로 막는다.

사육신 전하, 상중이시오.

세조 (칼을 떨어뜨린다. 명정을 찢으며 소리친다) 상여를 돌리거라.
상왕은 생존하시다.

신숙주 전하, 더이상 피를 보지 마시오.

세조 피는 흘릴 것 없다. 상왕은 죽지 않았어.

신숙주 어명을 내리시오. 아직 늦지 않았으니, 지체 말고 전하께
서 상왕께 사약을 하사한다는 어명을 내리고 이를 공포하시
오. 상왕께서 전하의 어명으로 명을 거두게 하시오.

세조 과인이 죽었다고 공포하여라.

신숙주 상왕의 죽음을 헛되이 마시오.

세조 (비통하여) 섧고도 섧다. 내 결국 저를 먼저 보냈으니 어찌
선왕들 계열에 들겠느냐. 하마 죽지도 못하리라. (소리친다)
아니된다. 내 저를 살리리라.

신숙주 전하—

명정, 공포가 설레인다.

세조 상왕을 내놓아.
신숙주 저들을 버리지 마시오.
사육신 나으리.
세조 과인을 나으리라고 부르는 너희는 누구냐.
사육신 죽어질 몸들이오.
세조 너희는 또 왜.
사육신 상왕과 통정을 하였소.
세조 상왕을 보기보다 반갑구나. 너희가 나를 도와라.
사육신 상왕은 저희에게 맡기고 어명을 내리시오.
신숙주 전하.
사육신 전하.

단조로운 요령소리.

신숙주 어명이시다.
사육신 어명이시다.

오랜 침묵.

세조 과인이 그의 운명을 거두었다. 같이 저들을 보낸다.

명정, 공포가 흐늘거리며 나간다.
무리 중에 從이 강보에 싼 아이를 안고 나선다.

종 상전님.
신숙주 누구냐.
종 이 몸을 벌하시오. 천벌을 받을 죄인이옵니다.

신숙주 상왕하고 통정을 하였느냐.

종 이것이 전에 살아계시던 상전님네 대를 이을 자손이온데, 소인이 종의 몸이라 통 먹일 것을 찾아 못 주니 이러다가 죽이면 귀한 가문 씨말리기 영낙없어, 상전님께 도루 바치오니 이것은 살려 주시고 소인은 죽여 주시오. 감히 어명을 어겼사옵니다.

세조 그것이 뉘댁 자손인데 니게 맡기었더냐.

종 취금헌 박팽년의 손이옵니다.

신숙주 어전이시다. 바로 아뢰어라.

종 어명이 무서운 줄 모르옵고.

신숙주 사실이 그러하다면 너희 둘 다 참하리라.

종 사실이오.

　　　잠시.

세조 어디 보자. 죽지는 않겠다. 뭐라 불렀느냐.

종 없사옵니다.

세조 어명을 어기어 이것이 태어났네. 과인의 손이 미치지 못하니 어찌겠나. (안고서) 이것의 손이 산호가지와 같으니 일산(壹珊)이라 부르도록 하고 취금헌 박팽년의 후손으로 대를 잇도록 하여라. 어명이다.

신숙주 전하. (읍한다)

들판

여종 창지……내 창지, 오장 내 오장, 내 창지를 내놓아. 창지야
　　　……

소리 심의산 세네 바퀴 감도느니, 오뉴월 낮게 즉만 살얼음 집힌
　　위에 보았느냐, 님아. 온놈이 온말을 하여도 님이 짐작하소
　　서.

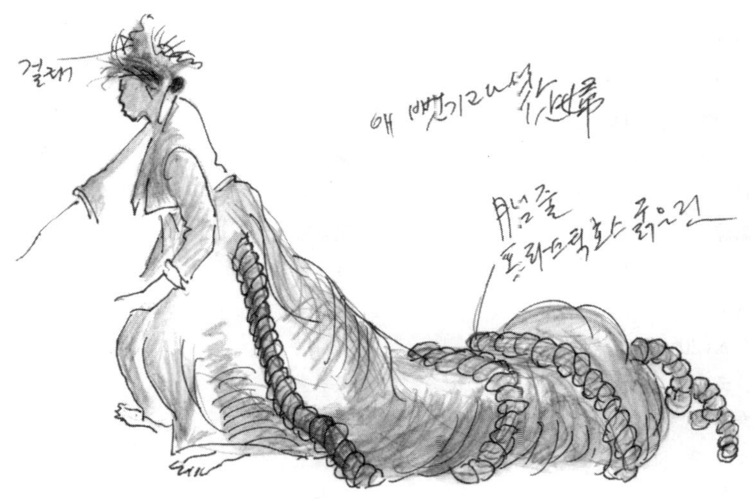

사춘기(思秋期)

등장인물

親父

親母

父(親父의 代理人)

母(親母의 代理人)

新郎

新婦

淑

食母

女人(30代)

金三幕

女人 1

女人 2

염탐꾼

寫眞師

寫眞師補助

僧

염꾼 1

염꾼 2

美容師 1

美容師 2

宋時烈

許 穆

尹善道

權 詩

洪宇遠

趙嗣基

都愼微

金壽興

外 多數

무대

각기 다른 크기로 대단한 기동성을 지닌 壇이 4,5개 마련되고 필요
에 따라 略式장치가 세워진다. 壇은 연기자들에 의해 이동된다.
劇의 중간 국면에 보이는 上手에서 下手에 이르는 6尺 높이의 철
책은 철의 질감이 선명해야 된다. 小品이나 大道具, 裝置 등이 대
체로 스테인레스 製이거나 쇠붙이의 질감을 띤 것들이어서 무대 전
체가 몹시 차가운 느낌을 준다.

흑백 단색으로 차려입은 賀客들이 新郞, 新婦를 가운데 세우고 기
념사진을 찍는다. 寫眞師가 구도를 잡는 동안 新婦가 친정아버지한
테만 들리도록 告解하듯 말한다.

新婦 민영이하고 물론 잘 살아갈 겁니다. 게으르지 말고 눈 똑바
로 뜨고 열심히 꾸려나갈 거예요. 자신도 있구요. 그런데도
만일 잘 꾸려지지 않고, 착각이었구나, 어긋났어, 구제불능이
구나 그렇게 자문자답하는 지경에 이르러서는, 그때는 지체없
이 민영이를 떠날 겁니다. 아버님한테 누를 끼칠까봐, 죄가
되서, 죄송하다는 것 때문에 제 인생을 묻어버리지는 않겠다
는 말이 됩니다.
(잠시) 어머니가 저를 가졌을 때 아버지 곁을 떠날 뻔했었다
구요. 애가 몸에 들어앉았는데도 그 남자를 떠나야 된다는 생
각이 들었다면 그렇게 했어야 옳지요. 그렇거든요. 배 안의
것이 사슬은 아니라는 겁니다. 제가 사물을 자각하던 무렵,
유년기로 생각을 돌려보면 제가 한 개 인형이 아니었던가 그
런 연상을 하게 되요. 한밤중에 갑자기 실에 꿴 인형처럼 상
체가 들리워져 잠이 깨곤했지요. 그러면 저쪽 방에서 두 분이
다투는 소리가 두런두런 들려왔지요. 어두운데 왜 그러구 꼼
짝않고 앉아 있었는지 몰라요. 울거나 했으면 엄마가 왔을텐

데.

(잠시) 저는 제 아이를 실에 꿴 인형을 만들지는 않겠어요.

寫眞師가 후래쉬를 터뜨린다. 新婦의 친정부모 두 사람을 제외한 모든 賀客이 동시에 몸을 돌려 객석에 등을 주고 둘, 셋씩 짝지어 나간다. 두 부부는 사진 찍을 때 모양 그대로 서 있다.

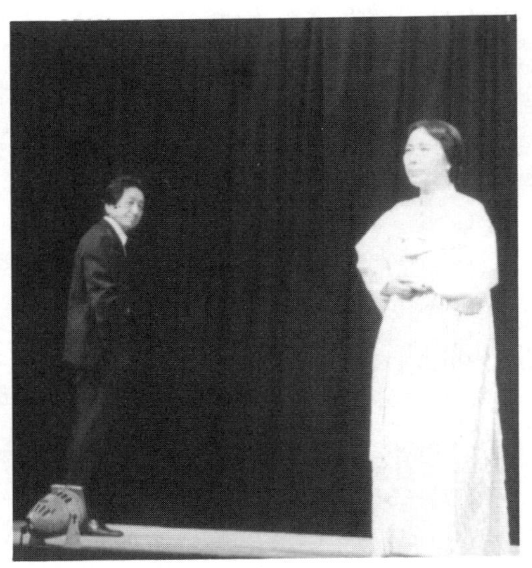

親母 애들은 폐백을 드린다는 절차가 남아 있어요. 당신하고 제가 잠시 물러나 있어도 되니 하던 얘기 마무리 짓는게 좋겠어요. 물론 애를 여의는 마당이니 서운한 심경이실 줄 알아요. 그렇다고 내가 며칠 더 끌다가 떠난다고 해서 서운함이 덜어질 일도 아니고보면 아무래도 오늘 내가 떠나는 것이 옳은 일 같아요. 집에 두 사람만 남았는데 새삼 떠난다 그러는 것도 볼상 사나운 일이고.

親父 부언하지만 집에 가서 봅시다.

親母 (잠시) 사남매 중 셋을 여읜 오늘에 이르고보면 열일곱 살에

약물로 잃은 재일이, 그 애 일이 하나 남습니다. 사년이 되가
는가 봅니다. 당신 모르게 작은 암자를 하나 구해 그 애 명
패를 맡겼지요. 이제 내가 가서 그 애를 보살펴 주려고 그럽
니다. 부덕한 것이 뾰죽하게 뭐 해줄 일이 있는 것도 아니예
요. 그저 군불이나 때주면서 저하그 같이 지내려고 그럽니다.
(잠시) 나 들어가 거기서 나오지 않을 겁니다.

親父 분별이 있소. 재일이 그 애가 죽은 게 언제요. 칠년, 팔년이
넘지 않았소. 그걸 가지고 간다온다 뭐하는 거요 지금.

親母 그 날, 재일이 묻던 날, 당신은 심사를 해야 된다면서 영화
관에 가십디다. 애를 묻고서 영화를 구경하는 그런 분별력을
저도 가져보겠다는 거예요. 막내를 여의었으니 저 갈 데로 가
겠어요.

親父 거긴 영화관이 아니에요. 이 사람아, 내 자식 죽었으니 심사
를 미루자 그럴 수 있는 건가. 그게 어디 나 혼자 하는 일이
야.

親母 그 추잡한 것을 꼭 봐야 되겠어서……. 당신 하관하는 것
보구 곧바로 산을 내려가셨죠. 일꾼들이 달공질하면서 선소리
내니까 남세스럽다고 못하게 소리치고 아래위로 날 잡아먹을
것처럼 보더니, 시간 없다 내려가셨어요. 애 묻는 시간이 길
어져서 그 추잡한 거 구경하는 시간이 위태롭게 됐다면서 바
삐 내려가십디다.

親父 구경이 아니라 일이예요.

親母 저도 봤어요.

親父 뭐를 봐.

親母 상 탔데요 그 영화. 당신의 일이니 봐둬야 되겠어서 봤죠.
거기 다리 밑에서 여편네들 목물하는 데 있죠, 왜.
(검은 옷을 입은 연기자가 영화 필름의 프레임과 같은 틀을 가지

고 나온다. 젊은 여자들이 나타나 필름 속의 인물들모양 목물을 한다. 한 총각이 잔소나무 뒤에서 넘겨다본다. 한켠에 반달도 있고 산골의 물도 흐른다)

먹감는 두 여자가 어떤 사이죠?

親父 사이, 무슨 소리야.

親母 두 여자를 한 남자하고 맞대놨을 바에 두 여자가 어떤 관계인지 알고 봐야 하는 거 아니예요. 모년지, 자맨지, 고부간인지.

親父 무더운 여름 시원하게 잡지 않았소.

親母 그렇지 않아요. 한 남자한테 두 여자를 몰아줬을 바엔 그전에 두 여자가 서로 남남이다 하는 걸 꼭 먼저 밝혀줘야지 밑도끝도 없이 저래노면 두 여자를 모녀나 자매로 오해할 수 있잖아요. 그거 그렇게 되면 끔찍한 일 아니오. 그런데 시원해요.

親父 저 간단한 걸 그러고 복잡하게 보는가.

親母 흉칙해요. 그걸 보겠다고 애를 묻지도 않고 내려가고.

親父 자꾸 말을 만들지 말아요.

親母 내가 뭘 만들어요. 없는 얘기를 내가 해요.

親父 그만둡시다. 재일이 일 가지고서는 당신하고 말이 안돼.

親母 왜 재일이 핑계를 대시죠. 나는 당신 얘기를 하고 있어요.

親父 말이 나왔으니 한마디 합시다. 당신 그때 재일이 입힌다고 수의 몇 벌을 했소.

親母 (잠시) 맨날 그 시꺼면 교복만 걸치다가 죽은 것이 마음에 걸려서 관 속에 같이 보내줄려고 따져보니 일년 사철 갈아입자면 삼사 십이. 열두 벌은 있어야 되겠습디다. 그래 열두 벌을 마련했지요. 그랬더니 당신하는 소리가 이 사람아 상복이 열두 벌이면 그거 장자복이라고 임금이나 그러고 해 입히는 게야. 임금도 장남으로 된 임금이라야지 차남으로 된 임금

은 ……그걸 뭐라셨죠?

親父 기년복.

親母 기년복이라고 사철 네 벌만 해 입히시도록 돼 있어. 이거 지
금이 구한말이라면 당신은 효수당해 가지고 머리통이 장대
끝에 매달렸을 게야. 치워, 한 벌만 남기고 다 때려치워.
(잠시) 수의를 찢으셨죠. 두 벌을 찢고 한 벌은 마당 화톳불
에 던지시고, 그러니 이 못난 여편네 부끄러워서 얼굴을 못들
고.

親父 말이 아니고 사실이 그래요. 인조(仁祖)때 일이오. 인조의
장남인 소현세자가 등극을 못하시고 세자로 돌아가시니 장자
복 열두 벌로 모셨어요. 그래서 다음 분은 임금으로 돌아가셨
는데도 차남이라고 기년복 네 벌로 장사지냈소. 그러니 우리
자식은 한 벌로 족하다 그랬던 거 아니으.

親母 그렇거든 말씀으로 하시지요. 알아 듣고서 실행을 하던가 내
소견을 말씀드리던가 그렇게 충분히 상의해서 해도 되는 일
가지고 사람 다 둘러 서 있는데 물건 찢고 태우고, 목을 잘
라라 장대에 꽂아라, 그러니 그 사람들이 놀래서…… (고개
젓는다) 봅시다. 실지로 어쨌는지 봐요.

朝鮮 제 17대 임금 孝宗이 죽어서 素服차림으로 모습을 보인다. 안
에 布를 댄 紙衣를 喪服으로 걸친 朝臣들이 일렬횡대로 한두 걸음
앞서거니 뒤서거니 모습을 보인다. 孝宗이 걸칠 喪服의 벌수를 가
지고 벌이는 甲論乙駁이다. 매우 장중한 運身과 語法을 구사한다.

허목 효종이 비록 인조의 둘째 왕자라 할지라도 조정의 대통을
이은 군주이니 마땅히 장자복으로 정할 것이다.

송시열 소현세자가 왕세자로서 또 성인으로서 있다가 죽었으니 그
때 이미 장자복을 입었으므로 이른바 정통은 두 길로 갈 수

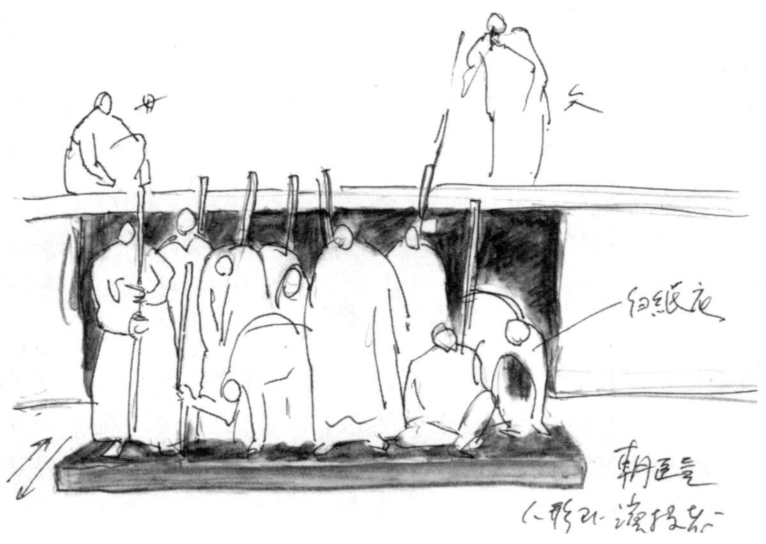

없다는 원칙에 쫓아 이번 복제는 기년복이 적당하다.

허목 효종이 서자인가? 효종은 인조의 적자이며 제2장자로 왕위에 올랐으니 마땅히 장자복으로 결정해야 한다.

송시열 장자를 제외하고는 적출이라도 차자서부터는 서자라 부를 수 있는 것이다. 따라서 효종은 인조의 서자라고 해서 조금도 욕될 것이 없다.

윤선도 십년 동안이나 재위한 임금이 적통이 아니라고 장자복을 못입히게 하고, 또 재궁(宰宮)도 완전한 것을 쓰지 못하게 하니 과거에 없던 나라의 변이라 이를 것이다.

親父 (顯宗모양) 윤선도는 심술이 옳지 못하여 음흉한 상소를 올려 상하를 이간시키려 하였으니 삼수(三水)로 귀양보내고, 허목은 삼척부사로 내려가거라.

두 조신의 몸이 꺽인다.

권시 효종이 인조의 서자라 함은 남의 인륜걸차를 무시하고서 하는 소리이니 항차 법통에 당하여서 이보다 부당한 궤변이 어딨소.

親父의 손짓에 몸이 꺾인다.

親父 효종의 복제를 기년복으로 정한 것은 방례에 의한 것이었으므로 지금와서 고칠 수 없는 일이다. 지금부터 예절을 빙자해서 나라를 시끄럽게 하는 자는 중형에 처할 것이다.

孝宗의 妃가 素服차림으로 모습을 보인다.

도신징 (儒生이다) 인선왕후는 10년 동안 종묘에 주사(主祀)한 효종의 후비였으니 대왕대비의 복은 마땅히 맏며느리에 대한 복제여야 할터인데 서부(庶婦)들이나 하는 대공복으로 한 것은 잘못이오. 만일 이대로 행하여진다면 전하는 후에 적 장손의 복을 입지 못하시오. 예나 지금이나 대통을 이은 군주로서 적(摘)이 안되고 중서(衆庶)의 칭호를 받은 실례가 어디 있소. 이러한 잘못은 다 효종을 기년복으로 장사지내도록 만들었던 송시열의 궤변에서 비롯된 일이오.

親父의 손짓에 김수홍, 조형기 몸을 꺾는다.

親父 이 사람은 영의정이고 이 사람은 예조판서, 송시열은 제주도에 귀양 중이었는데도 정읍으로 불려와 사약을 받아. 그때 나이 여든 셋. 옷 네 벌만 입고 땅에 묻흔 효종이 그것이 한에 받쳤던지 30년이 지났구만 기어이 노대신을 불러 데리고 가

네.

송시열이 몸을 꺾는다.

親母 (외면한다) 철따라 옷 갈아 마름질해 주는 일이 에미가 해서
는 안되는 일이오.
親父 산 것이라야 옷을 갈아 입히지.
親母 적삼 한 벌 더 입혔다고 입관 못할 것도 아니고 (한편 針母
가 들고 섰는 수의를 잡아챈다. 걸치면서) 장가 못들고 죽었으니
지가 나이가 차서 거기 어디서라도 저만 또래 처녀 만나거든
적삼이라도 갈아 입고 나서야 말이라도 붙여보려니 싶어서.
(조신들에게) 이봐요, 에미라고 자식한테 뭘 해준 것이 없어
요. 저를 낳았다지만 낳은 게 아니고 저 사람이 꺼냈어요. 천
자문도 못 가르쳤고 유충렬전도 읽어 준 적이 없고, 이 에미
는 구식이었단 말이오. 자식이라지만 어려워서 말도 변변히
못 부쳐보고, 그러니 뭐가 먹고 싶은지 뭘 생각하는지 통 모
르고 지내다가 그만 변을 당하고서. 여보시오, 그 자식 옷 한
벌 더 입혀 보내겠다는 건데 적통, 정통해서 뭔 말이 그리
많으시오. (문득 親父를 돌아본다. 수의를 벗으며) 당신 모르게
그 애 관 속에 넣어 준 게 있어요. 기타줄.

親父 뭘 넣었다고.
親母 못난 여편네가 또 부끄러운 짓을 했다구요. 은수저도 내 손
이 닿으면 놋숟가락이 되고 말지요. 그래서 매사 조심을 하다
가도…… 이 수의 몇 벌이야 그냥 넘겨봐 주시려니 했지요.
(고개 젓는다)
親父 옷을 백벌을 해 입히면 누가 뭐래나. 산 것하고 죽은 건 구
별해야지. 거기가 안되있어요. 당신은.

親母 분별이 없는 거죠.

親父 죽었다. 그걸로 끝내요. 자꾸 왈가왈부했다가는 이쪽 산사람
들이 어지럽게 되어버려요.

親母 내가 그게 잘 안되나봐요. 사변 때 아버님 돌아가신 것도 그
래요. 새끼줄에 묶이셔 갖고 저만치서 뒤쫓는 내무서원을 업
고 가시는 것처럼 앞서가던 어른이 픽 소리가 났는가, 신발
끈을 매시는 것처럼 앞으로 쭈그러지시데요. (시늉을 해보이
고) 이러구 가만 앉았어요. 픽 그러구 논뚜락에 이러고 앉았
는데 그게 죽은 거래.

親父 재일이는 이틀 동안 병원에서 지켜보지 않았소. 눈도 감겨주
고.

親母 (끄덕인다) 지켰지요.

親父 그앤 죽었어요. 애긴 여기서 끝냅시다.

親母 (잠시) 그 사람 이름이 뭐죠. 싱크대 만드는 공장 서무과에
다닌다고, 글 쓰다 고만뒀다는 사람 있잖아요. 그 날 사진관
에 가서 재일이 사진 만들어다 주고, 귀 밑으로 수술자리가
있지요 왜.

親父 지금 그 사람은 뭐할려고 불러내는가.

親母 이름이 뭐죠.

親父 김삼막이.

현관에 달린 부자소리가 들리며 朝臣들이 물러나고 親父母와 분장
이나 외상이 똑같은 擬父母가 모습을 보인다. 이후 親父母는 한켠
에서 이들의 모습을 지켜본다.

김삼막 김삼막입니다. 모르겠어라우, 뭔 말을 먼저 드려얄지. 어쨌
거나 변은 변인디요. (접힌 누런 봉투를 건넨다)

擬父 뭔가.

김삼막 적어요. 뭔 보탬이 되겠어라우. 그냥 넣으시오.

擬父 집어 넣게.

김삼막 전 일없어요. 넣으시오.

擬父 이런 거 없애기로 했으니 집어 넣고, 어쨌든 왔으니 들어가게. 도무지 알리질 안해서 식구들만 있구만.

擬母 아께 전화하셨어요.

김삼막 용케도 전활하게 되데요. 얼마만이요. 서너달 되느만. 안부가 궁금합디다. 심심삼아 다이알을 돌린게, 아이고 이것이 무신 청천에 날벼락이요. 두 어른께서 당할 심적 고통을 생각한게 속이서는 불이 나는디, 그런다고 고척동이서 여길 차로 올 생각을 한게 질리드만요. 그래 한 잔 걸쳤어요. 사모님, 사모님 심적 고통은 제가 압니다. 암요, 제가 이럴 바에 말하믄 잔말이요. 어쨌거나 버린 정이 다시 들고 엎친 물을 담겄어요.

손과 고개 젓는다.
필름이 정지하듯 김삼막과 두 사람의 동작이 정지한다.

親母 날 보고 섰는 당신 눈 좀 봐요. 전화로 선생님 안부를 묻는데 그럼 무고하시다 그래요. 그러구 저 사람한테는 왜 화를 내세요.

親父 내 들어가라고 하지 않소.

親母 선생님이 상 당하셨다고 뛰어온 사람입니다.

親父 누가 뭐래.

필름이 돌기 시작하듯 김삼막이 움직인다.

김삼막 부모에 끼친 몸을 상치 말고 보존하면 효도에 으뜸이오 신
　　　행에 제일이란 옛 말씀을 이놈이 꿩궈먹구서 가버렸으니, 근
　　　게 인정이 끊어지면 남만도 못한 것이오. 잊으시오. 선생님,
　　　적어요. 내가 어디 돈을 벌어야지요. 그저 인지상정에 지나지
　　　않는구만요. 받으시우.

　　　누런 봉투를 건넨다.

擬父 이 사람아, 집어 넣고 올라가.
擬母 방으로 들어가세요.
김삼막 좋습니다. 이거 너무 적어서 (봉투 구겨쥐고) 상청이 어디
　　　요.
擬父 그런 거 없네.
김삼막 없어요.
擬母 올라가세요.
김삼막 압니다. 두 분이 못당할 일인 줄 내 잘 압니다만서두 뭐냐
　　　만리장천 높은 하늘 땅이 어찌 당할손가. 하늘이 하는 짓 우
　　　리가 어쩐데요. 그저 인간이라는 것이 쇠술로 밥먹고…… 어
　　　이그 이 나쁜 놈 재일아, 니가 지금 몇 살이냐, 어이그 이 죽
　　　일 놈아, 어이그 어이.
擬父 시끄러
김삼막 여자 문제로 그랬던가요.
擬母 여자요?
김삼막 병이나 마찬가지에요. 감출 일이 아닙니다. 자랑을 해야
　　　났습니다. 가령 여학생때문에 벌어진 일이라면 지금이라도 광
　　　고를 내서.
擬父 이 사람이 뭐라고 이러는 게야.

擬母 그러게요.

김삼막 물론 괘씸한 일이지요만 저쪽도 철부지인 바에 이쪽에서
　　　노여움을 푸십시오. 저쪽 애가 비감한 나머지 일이라도 저질
　　　러 보시오. 줄초상 납니다. 넘 일 아니예요. 저쪽도 넘 집 귀
　　　한 여식이고 보면 우리가 불구경 하는 것모양 팔짱끼고.

擬父 이 사람이 뭐라고 이래.

擬母 나도 모르는 일예요.

김삼막 참 무심한 어른들이십니다. 짐작도 안갑니까. 자식이 죽었
　　　다, 자문을 해봅시다. 이팔청춘 꽃다운 나이 열일곱에.

擬父 이 사람 가게.

김삼막 한 번 자문해 보세요. 대답은 자명합니다.

擬父 취했으니 가라구.

김삼막 예, 가지요. 그렇지만 아셔야 됩니다. 이 시간부터 정확히
　　　재일이가 숨 넘긴 때부터 선생님은 끝장이 난 겁니다. 이제
　　　어디가서 누굴 가르치시렵니까. 뭘 옳다 그르다 하시겠습니
　　　까. 건너방 자식 하나 건사하지 못한 주제에, 끝났습니다.
　　　예, 받아들이세요. 불쌍한 선생님. 내가 달려온 건 말입니다,
　　　재일이 땜에 온 게 아닙니다. 인생이 열매를 맺으려는 결정적
　　　인 찰나에 그만 된서리를 맞고서 낙심이 자심할 선생님을 생
　　　각하니 가슴이 메어져서 견딜 수가 없습니다. 오냐, 동반을
　　　하자. 산에도 오르고 피를 토하시거든 등을 쳐주리라. 그리고
　　　달려온 겁니다.
　　　(잠시) 가지요. 정정하신 것을 보고 든든한 마음으로 물러갑
　　　니다.

擬母 이봐요, 그냥 못가요. 선생님께 사과하세요. 밖에선 어떻게
　　　지내시는지 몰라도 이 집에선 그렇게 안되요.

擬父 가게.

擬父는 퇴장한다. 김삼막과 擬母는 필름처럼 정지한다.

親母 저러고 들어가시면 어떻게 해요.

親父 그냥 서 있으란 말인가.

親母 저 사람이 사과하도록 기다려줘야죠.

親父 주정하고 있어요. 보믄 몰라.

親母 사람을, 남을 업신여길 때 당신 어떤 줄 아세요 예, 갑자기
얼굴이 반들반들해져요. 눈부셔요.

親父 이 사람아.

親母 살인을 했더라도 속죄할 기회는 줘야죠. 저 자리에 김삼막이
만 있는 게 아니예요. 저도 있어요. 거기 다 쏘아부치고 들어
가신거죠. 느이하곤 상대 않겠다. 왜 내가 너무새를 당해야
돼죠.

親父 이 사람이 말을 만들어. 내가 당신한테 그랬어.

親母 저기 김삼막이만 있었드라면 당신 저러진 않았을 걸요.

親父 이러구 어거지야.

김삼막이 필름처럼 움직인다.

김삼막 용서하십시오. 제가 선생님 공경하는 마음은 세상 사람들
이 다 압니다. 남대문을 막고 물어보십시오.

擬母 저기 종점 사진관엘 좀 다녀와주시겠어요. 애 영정을 만들려
고 보니 마땅한 게 없어요. 그래 소풍 가서 애들하고 찍은
사진에서 따가지고 확대해 볼까 그러는데 될는지 모르겠네요.

김삼막 예, 됩니다.

김삼막과 擬母 퇴장한다.

親母 김삼막이를 사진관으로 보내고서 들어오자, 전화가 걸려온
것이 있다. 잠깐 다녀오겠다고 그러시고 십분이나 기다리니까
까만색 세단이 와서 당신을 데리고 갔지요.

親父 이러고 그냥 계속하자는 게요.

親母 그 날, 밤 열시나 돼서 돌아오셨어요. 어딜 가셨었죠. 이틀
밤을 꼬박 새우다시피 하시고서, 조석도 변변치 않으셨고, 방
에서 나오시려고도 않던 분을 차를 보내서 데려가버리니. 당
신을 태운 차가 골목 모퉁이에서 꼬리를 감추자 덜컹 가슴이
내려앉데요. 나좀 봐, 동행할 걸. 못 뵙는 거나 아닌가. 가슴
이 방망이질 해대는데.
(잠시) 학교재단 분규 일로 당신이 잠시 구치소에 들어가 계
실 때도 그랬죠. 전화가 오고 차가 와서 당신을 데려가고.

확대된 전화벨소리와 함께 무대 뒤켠으로 연기자들이 구치소 유치
장을 꾸며 놓는다. 무대 上手에서 下手에 이르는 5尺 높이 단이 놓
이고, 거기 레일이 깔려 있는데, 未決因 노릇하는 연기자들이 저마
다 한 방에 해당하는 두 짝의 철창을 그 레일 위에 태우고서 밀고
나와 결국 上手에서 下手를 철장으로 채운다. 擬父가 親父의 未決
因 노릇을 대신한다. 여자 연기자들이 미용실 종업원과 같은 유니
폼을 입고서 옷가리개와 화장도구를 들고 나와 한켠에 채려 놓는
다. 패션모델, 寫眞師 노릇을 하는 남자 연기자가 銀色우산과 조명
기재와 희고 작은 사다리를 가져다 놓고 가리개 뒤에서 모델이 나
오기를 기다린다.
발레 초급생들을 위해서 녹음된 단조로우나 경쾌한 피아노 연습곡
이 흘러나온다. 親母와 擬母가 가리개 속에서 번갈아 의상을 바꿔
입고서 나타난다. 먼저 親母가 YWCA 회원 같은 차림으로 모습
을 보인다. 寫眞師 앞에 포즈를 취한다.

親母 (한켠에서 이 모양을 보고 앉아 있는 親父에게) 그때 두 달만에

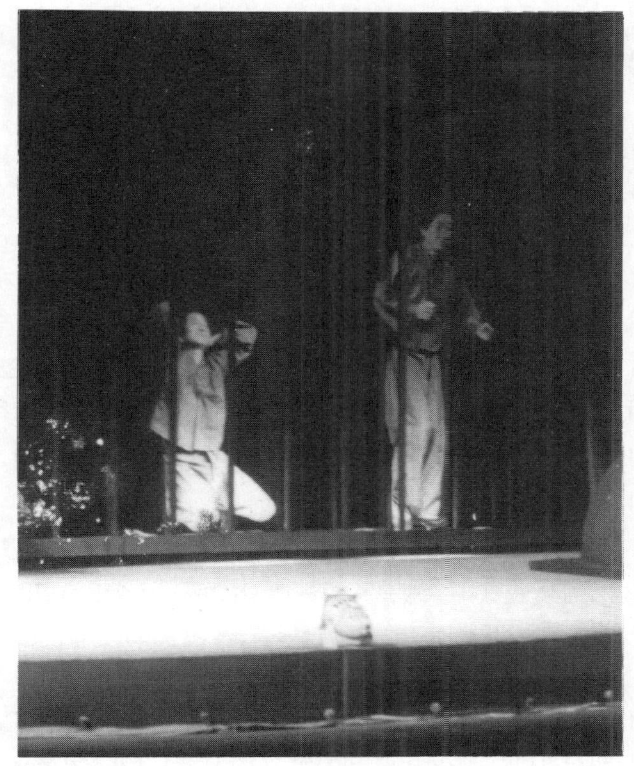

당신이 나오기는 했지만요. 나 얼마나 뛰어 다녔는지 몰라요.
매일 부산 정도 왕복했을 겁니다. 일희일비, 하루는 웃고 하
루 울고, 패션모델 모양 옷 번갈아 입어가며 뛰었죠.

가리개에서 擬母가 夜會服차림으로 모습을 보인다. 親母는 바삐 가
리개 뒤로 들어간다. 擬母는 受話器를 들고 말을 이으면서 寫眞師
에게 포즈를 취해 준다.

擬母　그렇지요. 재단사람 중에서 애아버지 주장에 동조하는 사람
　　　이죠. (사이) 그렇기는 해도 일단 저쪽 사람들 눈치때문에 그

런지 날 경계해요. (사이) 그냥 물러설 사람이 아니다 그건 알려줘야죠. (사이) 물론이죠. 예 고마워요.

가리개에서 親母가 契主모양 차려입고 나온다. 擬母는 바삐 들어간다.

親母 (포즈 잡아주며) 고달픈 것만은 아닙니다. 가슴을 두근거리면서 쫓아다녔죠. 당신의 일이라고 하는 것이 어떤 건지 좀 알만도 하고 그거 이상합디다. 당신이 한참 높이 뵈고 소중해 뵈고, 그러구서는 뭐 못할 거 없겠습디다. 이따금 당신이 들어가 있는 것도 괜찮겠다 싶더라니까요. 더위에 머리가 어떻게 된거지요.

가리개에서 擬母가 韓服을 날렵하게 날리면서 모습을 보인다. 親母는 바삐 들어간다.

擬母 (수화기에 대고) 말고, 총장부인이 알고보니까 기전여고 한 해 위더라니까. 왜아냐, 반갑지 (사이) 아니지, 저쪽에서 먼저 걸어왔어. 응, 그러게 나도 놀랬지 (사이) 총장은 직분이 그런만큼 중도를 갈 수밖에 없다고 말은 그러는데, 그렇지 (사이) 그런데 사실은 해외동창회에서 실습기재를 보내온 것이 있데요. 그걸 학회성과로 제시하려고 하니까 저쪽에서 그걸 다른 용도로, 그렇지.

親母가 은색 韓服을 입고 모습을 보인다. 擬母는 바삐 들어간다. 寫眞師도 한켠으로 비껴 필름을 바꿔 낀다.

親母 당신이 구치소에 계신 두 달 동안 세어보니 당신 전화번호

인명부에 올라있는 사람들 중에서만 서른여덟 분을 만나 뵙습디다. 지겹게도 덥고 외롭더니. 다시 못 뵈올 것만 같고. 난리가 난 것도 아닌데 어찌 그리 경망한 생각만 들었는지 몰라요. 남들은 아무일 없이 지내니까 그것이 더 못 견디겠습디다. 그 날 당신이 실려가고나서.

(잠시) 방망이질하는 가슴을 진정시켜보려고 재일이 방에 들어갔지요. 이 애를 내일 같이 산에 갖다 묻어야 할텐데 안 들어오시면 혼자서 일을 어쩌나. 아니, 안 오시면 애를 묻지 말고 기다려야 될텐데 어찌하나, 병원에 연락해서 상의해 봐야 되는 일 아닌가, 생각이 한쪽으로만 뻗치니까 자꾸 요사스런 생각만 덧붙고, 방망이질은 더 심해지고 어디 통 진정이 되든가요. 죽겠습디다. 사람들 있는 데서 장이나 보믄 좀 낫을라나하고 찬모 앞세우고서 장바닥에 들어섰더니, 여기서 뭘 꾸무럭거리고 있는가 싶어요. 그서라도 어느 장의사에서 재일이를 데리고 가 묻어버리는 것이나 아닌가 생각이 드니까 등골이 오싹하고 머리 끝이 쭈뼛 섭디다. 그래서 그달음으로 집으로 뛰어왔지요. 와봤더니 아무길 없어요. 그러니 또 가만 앉았을 수가 있나 나갈 수가 있나. 그러다 실성을 하고 말겠데요. 뭘 손에 잡아야 마음이 잡히겠습디다. 그래 포목점으로 뛰어가서 생배 스무 필 실어다 놓구서 애 수의를 마름질했구만요. 그러노라니 동네 아낙들이 하나 둘 둘러앉은 모양이 눈에 보이고 그제 마음이 조금 뇌데요.

(잠시) 어딜 가셨던가요. 밤 열시나 돌아오셨지요.

親父 덮어 둡시다. 들어서 좋을 거 없어요. 뭐랄까, 옷장 속에는 더러 입지 않는 옷도 걸려 있는 게요.

親母 제가 알아두면 곤란한 일이예요. 나중에 누가 와서 물으면 대답해줘야 되는 그런 일 아니예요.

親父 그렇지도 않아 (잠시) 전화가 걸려온 게 아니라 이쪽에서 걸
었어요. 장의사를 찾아 관을 봐야겠다고 했더니 차를 보내마
그래.

가리개 寫眞師의 小道具들이 밖으로 내보내지고, 마치 병원에서 쓰
이는 患者移動用 철제 침대처럼 생긴 틀 4개에 棺 4개를 싣고 4인
의 유니폼을 입은 인부가 밀고 들어온다.
초보자를 위한 피아노 발레연습곡이 낮게 들려온다.
네 인부가 동시에 棺뚜껑을 열어 놓는다. 親父가 관을 둘러본다.
네 인부는 미이라처럼 미동도 않고 서 있다.

擬父 미송이오? 이거 더 두꺼운 건 없겠소.
(다른 관을 본다) 열일곱 살이오. 애가, 내 바지가 맞아요. 발
은 더 큽니다. 전번 일요일 산행 땐 그 애 운동화를 신고 올
라가지 않았겠소. 처음엔 바뀐지 몰랐지요. 거지반 올라갈 임
시되니까 발바닥이 자꾸 쓸려갗고 아려요. 신이 크니까 발이
안에서 논거라. 집에 가믄 첫번째로 이놈 신발에다 표시를 해
야겠다고 벼르던 생각이 나는구만. 미국 사람들은 쥬니어란
말을 쓰지 않습디까. 그래 그 사람들 흉내를 내서 아무개 2
세 그래노면 이놈이 눈이 휘둥그래질 일 생각하면서 혼자 속
으로 웃었구만. (고개 젓는다. 마치 곁의 사람에게 대답하듯) 못
했소. 말이 그렇지 그거 그래노면 애가 웃지 않았겠소. 그 표
시 정하기가 쉽지 않더라구요. 그렇다고 너 무슨 표시가 맘에
드냐 물어 볼 수도 없는 일 아니오. 그래 저보고 표시해 보
라고 그랬소. 아니 아직 못 봤소. 내일 산행할 때 봅시다. 뭐
든 해놨겠지. (세 번째 棺을 두들겨본다) 좀 작지 않겠소.

손뼘으로 자신의 어깨 폭을 재본다. 확신이 서지 않는다. 棺 속에

들어가 누워본다. 피아노소리 흘러나온다.
3면이 유리로 쌓인 공중전화 박스 2대가 미끄러져 들어온다. 무대
上手 쪽에서 들어온 것은 실제의 용드로 쓰이고 下手 쪽에서 들어
온 것은 浴室의 구조를 전화 박스만하게 만든 것이다. 안에서 커튼
을 둘러쳐놨기 때문에 내부구조는 보이지 않는다. 棺에서 親父가
상체를 세운다.

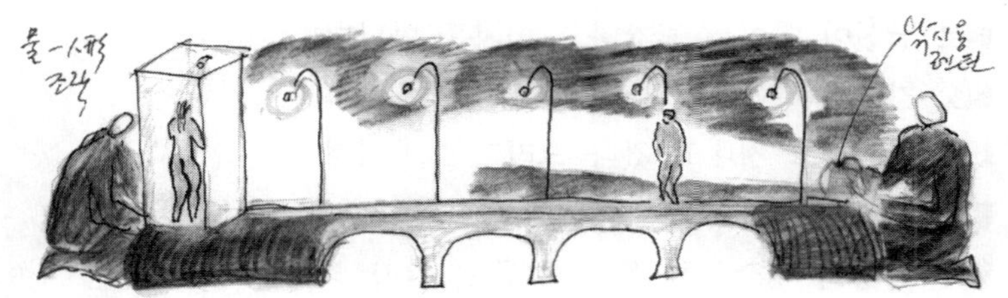

親父 품이 너무 잘 맞아. 양쪽으로 손 하나는 들락거리는게 좋겠
　　어요. 품을 넓히자구요. 두께, 기장 다 괜찮아요. 품만 손좀
　　봅시다.

棺에서 나온다. 棺이 천천히 미끄러져 나간다. 棺이 시야에서 사라
지자 피아노소리도 멎는다. 세수하듯이 얼굴을 문지른다. 전화 박
스 안으로 들어간다. 다이알을 돌린다. 浴室로 돼 있는 박스 안의
커튼이 열리면서 전화가 붙어 있을 자리에 샤워 꼭지가 달렸고 옷
벗은 젊은 여자가 모습을 보인다. 여자 가슴부위부터 무릎에 이르
는 부분은 우유빛으로 반투명 유리다. 녹음된 소리를 거꾸로 돌렸
을 때 들림직한 소리가 두 사람의 통화를 대신한다.
무대중앙에 面會臺가 마련된다.
거울 없는 화장대모양 생긴 스테인레스製 面會臺 두 개가 上下로
놓인다. 아래 面會臺에 親母가 앉고 위 面會臺에 親父가 앉는다.

親母 누구죠.
親父 몇 번 주문이 있었어요.

親母 (잠시) 주문이오?

親父 아이 하나 갖겠다고.

親母 서른이나 됐어요? (잠시) 그래 애를 가졌어요. 애를 가져야 되겠다고 바래셨어요. 주문에 응해놓고 보니 그런 생각을 가지게 되던가요.

親父 자식이 어떻고 그런 쪽이 아냐.

親母 당신이 아이를 갖겠다고 여자를 만났다니.

親父 자식이 그러고 간단한 게 아니잖소.

親母 여자하고 지내고 왔다 그리고 그만이예요.

親父 (잠시) 듣지 않은 걸로 해두구려.

親母 그렇지 않죠. 관 뚜껑에 못도 치지 않은 자식을 병풍 뒤에 뉘어 놓고 애비되는 사람이 여자를 봤을 바에 무슨 궁리가 있었을 게 아니오.

(잠시) 부덕한 에미가 되서 다 큰 자식 건사하지 못하고 죽도록 놔뒀으니 이제 에미를 고만두라는 말을 해야 되겠어서 미리 마련해 둔 여자라든가, 자식 하나 비명에 잃어 그걸 다시 만들어 볼려고 그랬다든가, 그만 학식에 나이로 여자에 미친 것도 아닐테고 무슨 쪼간이 있기에 그렇게 된 일이 아니냐구요.

(잠시) 김삼막이가 들이대고 당신은 끝났다, 집 애 하나 건사하지 못하고서 남을 가르친다고 나설 주제가 못되고, 남의 일 가지고 옳다 그르다 말을 디리밀지도 말거라, 입바른 소리 주정하듯 엮어 댑디다만 그 소리가 듣기 서운하시던가요, 노여우시던가요. 그렇다면 그 노여움은 김삼막이한테 푸셔야 되는 거 아닙니까.

(잠시) 뭐라셨어요. 오늘 일진이 괜찮으니 자리를 펴자고 그러셨어요. 아니면 저쪽에서 먼저 그런 소리를 해오던가요. 진

작에 세단이 보내져 왔을 때 그걸 올라타면서 그럴 작정이셨
던가요. 그러셨다면 그 비슷한 언질이라도 흘리고 가셔야 되
는 거 아니요. 가슴이 내려앉는다는 게 어떤 건지 잘 아시잖
아요. 부덕한 것이 되어서 그런지 남 고함치는 소리만 들어도
가슴이 방망이질을 해대고 전화통 우는 소리에 머리 끝이 서
는 부실한 여편네인 만큼 이래저래 열시쯤 귀가하마 한마디
해두고 가셔도 되잖아요.

(잠시) 상중이라는 걸 저쪽에 알리셨던가요. 알고 있던가요.
알고서 그런 소리를 합디까, 애를 갖자고.

(잠시) 그야 내가 상관할 일이 아니죠. 그렇기는 해도 사람이
한 집안을 꾸려나갈려면 거기 집안 사람들이 따르게 되는 몇
가지 기준은 있어야 하는 거 아니에요. 때 장소 구별없이 각
기 제 하고 싶은 일 다 할려고 들었다가는 그거 집이라는 게
지탱이 되기 어렵잖아요. 명분도 있고 체면이라는 것도 있을
테고 각기 저 맡은 일 제가 해냄으로써 집 사람들의 불편을
덜어줘야 하는 것이고 남 부끄러운 짓 하지 않기 위해 최선
을 다해야 하는 것이고 뭐 그런 윤곽이 있는 거 아닙니까.
제 생각이 잘못됐습니까. 고루한가요.

(잠시) 나어린 자식이 제 어버이를 버리고 욕되게 해버린 마
당에 당자로서는 물론 고통스럽고 괴로운 일이고 허망한 심
경 수치스런 생각이 엇갈려서 분별을 디뤄버릴 수도 있는 일
이기는 하지만 그래도 산 사람인 만큼은 또 정신 차리고 살
아가야 하는 거 아닙니까.

(잠시) 명색이 처자라고 삼십년 넘어 살아온 여자가 다 큰 자
식을 죽이고서 몸 둘 데가 전혀 없어. 서도 다리가 풀리고
앉으면 가슴이 울렁거리고, 지아비 보기 죄스럽고 민망하고,
하늘 보기 부끄럽고 자식 보기 통분하고, 사처를 둘러 봐야

의지할 데 하나 없고, 손에 잡히는 것이 있기를 하나 누가 잡아주기를 하나, 울어도 쳐다뵈는 것 같고 눈을 바로 떠도 손짓을 받는 것 같고 가만히 있으면 태연해 뵐 것 같고, 움직이면 방정을 떠는 것 같아서 어디 옴싹달싹을 하겠습디까.

(잠시) 애들이 에미 위로하는 소리가 내 불찰을 힐난하는 소리로만 들려 죽은 자식이 다 원망스럽습디다. 나어린 것이 혼자서 오죽 갑갑했으면 일을 저질렀겠느냐 싶어 그 외로운 심경이 불쌍하기만 하고, 또 지 형제간을 볼라치면 꼭 실성한 애들만 같아서 하루 아침에 동기간을 잃은 저희 심경 오죽 헛헛하랴 싶어 뭔 말을 부쳐볼래도 할 말도 없거니와 무슨 말이 나와줘야 하지요. 둘째 애가 그럽디다. 어머니, 밥을 못먹여 죽인 건 아니잖아요. 제딴에 위로를 한다고 한 소린데 그게 그렇게 들리지를 않고, 거 사라다나 좀 실컷 먹여 보내지 그랬소, 꼭 그러구 힐책하는 소리로만 들려서 노여워집디다. 걔가 조석으로 사라다 노래를 불러댔거든요. 그러니 제자식 하는 소리도 그 모양으로 베베 비틀어져 가지고 지랄맞게 들리는 마당에 무슨 소리가 내 귀에 옳게 들렸겠소.

(잠시) 그저 당신이 한 말씀 안하시는가 하고서 그것만 기다려집디다. 머리끄덩이를 잡고서 도리깨질을 하시던가, 자식들 앞에서 손발 잡고 빌라던가, 시루떡을 앉히라든가, 밤참을 돌리라던가, 술을 내라든가, 제사상을 보라든가, 과일을 깎아 내라든가, 아니면 집을 나가라든가, 애 뒤따라서 약을 먹으라던가.

(고개 젓는다) 한 마디, 내 앞에서는 헛기침소리 한 번 안 내십디다. 처자란 것이 발을 동동 구르고 몸을 떨면서 눈 앞에 어른거리거든 한 마디 빈말이라도 건넬만 하건만 일언반구요만큼도 내색이 없다가 수의 몇 벌 내왔더니만 그걸 찢고

불에 던지면서 그제 송시열이니 윤선도니 크게 소리내서 강론을 하십디다.

(잠시) 애 심장이 멎었다는 소리를 듣고 나니, 이상해집디다. 이건 애가 죽었다는데 울음이 나오는게 아니라 애 옷 만들 걱정이 앞섭디다. 그저 건너방에 자고 있는 애가 갑자기 멀리 유학이라도 가게 되서 그래 급하게 옷 몇 벌 마름해 주는 것이려니 그런 푼수로 여겨졌던가 봐요.

(잠시) 왜 하필 그 날입니까. 아이를 묻고 와서도 날자는 있었을테고 애를 묻는 것이 한 달이 걸릴 일이요 두 달이 걸린답디까.

(고개를 젓는다. 어지러운듯 이마를 손등에 받치고 꼼짝 않는다. 부식간에 面會臺를 손바닥으로 친다)

식음전패하고 이틀 밤을 세우시던 분이 부리나케 나가서는……

(잠시) 남겨진 애들이 밉던가요. 울어서 눈이 퉁퉁 부어가지고 눈두덩이 뻘겋게 성이 나서 쳐다보는 애들이 밉게 보이던가 말입니다. 애들 중에서 또 누구 한 대가 당신을 외면하고서 훌쩍 떠나 버릴 것만 같습디까. 그래 그것이 무서웠소. 소름이 끼칩디까. 그래 그 꼴 보기 싫어서 튕겨 나갔소. 여자를 찾아갔소.

(잠시, 끄덕거린다) 저는 속이 떨려서 애들을 마주 보지 못하겠습디다. 큰 댁으로 가라던가 어디 산에라도 가 사나흘 놀다가 오라고 말을 부쳐볼까 그런 생각이 다 납디다. 애들이 그렇게 눈에 걸리적거리더라구요. 응접실 구석에 앉았는가 하면 2층에 올라가도 앉았고, 부엌에 들어가도 앉았고. 개들이 통 남 애들모양 낯설어 가지고 눈에 거슬리고 마음에 걸려서 아주 거북해 죽겠더라구요. 이번 일로 큰 애 숙이가 저희 서

방한테 눈치를 받을 생각을 하면 그 애 쳐다보는 것만으로도
머리가 터지는 것 같아서 그 애가 말을 걸어오면 이러구 손
바닥으로 정수리를 눌러 잡고 있었다니까요. 그 애 시댁 어
른들이 잠시 애 누웠는 방에 들어가 있는 동안 새파랗게 질
려 있던 큰 애 얼굴이라니, 송장 하나 또 치우는가 싶습디다.
(잠시) 당신 심경인들 어련했겠소. 심신이 제것이었을라구요.
여편네라고 애들을 감싸주기는커녕 제몸하나 가누지도 못하
니 당신 혼자 기력은 쇠진하고 능히 앉기조차 불편한 지경이
아니었겠소.
(잠시) 잠시 쉬었다. 이발소에 다녀온 것하고 다름이 없다.
그게 그런 건지도 모르죠.

침묵

親父 대체로 당신이나 애들하고는 무관한 일이야.
親母 (발끈해서) 그런 말이 어딨습니까. 일껏 일을 저지르고 와서
　　상관을 말라면 그럼 이 사람은 뭡니까. 밥이나 하는 찬모요.
親父 당신이 상관해서 될 일이 아니잖소.
親母 그러면 수수방관하고 굿이나 보랍니까.
親父 부부라고 해서 매사 참견해도 되는 건 아니잖소.
親母 그럼 내가 참견해도 되는 일이 뭐요. 옷이 더러워졌으니 갈
　　아입으시라고, 시장하시냐고 그런 말만 해야 됩니까.
親父 왼손을 자르겠느냐 오른손을 자르겠느냐 그러구 물으면 대개
　　왼손을 자르겠다는 말들을 해요. 그런데 개중에는 둘 다 자르
　　지 않겠다는 대답을 해오는 사람도 있는 법이오. 이 말은 어
　　떤 일이 일어났을 때 그걸 한두 가지 좁은 소견에 가두어버
　　리면 잘못을 범하기 쉽다는 말이 되요. 사람의 생각이라는 것

이 여러 갈래로 갈라지게 돼 있는데 그걸 한두 개로 묶으려
들면 거기 무리가 생겨요.

親母 여편네가 소견머리가 좁아터진 것이 문제로군요. 그러니까
당신은 이 집과는 하등 관계없는 일을 하나 벌인 것인데 속
좁은 여편네가 분별이 없어가지고 덤벼드는 바람에 시끄럽게
된거구만요.

親父 일은 무슨 일을 벌였다고 이러는 게야.

親母 당신은 두 손 다 자르지 않겠다는데 너가 오른손 잘라라 왼
손 잘라라 그러고 나선다믄서요.

親父 언제부터 이렇게 됐어. 이건 말귀를 못 알아듣는 게 아니고
통 들을려고를 안해.

親母 말에는 당할 재간이 없는 걸 어떡합니까.

親父 당신 나이가 몇이오.

침묵

親母 지금도 보고 지내시오.

親父 그쯤 해둡시다.

親母 고만두셨어요.

親父 실타래도 헝클어지면 그거 푸는 데 어려움이 따르는 게요.
좋지않을 걸 가지고 중언부언할 거 없어요.

親母 가만두면 좋을 일을 내가 헤뜨려 놓는 바람에 좋지 않게 됐
다 그래요. 그거 아주 쓸만한 논법입니다.

親父 그만 해둬.

親母 지나간 일이죠.
(잠시) 그것이 사람이 당할 일입니까. 애는 죽어 누웠고 서방
님은 여자 보러 가시고.

親父 좋은 생각은 되도록 말로 만들지 않는 것을 신조로 하고 살
아 왔소. 말로 만들어 노면 다치기 쉽거든. 좋지 않은 일도
마찬가지요. 그냥 덮어둡시다.
(잠시) 메모같은 것이라고 생각해 두구려. 당시로서는 필요한
메모였소.

親母 그거 내게도 소중하겠구만요, 그럼.

親父 말을 말로 들어요.

親母 듣고 있어요.

親父 똑똑히 들어.

親母 내가 뭘 틀리게 들었소.

親父 사내가 밖엣일을 가지고 이만큼 실토를 하는 건 서로 말을
나누자고 그러는 거 아닌가. 그런데 그 말을 옳게 듣지 않고
비틀기만 하면 말하는 사람은 뭐가 돼.

親母 (발끈해서) 말같아야 듣지.

親父 왜 이래. 뭐하는 거야.

親母 메모라고, 메모를 하셨다고.

親父 시끄러.

침묵
신랑, 신부가 밝은 모습을 보인다.

新婦 저희 절 받으세요.

親母 아, 그래, 폐백은 올렸데.

親父 물러가 있거라. 아직 얘기 남았다.

신랑, 신부 미끄러지듯 퇴장한다. 面會用 탁자와 공중전화 박스 2
대도 치워진다. 병풍이 중앙에 놓이고 僧이 한켠에 앉아 佛經을 왼
다. 葬儀社 사람 둘이 관짝과 염하는 데 쓰는 물건들을 챙겨 갖고

모습을 보인다. 병풍 앞쪽 한켠에 관짝을 너려놓는다. 親父가 관짝
을 살펴본다.

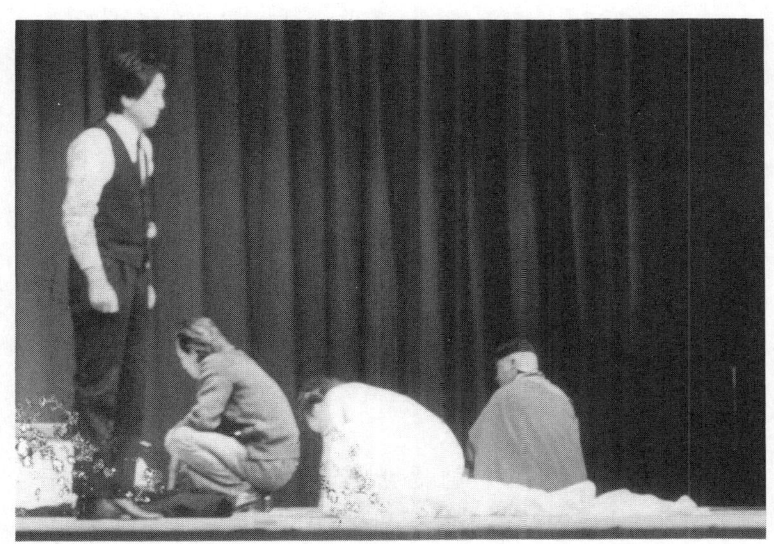

親父 옷칠이 왜 이래.

염꾼 1 세 벌 먹인 것입죠.

親父 이 사람아.

염꾼 2 요새 날씨가 좋질 못해요. 밖에 내놓질 못하니깐 칠이 먹
질 않아서 그렇지 세 벌 메기긴 메겼지요.

親父 도루 가져가야겠네.

염꾼 2 예?

親父 다른 걸 가져왔잖아.

염꾼 1 서푼 가웃짜리로 말씀하셨지요.

親父 치수는 맞는데 내가 아까 가서 맞춰 논 물건이 아니요.
(널 뚜껑을 들어 뵈며) 내가 가져다 달란 물건에는 이 굉이가
없었어요. 여기가 머리 쪽이 아니오. 뒤요 이게, 다리 쪽도
아니고 머리 맡에. 보이지요. 더 말할 것 없어요. 가 바꿔오

도록 해요.

염꾼 2 영감님, 바뀐 겁니까.

염꾼 1 선생님이 오전에 보신 물건은 예약이 돼 있던 거예요. 그래서 선생님 다녀가시고 이내 임자가 와서 실어 갔어요.

親父 내가 물건 정할 땐 그런 말 없지 않았소. 그 물건을 배달해 주마고 했지 않소.

염꾼 2 예, 서푼 가웃짜리 널이 뭐 없는 게 아닙지요.

親父 그러게 바꿔와요.

염꾼 1 선생님, 공장이 광나루에 있어요. 이것두 지금 거기서 겨우 실어 온 겁니다. 거기다 지금 이 시간에 용달이 어디 있습니까. 오늘 염을 안한다면 모를까 바꾸는 일은 오늘 도저히 안됩니다.

염꾼 2 두께가 한 푼이나 한 푼 반짜리라면 몰라도 두 푼이 넘으면 굉이가 물려갖고 빠지들 안해요. 그런데다가 굉이 없는 널이 요새 어디 있간디요.

親父 바꿔와요.

염꾼 1 이 사람 말이 맞습니다. 굉이 없는 널 서울 시내 장의사 다 뒤져 봤자 안 나옵니다.

염꾼 2 굉이라고 눈깔사탕만 해요. 이건 끌로 패도 안 빠지게 생겼어요. 보십시오. 널판 두께가 손가락 두 마디가 넘는 것이 꽉 물어 놨는디 지가 꿈적이나 하게 생겼소 어디.

親父 내 말대로 해요.

염꾼 2 영감님, 갑시다.

관 뚜껑을 든다.

親父 놔두고 가서 가져오도록 해. 나중에 또 굉이가 박힌 걸 가져

다 놓구서 딴 소리 말고.

염꾼 2 거기까지 가서 굉이는 왜 또 지고 옵니까.

親父 당신들이 일을 그렇게 했잖아. 가서 제대로 된 물건 가져다 일 옳게 보고 이 물건은 내일 아침에 지그 가.

염꾼 2 영감님 혼자 하시우, 난 손 떼겠수.

親父 이거 무슨 소리야.

염꾼 2 다른 장의사 부르면 될 거 아니요.

親父 이 사람아, 내가 세 시간 걸려서 찾아논 관이야. 그 관을 다른 데로 빼돌려놓구서 이제 와서 자네 맘대로 하고 말고 그래도 되는 거야. 가서 굉이 없는 관 가져다 놔.

염꾼 1 말씀하신 굉이 없는 민자가 없는 게 아니에요. 그게 정말 어쩌다 환장허다 나오는 거지 다 굉이가 있어요. 이것은 틀림이 없습니다요.

親父 여러 말 할 거 없어요.

염꾼 2 빌어먹을, 왜 어면 사람은 끌고 와서 말도 되지 않는 일가지고 말을 듣게 하는가 그래.

親父 뭐야.

염꾼 1 내게 하는 소리요.

親父 너 이리나서.

親母 왜 이러세요.

염꾼 1 고정하세요.

염꾼 2 제 자식 죽었다고 남 자식 가지고 함부로 해도 되는 겁니까. 나 경우 틀린 거 없어요. 막말하지 마시라구요.

親父가 관 뚜껑을 들어 내려친다. 염꾼 2는 옆구리를 잡고 모로 쓰러진다.

염꾼 1 왜들 이러시오.

염꾼 2 이거 이러구 막해도 됩니까.

염꾼 1 자네가 가만 있게.

親父 되지 못한 것들. 너희가 뭐야. 어째서 남의 물건 갖다가 이쪽 저쪽으로 네놈들 마음대로 하는 거야. 장의사가 상중에 있는 사람 골리는 데야.

염꾼 2 물건이 틀린 게 아니란 말이오.

염꾼 1 이 사람 가만좀 있어.

염꾼 2 관이 좌우상하 양판해서 6면 판인데 6면에 굉이 하나 없는 판이 어딨습니까. 널 뚜껑에 굉이가 없다고 해도 밑판에 굉이가 있을 것이고 밑판에 없드라도 옆판에 있을 일이고, 대체로 널이 좋다는 건 굉이가 있고 없고 그런 것을 가지고 따지는 게 아니예요. 모서리 이가 잘 물렸는지, 밑판하고 옆판이 맞물리는 데 아교가 잘 먹었는지.

親父 자식을 묻겠다고 널판 하나 맞춰 논 걸 이모냥을 만들어 놔, 못된 사람들같으니.

염꾼 1 선생님이 이해를 하세요. 널판에 굉이가 빠져야 재실에 숨통이 틘다는 소리들도 합니다. 통풍이 된다는 게요. 뭐 송판대기로 널을 만들어 쓰자니 허는 소리지만서도.

염꾼 2 염이 오늘을 넘겨서는 안되는 일이고 그러니 일은 하겠습니다. 막배운 놈이라 무례했습니다. 용서하시구요, 그만 없었던 일로 하시고, 사모님께선 대야에 물이나 좀 떠다 주십시요.

親母 예.

親父 고만 둬.

親母 여보.

親父 이거 가지고 당신들은 가. 내 다른 데 알아봐야겠어.

염꾼 1 아이고 선생님, 지금 장의사 문은 열려 있겠지만 일하는 사람은 죄 품 나가고 없어요. 서울 천지 내나 다 마찬가집니다. 이 사람이나 내나 하루 저녁 품팔러 나선 마당에 지금 관뒀다간 오늘 일 공치고 맙니다. 선생님께서 깊이 이해를 하세요.

親父 (나가며) 이 사람들 내보내요.

親母 물 떠다 드릴테니 어서 일할 채비들 하세요.

(親父가 나가려다가 선다) 괭이는 어느 널판에나 있다 그러고 지금 일할 사람이 서울 시내엔 없다고 그러니 이분들이 일을 하면 되잖아요. 뭘 알아본다고 그러세요. 없다잖아요.

親父 (저고리 벗는다) 물 떠오구려.

(염꾼들에게) 당신들은 손댈 거 없고 이래라 저래라 말만 해.

親母 뭘 하신다구 그래요.

親父 못할 거 없어요.

(親母가 僧 곁에 쭈그려 앉는다) 둘 떠오타잖았어.

親母 떠다 하세요. (눈물을 훔친다. 목탁소리 이어진다)

親父 애비가 자식놈 씻어 준다는데 왜 그래.

親母 애가 마지막 가는 길이니 조용히 보내면 안됩니까. 꼭 이런 식으로 망가뜨려야만 속이 풀리세요. 지가 못할 짓을 했기로 너무 심하게 그러십니다.

親父 손 씻게 물 떠오라구.

親母 떠다 드리지요. 이러고 역정을 내실 일이 아니라 심기를 가라앉히세요. 시간은 밤새 있는 것이고 지금 이러구 서둘지 않으셔도.

親父 (親母를 떠다 밀친다) 이 사람이 이거 구슨 말을 이러구 늘어놓는가. 물 한 대야 가져오라구.

(親母, 뒷걸음치다가 힘에 부친듯 주저앉는다. 큰딸 淑이가 대야를

들고 와 무대중앙에 놓는다. 親父의 와이샤쓰 소매를 걷어 준다.
親父, 손을 씻는다) 저 녀석이 나올 때 이 손으로 받았다. 산
파가 다급하니까 방문을 차고 나오면서 부르더라. 둘다 죽는
다는 게야. 들어가 봤더니 녀석이 어깨가 걸려가지고 머리만
나와 있어. 목이 졸려갖고 얼굴이 시퍼렇고 에미는 기함을
했는지 죽었는지 늘어졌고.
(잠시) 죽었더라도 저놈은 꺼내줘야 되겠어서 탈지면을 갖다
가, (두 손의 검지를 펴보인다) 여게 감고서 밀어 넣었더니 녀
석 겨드랑이가 잡히는 거 같아 그 새에 끼고서 천천히 잡아
끌었지. 산파가 에미 몸이 끌리지 않게 잡아 주니까 녀석이
어깨를 빼고서 나오더라.

수건에 젖은 손 문지르고 병풍 뒤로 들어간다. 염꾼들도 염하는 데
쓸 물건 가지고 따라 들어간다. 목탁소리가 희미한 불빛모양 끊일
듯 이어진다.

親母 (혼잣소리 하듯) 멋집니다. 아주 멋져요. 애가 태어날 땐 나
오는 거 받아 주시고 죽으니 씻어 묶어 주시고 대단하십니다.
그 어려운 일 혼자서 도맡아 주재하시고.
(언성을 높여) 모르시오. 통 몰라주시오.
(곁에 누가 있기라도 한 듯이 말한다)너 봤지. 너희 아버지 하
시는 일이 다 이런 식이다. 지금 말씀하시는 거 봐. 재일이를
난 에미는 내가 아니다. 따로 있다. 너희 아버지한테는 이 에
미는 여기 없고, 저기 어디 있느니라. 나란 여기 필요없다.
자기 자식을 나준 것도 인정 안해.
(손을 들어뵌다) 이게 뭐냐. 니겐 무슨 물건으로 뵈냐. 지아비
생각해서도 안되고, 기다려서도 안되고 말씀을 깃달아서도 안
되고 대꾸를 해서도 안되고 눈에 비쳐서도 안되고 뵈지 않아

서도 안되고 이거 너 그러니 이 물건이 바로 뵈냐.

(저고리를 벗는다) 언제 너희 아버지가 회합에 동부인해서 나가야 된다기에 진자주 빌로도를 떠다 한복으로 마름질해 놨더니 이튿날 흰공단 한 벌 떠다가 던지시더라. 그래 이날 이때까지 자주빛을 보면 가슴이 내려앉는다.

(저고리를 차근차근 개며) 뭘 하나 이쪽에서 나도 뭔 일을 한다 그런 생각이 들어야지. 없어요. 하나도 해논 게 없어. 알 수 없는 일이 너희들이 생겨난 일이다. 어떻게 넷이나 생겼는지 몰라. 저녀석을 먼저 보내기는 했다만 생겨난 건 넷이 맞지, 안 그러냐. 이 지경이 됐으니 셋이라고 해야 옳은가. 자식을 서넛 나눴으니 이 에미가 뭘 하기는 했다는 게냐. 아니다, 애 싸질르는 거 누구는 못한다데.

親父 (병풍 뒤에서 말한다) 에미보고 수의 내오라고 그래라.

親母 (끄덕거린다. 속곳 주머니에서 성냥각을 꺼낸다. 성냥각 속에 숨겨둔 공초에 불 댕긴다) 하기는 육십 평생에 어찌 한 가지 해논 일이 없겠냐. 담배 좀 피게 됐다. 너희 아버진 모른다. 알 턱이 없지. 헌데 좀 핀다. 십여 년 됐지. 내 감쪽같이 해냈다.

親父 (병풍 뒤에서) 그냥 거기 앉아 있는 게야.

親母 저 동네 불났네. 아, 애 목간 한번 씻겨 주기로 뭔 주문이 그리 많소.

親父 (병풍 뒤에서) 뭘하고 있는지 몰라.

親母 알지요. 내가 좀 알아요.

親父 (병풍 뒤에서) 그냥 꾸무럭거려.

親母 천자문도 알고, 동몽선습도 알고 논어, 맹자, 예기, 춘추도 알고.

親父 (병풍 뒤에서) 큰 애 거 있냐.

親母 (일어선다. 저고리 병풍 뒤로 집어 던지면서) 내 조침문을 외워 보랴. 나의 신세 박명하여 슬하에 한 자녀 없고 인명이 흉완하여 일찍 죽지 못하고 가산이 빈궁하여 침선에 마음을 붙여 너로 하여 시름을 잊고 생애를 도움이 적지 아니 하더니 오늘 너를 영결하자니, 오호 통재라, 귀신이 시기하고 하늘이 미워하심이라.

親父 (병풍 뒤에서) 저 사람 데려다 문 밖에 내쫓아. 쫓고 문 걸어 잠궈.

親母 이놈, 니가 나와서 날 버려봐라. 네 놈이 나와.

親父 (병풍 뒤에서) 저것이 실성했나.

親母 (치마끈을 풀면서) 나와, 나와서 이 꼴좀 봐라. 니놈이 뭘 데리고 살았는지 똑바로 보라구. 사십년 꾸리고 살았으면 한 번은 봐 줘야 될 거 아니냐. 이 무심한 것아. 나와, 나와 보라고.

親父 (병풍 뒤에서) 시끄러.

親母 사람도 아닌 것이 인두겁을 쓰고서 그 구석에서 무슨 못된 짓을 하고 있는 게냐, 이놈. 여기가 어디라고 남 자식 가지고 허튼 수작 부리고 있어. 나오너라, 게서 나와.

親父 이 미친 것이.

　　(병풍을 가로친다. 병풍이 나뒹군다. 屍身이 알몸으로 뉘여져 있다. 두 사람 마주 선다. 염꾼 둘은 객석에 등을 주고 屍身의 발치와 머리맡에 나뉘어 앉아 있다. 오랜 침묵 뒤에 屍身을 가리키며 말한다) 이거 분해서 견딜 수가 있나. 엊그제 이 손으로 저놈을 받았을 때는 이렇지 않았어요. 뜨겁고 미끈거리고…… 차요, 돌처럼 차.

　　(잠시) 뭐가 이렇지.

親母 (저고리를 주워 든다) 시집 오기 전에 어머니한테 귀에 못이 박히도록 들은 소리가 있습니다. 신하가 충성하면 국가가 태

평하고 아내가 현철하면 가택이 풍비하느니라. 그래 말씀 쫓아 살아볼려고 애는 썼소만 그게 자잘한 일에서나 되었지 큰 일에서는 실패를 한 것 같습니다. 그러니 앞으로 더 있어봐야 제 앞도 가리지 못하는 것이 짐만 되었지 뭔 사람 구실을 할 것이오.

(잠시) 불쌍한 분이오, 당신. 나같은 것을 꾸리고서.

親父　그냥 가겠다고 고집을 세우는가. 이거야 원 애들도 아니고.

親母　(고개 젓는다) 내가 애들을 너무 의지했던가 봅니다. 막내가 떠난다고 생각을 하면 가슴이 조여요. 그 생각만으로 갑갑해서 숨을 쉴 수가 없어요. 왜 이렇지요. 두 사람만 남겨질 거라고는 생각해 본 적이 없었어요. 정말 이렇게 남겨질 줄은 몰랐어요. 둘이서만 이러고 덩그마니.

親父　첨 둘이서 있는가.

親母　예? (끄덕거린다) 그랬지요. 예, 첫애 숙이가 생기기 전에 두 사람만 되본 적도 있었구만요. 그런데 정말 그땐 어떻게 보냈죠 우리. 그런 때가 있긴 있었어요.

親父　(노여웁다) 시끄럽소.

親母　(끄덕거린다) 어머니 면전에서 여자가* 외우던 일이 엊그제 갖구만 (혼잣소리하듯 나직히 왼다) 부부유별 있었으니 남편대접 극진하라. 전생인연으로 배필되었으니 백년고락이 이 사람에 매었도다. 승승군자 못하여서 만일 한 번 눈에 나면 독수공방 찬방에 뉘를 의지하잔 말가.

(이때 新婦가 新郎하고 모습을 보인다. 新婦가 親母와 마주 앉아 女子歌를 따라 왼다)

죽은 사람 생각기는 꿈 속에나 반기련만 생사람 불참하면 백년에 원수로다. 만나면 눈 흘기고 묻는 말이 핀잔이라 인정이

---

* 여자가(女子歌)―옛 어른들이 어린 여식 시집 보내면서 가르치던 훈계.

끊어지면 남만도 못하도다. 버린 정이 다시 들며 업친 물을 담을손가. 딸아 딸아 아가 딸아, 부대부대 조심하라. 지아비는 하늘이요 지어미는 땅이로다. 만리장천 높은 하늘 땅이 어이 당할손가. 성을 내면 웃음 웃고 걱정하면 황송해라. 더러운 것 뵈일세라 용열한 말 들을세라. 하늘이 하는 일을 땅이 어찌 막을소냐. 여자가 강성하고 남자가 유약하면 음양이 괴상하고 가산이 쇠재하니 재앙이 쫓아 있어 망가망신 되느니라. 신하가 충성하면 국가가 태평하고, 안해가 현철하면 가택이 풍비하느니라. 죽기까지 대접하여 노인까지 공경하라. 앞을 보아 걸음 걷고 생각하여 말을 하고, 제사음식 차릴 적에 부정할까 조심하고, 긴치 않은 헛웃음을 어른 앞에 웃지 말고, 신을 꺼려 문을 열고, 지정거려 기침하고, 찬찬의복 곱게 입고, 헐벗은 이 웃지 말고, 어둔 데 혼자 출입 부대 말고, 대회중에 박장대소 말고, 부모에 끼친 몸을 상치 말고 보전하면 효도에 으뜸이오 여행에 제일이라.

幕이 내려온다.

한만선

등장인물

해설자
안상노
처
현장감독
아낙
간호원
임우식
미스 문
선생
기사

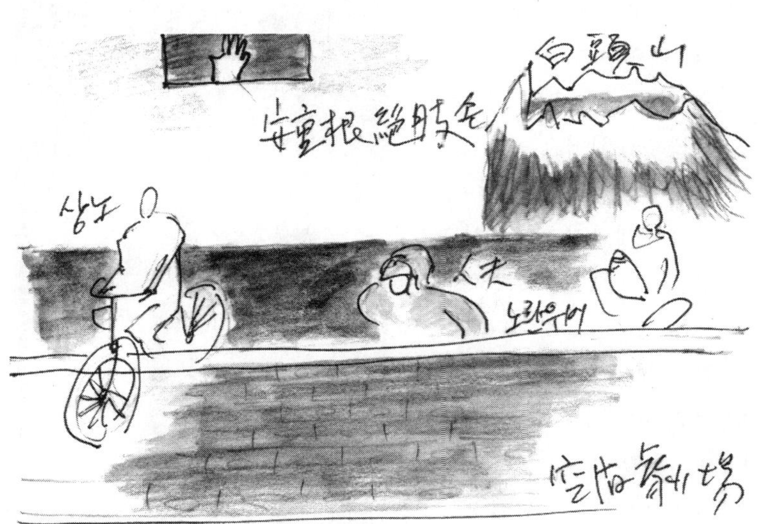

소리는 스피커로 나온다.

소리 1907년, 광무 황제께서 폐위되자 안중근은 급히 속장을 하여 가권(家眷)을 작별하고 북간도를 향해, 황해도 청구동을 떠났다.

안상노가 운동용 고정 자전차 페달을 밟아 돌리고 있다.
시속계가 붉게 달아오른다 ——.
멈추고 내려 전화 다이얼을 돌린다.

상노 나 안상놉니다. 어떻소. 표 좀 챙겨 봤소? 좋아요. 두 시면 그때 내가 봅시다……. 이렇게 합시다. 한증막에서 땀 좀 빼지. 라이온즈, 응 거기요. 거기 맞아. 수원 현장엔 나올 거 없어요. 내 오전 중에 다녀 올테니 남아서 하는 데까지 해보시오. 수고해요. (다이얼 돌린다. 통화 중이다) 비가 왔나, 전화가 왜 이모양이야.

처의 소리 비와요?

상노 수원 말야.

처의 소리 아파트 중도금 모레 낼 거예요. 그전에 한 번

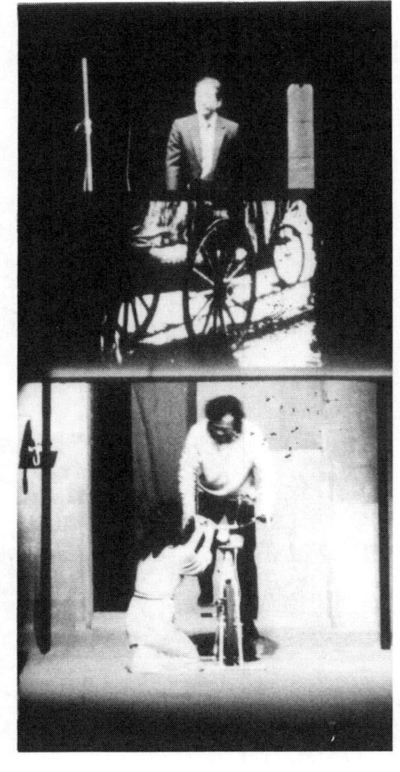

보셔야죠. 오늘 가마고 했어요. 오늘 가요?

상노 선거가 있어, 바빠.

처 (모습 보인다) 사는 게 뭐 대단한 거 아니예요. 비가 오시면 장독 덮죠. 전구 나가면 갈아끼우고, 개수대 막히면 쑤시고, 관리비 내고, 적십자비 내고, 달 바뀌면 달력 찢고, 철 바꿔 세탁소 가고, 이사를 가기로 됐으니 가보잔 거예요.

상노가 수화기 놓자 다이얼 소리.

상노 나야. 누가 전화를 잡고 오래 끄나 ──. 아니 뭐. 곧 갈께. 선거날 잘 논다.

처 한 시에 가마고 약속했어요. 삼십 분만 내요.

상노 비야. 폭우가 쏟아져 갖고 노반이 내려앉는 바람에 포크레인이 모로 나자빠졌다는구만.

처 당신 집이에요. 우리가 살아갈 곳이요.

상노 내 말 모르겠어─ 삼십 톤짜리 중장비가 모로 자빠지셨다고. 성냥갑 뒤집혀진 게 아냐. 장난이 아니라고. 남 사정 봐가면서 말을 해야지. 맘대로야. 세상 일이 제 생각에만 꿰맞춰 주도록 돼 있는 거야. 제 말만 먼저야. 누가 먼저래. 오늘 선거가 있다잖아.

처 선거─출마에요, 그럼?

상노 말 한마디 내놓으면 어떻게 그칠 줄을 몰라.

소리 1908년 6월, 백두산 뒤 서북에 있는 간도와 해삼위(海參威)를 동분서주하며 순회연설을 하는 동안 안중근은 참모장으로 피임, 의병군기를 비밀리에 수송하고 두만강 근변에 모여 대사를 모의하게 되었다.

앰블런스 경적과 경조등 빛.
노란 우비에 헬멧을 쓴 인부와 상노가 내려보고 섰다.

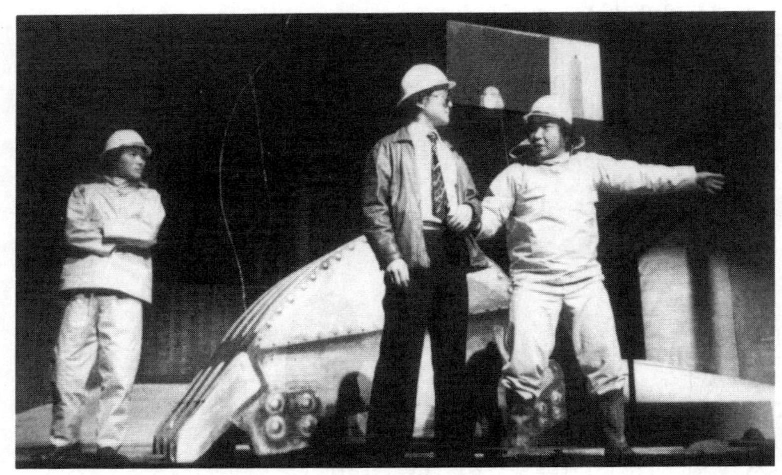

인부 밑이 암반이라 굉이도 먹들 안 해라우.

상노 압박이 심한가 본데, 노반이 자꾸 내려앉는 거 아냐.

인부 차체를 받쳐 놨어요.

상노 다시 보게.

인부 다 봤어요.

상노 밑에 사람이 깔렸지 않아.

인부 나도 보고 있다고.

상노 살려내야 되잖아.

인부 누군 죽이고 있소. 미안해요. 내가 속이 떨려서 그려, 지금.

상노 가족, 누가 연락해야지.

인부 주소가 있간디.

상노 사물을 뒤져 봐.

인부 천둥에 개 뛴다고, 아 남들 깨도 안 했는디 왜 뛰어. 왜 나
서 뛰어.

상노 저 양반 우리하고 일한 지 얼마나 됐나.

인부 두어 달 되어 가누만요.

상노 보험문제가 있어.

인부 보험이라우— 지 주제에 보험이 뭐여.

상노 기계가 상해보험에 들어 있어. 든 좀 나오게 돼.

인부 입원비 지불하고도 한참 먹고 살겠지라우?

상노 법정액은 지불하지.

인부 저 기계 하루 빌려 주고 얼마 받냐믄 사십만 원이요. 저것이 세 대니 하루 백은 손에 쥐시누만.

상노 이봐, 저거 도시바야, 일제. 하늘에서 공거루 떨어진 거 주운 게 아냐. 벌었지, 벌었다고.

인부 일제여? 난 포크레인 포크레인 해쌓길러 미젠 줄만 알고 있었네, 여태. 그런 게 뭐냐. 한 달 벌이만 쓰시여.

상노 보험금이 나와.

인부 거그 얹혀서 좀 써요.

상노 동업자하고 상의해 보지.

인부 그 상의 나하고 좀 합시다. 이거 알아 두시오. 폭우가 느닷없이 쏟아진 게, 저 사람이 엔진에 물 들어간다고 우비 석장 걷어갖고 개뛰듯 뛰다가 봐요, 저 엔진 덮은 거 봐요——. 덕분에 세 끼 밥도 먹긴 먹소만.

상노 가만, 저 포크레인 기사 어디 갔지.

인부 벌써 내뺐지.

상노 뭘하고 있었어. 잡아놔야지. 형사문제가 될 게 뻔한데. 이거 누가 책임질 거야.

인부 새벽 내 우덜이 뭣 했는지 모르시여.

상노 우선 실종계라도 내야지.

인부 일이 선후가 있는 게요. 사람 먼저 꺼냅시다.

마주 본다. 갑작스런 경적과 함께 경조등 빛 사라진다.

소리 안중근이 흑룡강 상류 수천리에 널리 한인 유지들을 심방하
고 수청(水淸)에 이르던 어느 날, 산곡 무인지경에 이르렀을
때 홀연 10여 명 흉한배가 나타나 의병대장을 잡았다고 수건
으로 안중근의 목을 결박하여 백설 속에 밀어뜨리고 수없이
난타하였다.

병실. 쇠침대에 한 아이가 흰 시트로 덮였고, 20세 갓 넘은 아낙이
시트에 얼굴을 묻고 있다. 한켠에 현장감독이 앉았다. 간호원이 모
습을 보인다.

간호원 이순애, 오늘 퇴원이에요.
아낙 벌써라우.
간호원 열두시 전에 침대 비워요.
아낙 어쩐디야. 난 못가라우. (간호원 나간다)
감독 고향이 어디여. 그 애 팔 아주머니가 잘랐어? 피대, 방앗간
피대에 감겼다문서.
아낙 데려갔이유, 지가 ── . 고추 한 됫박 집이서 빠도 되는디.
감독 아저씨가 죽인다 그럽디여. 그거 홧김에 해지른 소리여.
아낙 지집년이 팔 짤려 갖고 ── .
감독 주민등록증 내. 내 아저씨 오라고 전보 쳐 줄틴게.
아낙 없이유.
감독 그 애 이름이 뭐여. 말 안하믄 일 커져.
아낙 순애, 이순애라우.
감독 (구내전화 들고) 아, 여기 팔백칠 호, 이순애가 뭐냐, 계산
다 됐소 ─ 좀 알아봐 주시오.

상노가 모습을 보인다.

감독 애 팔 짤라지면 집이 들어오들 말라고, 애비가 한마디 했던
갑만, 못 간다고 짜고 있어라우. (수화기에) 그래요, 고맙소.
(수화기 놓고) 잡혀 있는 건 아니구만, 돈 다 냈어.

아낙 친정이서 주고 갔이유.

감독 됐네, 일단 친정으로 가소. 갑시다, 내 차 잡아주지.

아낙 아니유, 지가 가라우. (꼼짝 않는다)

상노 내 이런 경우를 봤는데, 이 사람은 의사요, 여덟 살 먹은 딸
애가 이 애처럼 피대에 감겼어. 그런데 이 양반 다른 의사한
테 맡기면 함부로 한다고 자기 손으로 수술을 했어. 제 딸
팔을 잘랐단 말입니다. 그 애 아버지가 의사였더라도 마찬가
지였을 게요. 그게 애비요.

감독 맞어, 뭐니뭐니해도 집에 가는 게 제일이여.

아낙 지 심정은 정해졌이유.

감독 애 심정을 생각해 보소. 이 애가 지 팔 짤라진 줄 모르는가.
다 안다 이 말이여. 그런디 팔 짤린 게 애비도 집도 없고, 천
지 다 바뀌고 그래 보소. 애 놀래.

아낙 다 알어유.

감독 집에 가. 애 갖다 지애비 주란 말야. 태내 병신은 지 자식이
아니랍디여. 가, 내 데려다 주고 담판도 져줄틴게.

아낙 말어유, 갈 데가 있이유. 지가 가유.

감독 어디 간단 말이여.

아낙 가유.

상노 차비가 없소.

아낙 애 당고모가 절이 있어유. 암자 하나 갖고.

감독 답답하구만. 팔 짤렸다고 애 갖다 중대가리 만들 셈이여, 지

금. 이런 딱하기는. 보시오, 애가 딸이죠. 그렇다고 이 애 운명을 아주머니가 정할 수 없어요. 뒤에 이 애가 자기가 정하도록 해줘야 합니다. 에미라고 해서 맘대로 해도 된다는 그런 건방진 생각은 치우란 말이요. 에미란 게 뭐요. 났으니 맘대로 하는 거요. 보시오, 지금 우리 인부 한 사람이 수술을 받고 있어요. 세 시간 넘어가고 있소. (가슴 부위에 손대고) 여기가 내려앉았답니다. 이쪽 갈비뼈가 두 개, 이쪽이 다섯 개 부러져서 갈비로 오장육부 다 얽어 꿰놔버렸다는 거요. 이러고 의식불명인 채 생사를 오락가락하고 있는데 보시오, 우리가 뭘 하고 있소. 저 사람한테 뭘 해줄 수 있단 말이오. 빌어먹을놈의 세 시간 동안 이 사람하고 내가 뭘하고 있소. 기다리는 수밖에. 두 손 바지에 찌르고 기달릴밖에. 죽든 살든 저쪽에서 본인이 정한다 이 말입니다. 사람은 죽어가는데 막상 사고를 낸 자는 행방불명이요. 기다릴밖에 도리 있소. 아주머니도 마찬가집니다. 기다려요. 인내를 가지고. 이 애가 자기 운명을 정할 수 있을 때까지. 어미가 자식한테 해줄 수 있는 일을 다 해주면서 기다려야 합니다. 나중에, 아범이 애 머리 깎은 거 알아보소. 맞아 죽어.

상노 사람들한테는 주권이란 게 있어요. 주권이 뭐냐하면, 아주머니는 아주머니고 이 애는 애라 이 말입니다. 이 애가 아주머니 물건이 아니다, 그런 말입니다. 개체요, 독립된 주체란 말이오.

간호원 침대 비워요.

간호원이 아낙의 봇짐을 들고 나간다. 아낙은 막 낳은 아이 씻기듯 차근차근 아이를 담요로 싼다.

상노 아무래도 수술이 심상찮아. 보게, 신고를 해주게.

감독 신고—

상노 기사 실종계 내라구. 수술 잘못되면 자네나 내가 걸리게 돼 먹었어.

감독 난 상관없어라우.

상노 무슨 소리야, 현장감독 아닌가.

둘이 마주 본다.

소리 수청(水淸)에서 겨우 살해를 면한 안중근은 이듬해 1909년 정월 인추(姻秋) 방면으로 돌아와 동지 열두 명과 상의, 오늘이라도 단지혈맹하고 한 개의 단체로서 나라를 위하여 몸을 바쳐 목적에 달하도록 약속하자고 하였다. 열두 사람은 각기 오른손 무명지를 찍어 피를 내어 쾌극기 앞면에다 큰 글씨로 대한독립이라 썼다.

상노가 전화 다이얼을 돌린다.
처의 소리가 수화기를 통해서 들려 온다.

상노 어디 연락 없었어?

처의 소리 아뇨, 선거 됐어요?

상노 사람 죽어가고 있는데 사고를 낸 기사는 뛰었어. 그놈 잡아야 돼.

처의 소리 구 선생님 오셨어요.

상노 또 왔어, 뭐래.

선생의 소리 나 그만 내려갈라고 들렸네야.

상노 계약됐습니까.

선생의 소리 비끄러졌어. 올해루 칠 년째구만, 면목없네야.

상노 역시 제작비 문젭니까?

선생의 소리 맨날 그 소리여. 부속이 너무 많다는 게여. 장난감 부속이 웬 놈으게 백스무 개냐 이거여. 오나가나 부속이여.

상노 그거 알아듣게 말 좀 잘 해보시지요. 그냥 과학이 아니다, 즐거운 과학이다. 선생님 잘 말씀하시잖습니까.

선생의 소리 말로 될라믄 벌써 됐지. 하두 서운해서, 있으면 대포나 할까 하고 들렸구만, 그냥 못 보고 가네.

상노 잠깐 계십시오. 집사람 좀 바꾸세요.

선생의 소리 예.

상노 간단히 안주상이나 봐 드리고 차비 드려 보내요.

처의 소리 뭘 맡기고 가신다고 내놨어요. 이거 그 장난감 말인가 본데요. 알아볼 데 없어요?

상노 그걸 맡아서 어쩌라고. 적당히 상대하다가 보내요. 그리고, 기사 연락이 있거든 무슨 일이 있더라도 집으로 꼭 오라고 그래. 선거 끝나는 대로 들어갈께. 연락 오거든 꼭 잡으라고.

소리 1909년 9월 안중근은 인추 방면에 머무르고 있었다. 하루는 이상하게 불안해 하고 진정하지 못하는 기색이더니, 별안간 친구 두 사람에게 지금 곧 해삼위로 가야겠다고 말했다. 친구들이 왜 예정에도 없이 별안간 가려느냐고 물으니 안중근은 도무지 마음이 불안해서 더 머물고 싶은 생각이 안 난다고 했다. 그럼 언제 돌아오려느냐고 묻자, 다시 돌아오는 것을 바라지 않는다고 했다. 매우 괴이쩍어하는 친구들을 작별한 안중근은 마침 기선이 있어 타고 해삼위에 도착했다. 거기에서 안중근은 이토오 히로부미가 곧 온다는 소식을 들었다.

한중탕. 안상노와 임우식, 몸에 개흙 바르고 가마니로 몸을 말았다. 임우식이 녹음기를 작동시킨다.

녹음된 소리 일본을 배우라, 태평양 저쪽에서 미국 경영인들이 이러고 소란을 떤다고 해서 내가 지금 다분히 전제주의적 경향이 없지 않은.

우식 (녹음기 조작한다) 이게 노명식의 일본 경영구조 추종론이고, 다음이 민종호의 미국식 자유경제론이야.

녹음된 소리 일본의 경영방식을 가지구 말하는 사람들 대부분이 사업주와 고용인 사이에 맺어지는 그 독특한 가족관계를 가지고 거론을 많이 하는가 본데 이 독특한 대가족관계 일본식 주종의 관계란 대체 뭡니까. 바로 예속된구는 것입니다. 물론 어느 사회에 있어서나 고용이란 예속되는 것입니다. 그러나 평생 예속되는 그런 예속된 정신상태에 놓인다는 것하고는 약간 차이가 있습니다. 예속이란 말의 반대편에는 자유, 자주란 말이 있습니다. 자유, 자주란…….

상노 (녹음기를 끈다)

우식 요컨대 보호경제냐 자유경제냐 두 입후보자가 이러고 나오는 마당에 자네가 취할 길은 하나밖에 없네. 주체, 왜 남의 방식을 쫓아가느냐, 나라마다 입지적 조건이 틀린 만큼 방법도 틀려서 마땅하다.

상노 주체란 뭔가.

우식 동학이 왜 일어났나.

상노 전라도 고부군수가 농민의 고혈을…….

우식 청국하고 일본하고 아래 위서 달라붙으니가 주권을 지켜내자고 일어난 거 바로 주체 아닌가. 미국식, 일본식할 게 아니라, 이것이 내 것이다 그러고 내놓으란 말야. 이런 식으로 밀어부쳐 보자고. 나는 동업자와 함께 히타치 포크레인 두 대, 도시바 포크레인 한 대, 이렇게 히타치, 도시바 세 대를 대여해 주고 먹고 사는 사람이요, 그렇지만 저 위대한 그린필드, 달라를 더 좋아하는 편이오. 그런데 이 두 가지 말고 사랑하는 것이 내게 있소. 그것은 김치요——.

해야 해야 붉은 해야,

김치국에 밥 말아먹고 장고 치고 나오너라.

바로 이겁니다. 우리가 해야, 해야 하고 소리칠 때 거기에는 털끝만한 거리감도 없습니다. 자연과 인간이 완전히 하나가 되어 버립니다. 그래서 저 웅장한 해를 부르는 소리가 야, 아무개야 김치국에 찬밥 말아 먹고 나와 놀자 하는 아이들의 천진스런 말과 맥을 같이 하는 것입니다. 대자연의 대표적 상징인 해가 인간 조무라기 애와 동격이 되는 그런 소탈한 생활정신 속에 우리는 살아온 것입니다.

—그렸습니다. 이 대자연을 아이를 불러내는 촉매로서 김치가 작용한다는 점에 유의해 주시기 바랍니다. 바로 이 점 때문에 저는 김치를 사랑한다고 감히 말씀드릴 수 있는 것이고, 김치가 대자연과 인간을 불러내는 이 기막힌 촉매기능은 어쩌면 우리 기업인들이 세계를 상대로 해서 필히 지녀야 될 기업정신이 아니냐, 그런 주장을 본인은 하고 있는 것입니다. …… 이러고 좀 야단을 떨자구. 이래 놓고, 우리가 우리 주체를 제대로 간수하지 못했을 때, 어떤 일을 당했던가 되돌아보자 하고 구한말을 풀어. 모로가도 서울만 가면 된다구. 그러면 지금으로부터 여러분을 1895년 8월 20일 미명, 이 나라 국왕 왕비의 침전 곤령전(坤寧殿), 옥호루(玉壺樓)가 핏물로 어지럽던 민비 시해현장으로 모십니다 하고, 변사조로 외서 하라고. (녹음기 조작한다)

녹음된 소리 누가 이곳을 가리켜 속인의 발자취와는 인연이 먼 구중궁궐이라 했던가. 금리궁전(禁裏宮殿)의 계상(階上)을 왜인들이 유린하였으니 쇠잔한 왕국의 말로가 이보다 더 가련할 수는 없었다. 내가 건청궁 앞뜰에 도착했을 때, 장지문을 닫은 실내에서 여자의 비명소리가 뭐라 형언할 수 없을 만큼 처참하게 들려왔다. 얼마 후에 흰옷을 입은 부인 십 여 명이 새파랗게 질린 얼굴로 온몸을 와들와들 떨면서 우르르 몰려나온 가운데 온몸이 피투성이요, 얼굴에도 피를 묻힌 기품 높은 부인이 쓰러져 있었다. 다름아닌 민왕비라는 말이 들려왔다. 자세히 보니 작은 몸짓이 통통하고 살빛이 흰데, 아무리 보아도 이십오륙 세밖에 되어 보이지 않는, 그야말로 죽었다기보다는 인형을 쓰러뜨려 놓은 것같이 아름다운 자세로 영원한 꿈 속에 잠겨 있는 듯하였다.

―그 여린 섬수로 **8**도를 군호하던, 번롱하던 저 민비의 시체라고는 생각되지 않았다. (우식이 따라서 소리낸다) 그 웅혼, 한 번 가면 다시는 되돌아오지 않거니 실내에는 이 유해를 지키는 단 한 사람도 없어, 이루 말할 수 없이 처참하였다. 민비의 치명상은 이마 위에 엇갈린 두 개의 칼자국이었으니……

상노 (녹음기 끈다)

우식 왜 그래.

상노 지난 세월 속에 여자라면 황진이도 있지.

　　(영탄조로)

　　어져, 내 일이 그러할 줄 몰랐던가.

　　있으라 했더면 갔으랴마는, 제 구태여

　　보내고 그리는 정을 나도 몰라 하여라.

우식 내가 지금 자네하고 화류 놀고 있나. 자네 선거 돕고 있어.

상노 이거 피나는 선거 아냐. 동창들이 모여서 친목계를 놀자는
　　마당에.

우식 선거 내게 맡겼잖아. 내 말대로 해봐. 해보면 알아. 따라 하
　　라구― 그 옹혼 한 번 가면 되살아오지, 따라 해.

상노 그 옹혼 한 번 가면……, 그래 가지고 되겠나 어디.

우식 빌어먹을 내가 한다. 내게 맡겨.

상노 수원 현장에나 내려가 봐. 인부가 하나 깔려갖고 인사불성이
　　야. 가 수습하라고, 난 기사 잡을 테니까, 선거는 치워.

우식 무슨 소리야.

상노 (녹음기 작동시킨다) 했던가. 금리궁전의 계상을 왜인들이 유
　　린하였으니 쇠잔한 왕국의 말로가 이보다 더……

우식 (녹음기 *끄고*) 수원에서 어쨌다고.

상노 히타치가 인부를 깔았어.

　　둘이 마주 본다. 포크레인의 둔중한 엔진 소리.

소리 해삼위에 머물고 있던 안중근이 하르빈으로 가려 해도 노어
　　(露語)를 모르기 때문에 심히 걱정했다. 마침 약 도매상을 하
　　는 유동하(柳東夏)가 동행을 자청하고 나서 곧 하르빈을 향
　　해 기차에 올랐다.

　　등판이 뒤로 젖혀지는 이발용 의자에 안상노가 길게 누웠다.
　　미스 文이 안마를 하며 동화를 왼다.

미스 문 옛날에 바보 하나가 장가를 들었대요, 장가는 들었지만,
　　워낙 미련하고 바보라서 아무것도 몰랐습니다. 그대신 부인은
　　영리했지요. 이 부부가 어느 날 처가집에 가게 됐대요. 부인

이 바보 서방님 구해 줄려고 꾀를 냈대요. 부인은 기다란 실을 남편의 가운데에 매고, 한 번 잡아당기면 진지 많이 잡수시오 하고, 두 번 당기면 담배 태우시오 하고 인사하라고 일렀대요. 부인은 아무래도 서방님이 실수할까봐 연습을 시켰더라지요. 한 번, 아야 진지 많이 잡수시요. 에이구 그 아야는 빼구요, 두 번, 으으 담배 태웁시요, 이렇게 몇 번 연습 끝에 자신을 가지고 두 사람은 처가집에 왔습니다. 부인은 부엌에서 밥상을 들여보내고 얼른 실을 한 번 당겼어요. 숭늉 들여보내고는 두 번 당겼구요. 여기까지는 연습대로 돼서, 장인은 사위가 인사를 다 하니 사람 되 가나 보다 탄복했어요. 그런데 일이 벌어졌지요. 부인이 변소에 가게 됐지 뭡니까. 그래 얼른 다녀올 것이라고 나서다가, 실 끝을 부뚜막에 놓여 있는 북어 대가리에다 묶어 놓고 나갔어요. 마침 누렁개가 무어 먹을 게 없나 들여다보니 북어 대가리가 눈에 띄었지요. 텁석 물고 내빼려니 실이 감겨 있겠지요. 그래 실을 끊으려고 이리 흔들고 저리 흔들어댈 밖에요. 방 안에 사위꼴이 뭐가 됐겠어요. 한 번. 진지 잡수시오, 두 번 담배 태웁시오 해도 실은 끊어지지 않으니 자꾸 잡아당길 수밖에요. 시간이 지날수록, 실은 더 급히 당겨지기만 했죠. 따라 인사도 빨라져서, 진지 담배, 진지 담배, 아야 야야, 진지 담배 하고 수없이 고개를 숙였답니다.

상노 뭐하고 있는 거냐, 너 지금.

미스 문 옛날 얘기요, 머리 감겨 주고 기저귀 갈아 주면 이 큰 애들은 잠이 들고 싶어하니까, 젖을 물려주고 있는 거다 그런 심정으로 얘기를 들려주래요. 그래서 주인이 힐끔힐끔 들여다보고 있는 거예요. 그러니까 시원해서 잠이 온 것처럼 하고 계시란 말이에요.

상노 그런 거 몇 개나 외고 있냐.

미스 문 열네 개요. (귀에 대고 은밀하게) 내게 말 걸지 말아요. 말소리 들리면 내가 시원찮은 걸로 돼서 여기서 쫓겨나요.
　―옛날 어느 곳에 외동딸을 둔 부부가 살고 있었대요. 그런데 하도 사위를 고르다 보니 세상 미련맞은 데릴사위를 맞게 됐대요. 물 좀 떠오라면 불 가져오고, 뚝배기하고 갓도 분간을 못했대요. 그런데 하루는 장인어른께서 이 사위보고 하필이면 뚝배기하고 갓을 사오라고 하더래요. 그래서 부인이 뚝배기하고 갓을 고르는 법을 가르쳐 줬대요. 뚝배기는 모래구멍이 있으니 꼭 물 부어보고 사고, 갓은 써보고 사라고 신신당부해서 장으로 보냈답니다.

해설자 (젖은 수건을 갖다 상노의 안면을 덮고 입만 나오게 만든다) 여기서 꿈을 꾸시오.

상노 뭐요. 누구요, 당신.

해설자 이 집 주인이요. 당신 말을 듣고 꿈을 꿨다고 인정되면 되게 돼 있지.

상노 뭐가 된단 말이오.

해설자 당신이 지불하는 돈에서 미스 문이 배당금을 받게 돼.

상노 심은 대로 거둔다. 나무랄 데 없지. 옛날 어느 고을에, 멀리 서울에 가서 비단을 받아다 이 고을 저 고을에 팔러 다니는 장사꾼이……(해설자가 상노의 눈 부위에 맛사지용 전등불을 갖다 댄다. 상노는 흠칫 놀랜 듯하다. 전등불 치우라고 손짓한다)

상노 비각이 보입니다. 넓어요, 길이 아주 넓습니다. 길에 차가 없군요. 광화문 같기도 한데―동상이 없어요. 광화문이라고 할 수 없겠습니다. 네거리는 네거립니다. 비었어요. 경기가 없는 경기장모양 비어 버렸어. 가만, 누가 말을 몰고 옵니다. 달구지를 끄는 말은 아니고―장난감 말입니다. 그런데 실물만

하게 크군요. 그보다 더 큰 것 같습니다. 가만, 누가 말등에 탄 것 같습니다 ──. 맞아, 말에 올라탄 어른이 내 고향의 물상 선생이십니다. 저 말을 만드는 데 십칠 년이 걸렸답니다. 아하, 십칠 년생 말을 타고 광화문에 나타나신 겁니다.

(회전목마가 떠가듯이 지나간다)

말에 노란칠을 했군요. 지하철 공사장 감독관모양 노란 우비를 입고 노란 헬멧을 썼습니다. 호령을 해대는군요. 이봐 도시바군 저쪽을 파보게. 히타치군, 뭘 꾸물거리고 있는가. 노란 게딱지들 파도에 밀린 것모양 히타치군과 도시바군이 엎어지고 잦히면서 허둥거립니다. 말은 갈기를 날리며 뛰다가─가만, 우리 기사, 사고낸 녀석이 비각 옆에 빌딩으로 도망칩니다. 그러자 선생이 말을 몰아 쫓아갑니다. 저런, 말 탄 채로 들어가는군요. 높군요, 14층 건물입니다. 철거대상이라고 써붙였군요 ──. 밤입니다. 건물에 불켜진 창이 없어요. 수위실에 가설된 전구 하나가 호롱불모양 희미합니다. 30촉짜리 전굽니다. 불 밑을 지나니 어둠이 장승모양 시꺼멓게 일어섭니다. 남산 3호 터널 속에 비치던 불이 갑자기 나가면 그럴 겁니다. 타르같은 어둠이─말 울음소리를 들은 것 같습니다. 그거 묘하군요. 선생이 말을 타고 올라간 곳이 산, 저기 저 백두산에 오른 것이라는 생각이 들었습니다. 겁이 나서 그런 생각이 들었나, 묘하군요. 오를 생각은 못하고 기다렸지요. 말등에 올라앉은 선생이 기사 잡아 뒤에 싣고 두리번 두리번거리면서 내려오기만 기다렸습니다. 선생은 또 내가 올라오기를 기다리시는 모양입니다. 전혀 기척이 없습니다. 가만, 그렇군 집에서 기다리고 계신 모양입니다. 집에 가 대포 한 잔 나눠야겠습니다. (벌떡 상체를 세운다. 미스 문이 요구르트 뚜껑을 따 입에 물려준다)

소리 장춘에서 안중근은 유동하가 마련한 거사자금 **50**원을 가지
고 동지 우덕순(禹德淳), 조도선(曺度先)과 함께 하르빈을 향
해 남청(南淸) 열차에 올랐다. 해삼위로 돌아가는 유동하 편
에 대한국민에게 고하는 글을 대동공보(大東共報) 신문사로
전했다.
　－장부가 세상을 살아감에 그 뜻이 크도다. 크게 천하를 보
노니 어느 날에나 사업을 이룩할 건가. 때가 영웅을 만들고
또 영웅이 때를 만드는구나. 동풍이 점점 추워지니 장사의 열
은 끓는다. 분개하여 한 번 나서니 반드시 목적을 달성하리로
다. 쥐처럼 도적질하는 이등(伊藤)이여, 네가 어찌 살리오.
몇 번이나 이에 이르렀던고. 사세(事勢)가 그러하였구나.
동포여, 대한동포여.

　　비각 옆 빌딩, 현관에 가설된 전등이 늘어졌고, 해설자 보인다.

상노 뭐하는 데요. 뭐하는 건물이오.

해설자 이달 말에 철거해요.

상노 내가 저기 잠깐 서서 봤더니, 보는 동안에만 열 사람이 넘어
들어가던데. 뭐하는 건물이오. 밤에 철거하오?

해설자 기도원이요.

상노 기도원－ 건물 철거 말라고 기도하는 거요?

해설자 철거 때까지 쓰자면서 **14**층 꼭대기에 방 두 개 빌려 쓰고
있어요. 일당 **3**천원이요.

상노 사람을 찾고 있소. 사고낸 기사요.

해설자 사지가 멀쩡한 사람은 올라가지 않았어요. 기도원이요, 그
래서 아래층 놔두고 올라간답니다.

상노 (돈 꺼내 찔러 준다) 일당이요, 내가 좀 봐야겠소.

벽에 인형들이 늘어져 있다. 기도원 찾은 병자들 모습이다. 최남선의 백두산 근참기(覲參記) 중 한 대목 읽는 소리가 주문처럼 들린다.

기도소리 어허, 한아버지, 한아버지,

모르는 남을 찾아온 것이 아니라. 기다리시는, 기다리시는 한아버지를 뵈오러 온 것입니다. 남에게 가는 것 같으면 예폐(禮幣)라도 가지고 왔겠지요마는, 집안 어른, 오는 것만을 기쁨 삼으시는 제 한아버지께 귀근(歸覲)하는 것이매 빈손으로 왔습니다. 꾸러미 가지기를 준비하지 아니하였습니다.

한아버지, 한아버지를 뵈온 이 눈은, 다른 아무것을 다시 보지 아니하여도 섭섭할 것 없습니다. 한아버지의 품에 싸인 저는, 온 세상과 온 동무를 다 잃을지라도 결코 외로움이 있을 리 없습니다. 한아버지께만 총명하고 지혜로와진다 하면 저는 즐겨서 모든 것에서 바보 되고, 못난이 되고, 멍청이 되겠습니다. 한아버지의 속에서 모든 것을 놓겠습니다. 모든 것에서 버리는 바 되겠습니다. 비웃기고, 놀림감 되고, 욕먹고, 채찍 맞는 자 됨을 사양하지 않겠습니다.

한아버지, 한아버지. 저올시다. 이러한 저올시다.

아무것도 없는 저올시다.

아시옵소서, 거두시옵소서,

상노 성한 사람은 없군요. 무슨 기도원이 할아버지를 찾소.

해설자 백두산을 한아버지라고 부른 최남선 선생 글을 보고 교리를 삼았답니다. 백두산 정기로 몸을 정히 해달라고 비는 거겠지.

상노 그래서 꼭대기로 올라가누만, 산을 오르느라고.

해설자 찾는 사람 있습디까.

상노 백두산이라, 그거 참, 실례했소. 지난 밤 잠을 설쳐서 그런지 오늘 매사 휘뚱거립니다.

소리 우덕순과 조도선을, 장춘에서 하르빈에 이르는 중간 거점 채가만(蔡家滿)에 머물게 하여, 만일 이등이 그곳에 하차할 것에 대비시켜 놓고 안중근은 홀로 하르빈을 향해 떠났다. 하르빈에 도착한 안중근은 김성백(金聖伯)의 집에 여장을 풀고 저녁을 먹은 뒤에 외출하여 하르빈의 밤거리를 배회했다. 행여 실수가 염려되어 채가만에 있는 우덕순과 조도선을 전보를 쳐 부를까 하였으나 이미 시간이 늦었으므로 혼자 결행하기로 했다.

상노가 들어선다. **50**세 가차운 지방 고등학교 교사가 장난감 말을 가지고 처에게 설명 중이다.

선생 전각(前脚) 좌굽이 아홉 시 지점에 왔을 때, 후각(後脚) 우굽이 세 시 지점으로 들어가면서 후각 좌굽이 열두 시 지점

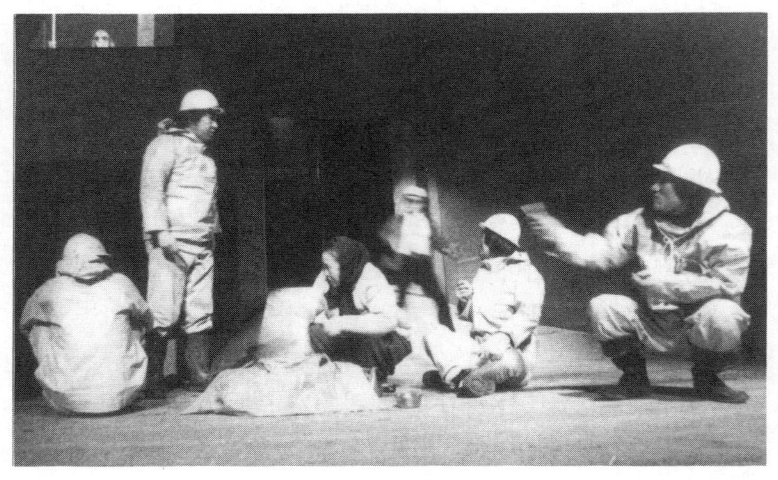

을 통과한다. 그러니까 굴렁쇠가 네 개가 돼서 굴러가게 돼
있단 말이거든.

처 바퀴가 넷이요,

선생 아니, 바퀴 하나가 더 있어요. 여기 말발굽이 네 개, 말발굽
을 이렇게 묶어 놓고 하나의 점이라고 가정하면 이 점을 축
으로 해서 도는 바퀴가 하나 더 있는 게여. 눈에 띄지 않으
니 뵈지 않는 바퀴라고 해야 되나 봐요. 이 첫번째 다리가
땅을 차면 중심이 이쪽으로 기우는 것을. 네 번째 다리가 중
간을 받쳐 줘서 두 번째 다리가 다시 첫번째 다리로 중심을
밀게 되는데, 그때 세 번째 다리가 그 중심을 받아서 다시
첫번째로 인계하게 되니까, 말발굽이 착지를 하는 순간의 하
중은 이렇게 원운동을 하게 돼요. 그렇지 잠자리 비행기 프로
펠라 작용을 염두에 두면 되겠구만. 말이 달릴 때면 이놈들이
배 밑에다 프로펠라를 달고 있다고 보면 옳아요.

처 이것이 떠 있을 때, 그러니까 달릴 때는 다섯 번째 바퀴가 배
밑에 생겨난다. 비행기 바퀴모양.

선생 말고, 팽이가 도는 원리를 생각해 봐요. 바퀴가 종으로 도는
게 아니라 횡으로 도는 바퀴가 있어 가지고.

해설자 문제는 부품이오. 장난감 부품이 백이십 개라면 누가 곧이
듣겠소. 부품을 여든 개 이하로 줄여 봅시다.

처 내용변경이 가능하단 말이에요.

상노 누구요.

처 기계 설계하는 후배에요. 특허권을 사겠대요.

상노 알고서 하는 소리요— 그냥 만들어진 것이 아냐. 이거 만드
는데 **17**년이 걸렸어.

처 그렇다면 변경이 불가피해요. 그래요, 선생님도 중복되는 부분
이 몇 군데 있다시고.

선생 샤프트 축이 이중으로 돼 있는데 어려운 일은 아니여, 연결
　　쇠가 좀 까다로울 거구만.
상노 잘 모르지만, 롤스로이스란 차가 성가를 잃지 않는 건 구태
　　의연한 제작과정을 고집하면서 ── .
처 저는 도와드리고 있어요.
상노 좋다고, 고마운 일이에요. 그런데 선생님의 정신, 아니, 과학
　　의 즐거움, 즐거운 과학이라고 해야 할까. 그것을 단지 간편
　　하게 될 수 있다고 해서 섣불리 손대지 말라고.
처 중복된 부품을 줄인다고 해서 ── .
상노 두세 개 중복돼 있으면 어때. 줄일 수도 있다는 거지. 불필
　　요한 것이 거기 붙어 있는 것도 아니잖아.
처 합리적이지 못하다는 겁니다. 합리성이 과학정신이라고 알고
　　있고요.
상노 이러고 재담하자는 게 아니고.
처 전 상담을 하고 있는 거에요
상노 철없는 소리 말아.
선생 과학하는 사람으로 인정할 건 인정하고, 다들 부품이 많다고
　　들 한게 ── .
상노 여태 그 말 무시해오지 않았습니까, 지금 와서.
해설자 (종이 한 장 내주며) 계약서요. 한 장 써주시고. 도장 있으
　　신가.

　　선생, 한켠에 쪼그리고 앉아 계약서에 기입한다. 상노, 장난감 말
　　을 들고 선생을 잡아 세운다.

상노 나하고 잠깐 나갑시다.
선생 이거 마치고 가세.

상노 일어서세요. 이러시면 안됩니다.

선생 왜 이러나.

상노 그거 여기 놓고 나하고 가십시다. 갈 데가 있어요.

선생 17년 만일세. 속이 떨려서 이름 석 자가 안 써지네.

상노 이렇게 해서는 안됩니다.

선생 어쨌다는 겐가, 일이 성사됐잖아.

상노 성사가 아니죠.

선생 아니여?

상노 원래 그대로가 아닙니다. 그대로 하십시오. 보세요(말을 세워
  보인다), 뭘 잘못된 데가 있습니까.

선생 다들 부품이 많다고들 한게 그건 부품이 많은 거야. 그래서
  줄여 보려고 하는디 —— 안돼 난 안돼.

상노 보세요. 가지 않습니까.

선생 틀렸어 그건.

상노 뭘 혼자 다 하려고 그러십니까. 간단하게 해서 되는 건 다음
  사람들 다 하라고 그러세요. 선생님은 선생님 식으로 하세요.
  하던 대로 잘 가기만 하는데 뭐가 잘못됐다고 다른 사람한테——

선생은 쭈그리고 계약서에 기입한다.

선생 인주 좀 줄텐가.

상노, 한켠에 있는 주방으로 들어선다. 처가 따라와 잡는다.

처 선거 잘못됐어요? 왜 그래요. 다친 사람 잘못됐어요? 내가 잘
  못했어요?

상노 나가서 도장 찍었거든 가라고 그래. 보내고 우리 말이나 타

자.

처 왜 이래요.

처는 몸을 빼고 상노는 주방 집기를 들어 개수대를 부수면서 악을
쓴다.

상노 나가, 모두 나가 ——. 아침부터 뭐 이런 게 다 있어. 이런
고약할 데가 있나. 수원에서 불러 내려가, 가보니 30톤짜리
쇳덩이 밑에 사람 깔려 할딱거리는데, 우비 쓰고 헬멧 쓰고,
주머니에 손찌르고서들 돈만 쳐내래 ——. 병원에 실어 나르
니 세 시간 동안 복도에 앉혀 놓고 사람이 죽겠다든지 살겠
다든지 누가 말 한마디 해주나. 현장감독이란 자는 기사 실종
신고 좀 하랬더니 눈 똑바로 뜨고 대들어 ——. 선거, 선거참
모란 놈은 녹음기 틀어 놓고 제사 지내제 ——. 그 웅혼 한
번 가면 다시 돌아오지 않거니, 실내에는 이 유해를 지키는
사람 단 한 사람도 없어 이루 말할 수 없이 처참하였다. 그
러고 나보고 따라 하래 ——. 사고낸 놈은 삼십육계. 행방불
명이라고. 이놈 못잡으면 일이 커져. 일 난다고. 내가 해야
될 일이 한두 가지가 아니다, 그 말이야. 나도 내 일 좀 해야
겠어.
나가, 나가서 멋대로들 해봐. 내게 뵈지 말아. 오늘은 안되겠
어 ——. 빌어먹을, 오늘 왜 이러지 ——. 아침부터 콩닥콩닥
널을 뛰더라. 사는 거 대단한 거 아니에요. 비오면 덮고, 불
가면 끼고, 막히면 쑤시고, 그래서 장난감 하나 대단할 거 없
다 이 말이지. 17년도 대단할 거 없다. 과학도 대단할 것 없
다. 그래 너는 뭐가 니게는 대단하냐. 어디 들어보자. 뭐냐
대단한 게 ——. 내용변경이 가능해? 니 맘대로, 그게 합리적

이냐. 중복이 돼 있으면 그냥 줄여버리면 되는 거야? 그게
상담이란 거냐. 그거 간단해서 좋구만 ── . 개나 물어가라고
그래. 허튼 수작 말라고.

선생 (계약서 쓰기를 멈춘다)

처 오늘 인부가 하나 다쳤대요.

선생 내 생각이 잘못된 것 같소.

처 장난감 하나에 **17**년 동안 정성을 쏟으셨으니 이제 그만 ── .

선생 **17**년이요.

처 고만 치우세요. 그건 낭비에요. 감정에 지나지 않지요.
그래요. 이제 그 정성으로 다른 거 만들죠. 크고 노란 거, 요
새 시내 요처에서 쿵쿵거리고 땅을 죄 파 뒤집어엎는 것들
말이에요, 그런 거 만들어서 ──

선생 이건 즐거운 과학이요. 과학이 즐겁다는 데 이 물건의 독창
성이 있어요.

처 상품이 되면 모두 즐겁죠.

선생 조건이 있소.

처 예.

선생 부품에 일절 손대지 마시오.

처 그게 과학정신입니까.

선생 감정만 아니란 거 믿어 주시요.

처 믿을 수 없어요. 가세요.

선생 알겠소. 이게 옳게 취급받아야 다른 일을 할 수가 있소, 당
신 둘이 내 정신을 바로잡아 줘서 고맙게 여기고 있소. 신세
가 많았소. (나간다.)

처 아, 선생님, 그거 펑 튀기시죠. 튀겨서 속에다 이러고 말하는
확성기를 달아 보십시요.
── 즐거운 과학, 과학은 즐겁다.

전각 좌굽이 회전할 때마다 한 번씩.
즐거운 과학, 과학은 즐겁다.

소리 1909년 10월 26일 김성백의 집에서 자고 아침 일찍 일어난
안중근은 눈에 띄지 않도록 수수한 양복으로 갈아입고 권총
을 찼다. 그리고 하르빈 역을 향해 나갔을 때는 오전 일곱
시였다.

총성 4발 연발.
기사 들어온다.

처 누구시죠.
기사 기사, 현장에서 포크레인을 몹니다. (상노 보인다) 알고 있습
니다. 아침엔 놀래서 뛰었지요. 제 과실을 인정합니다. 손해
가 큰 점도.
상노 손해가 아냐. 인명이 달렸어요.
기사 가 신고하겠습니다 ——. 부탁이 있습니다. 얼마 걸릴지 모르
겠습니다만, 제가 일 못하게 되면 그동안 제 봉급 반만이라도
식구들한테 건네줬으면 합니다. 사정이 워낙 막막해놔서 ——.
염치 없습니다.
상노 고의도 아니고, 환자도 어떻게 될지 모를 일 아닌가 ——.
동업자하고 상의하지.
기사 고맙습니다.
상노 해보겠다는 거지. 내 말은 ——.

전화벨이 울린다.

처 (처가 받는다) 예 그랬습니다. 말씀하세요. 전해 드리죠. (잠시
  수화기를 놓는다) 수원예요. 죽었대요.

기사 꼭 상의해 주십시요.

상노 내가 동행할까.

기사 혼자 됩니다. (나간다. 따라나가려는 상노를 처가 잡는다)

처 믿으세요.

상노 아침에 뛰었어. 뭘 보고 믿어.

처 당신이 할 일이 있잖아요. 죽은 사람 수습하고, 동업자하고 상
  의하고.

소리 1910년 3월 26일 상오 아홉시 반. 여순 감옥에서 형장으로
  안중근은 마차를 타고 갔다.

상노가 고정된 자전차 페달을 밟는다.

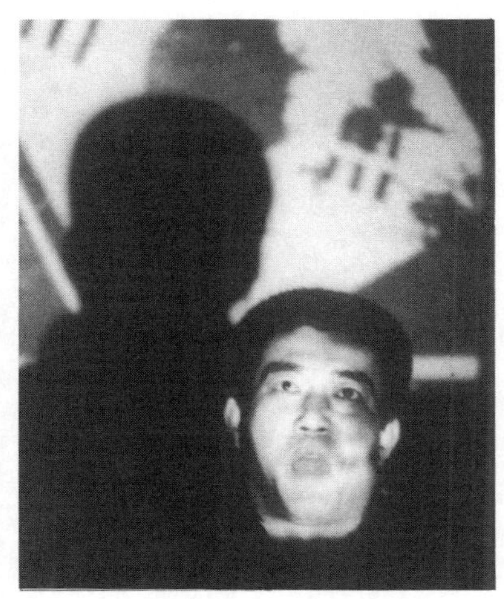

자전거

등장인물

윤서기
구서기
임선생
한씨
처녀
솔매집 남
솔매집 녀
한의원
노인
청년
황석구
아이
감나무집
머슴
당숙
망령

면사무소

윤서기와 구서기.

윤서기 자네 결근계 하나 만
들어 줄텐가.

구서기 뭘 만들어.

윤서기 (결근계 초안을 읽는
다) 이거, 내 결근계 초
안이네. 길가에 암장된
처녀가 야밤에 길가는
사람 불러잡는 바람에
졸도, 이후 경기로 눕게
되어 **42**일간 출근이 불

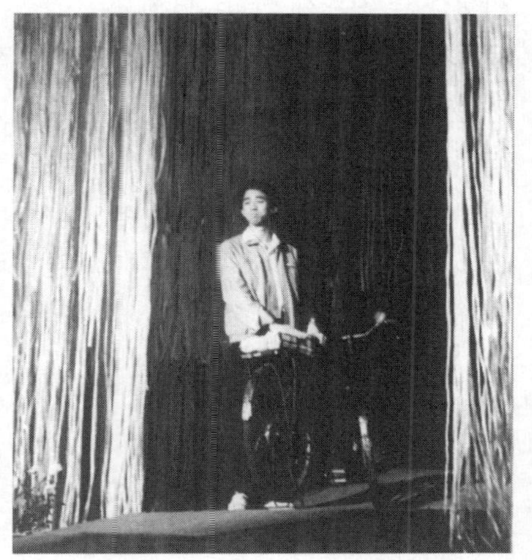

가하였기로 결근계를 제출하나이다.

구서기 그거 제출할 셈인가.

윤서기 꾸며서라도 달리 만들기 전에는 도리없네. 실지가 그렇구
만. 그렇게 도와줘야겠어, 자네.

구서기 어떻게 된 일이여. 자초지종을 들어나 보드라고.

윤서기 (잠시) 그날 일진이 좀 사납드만. 간호병 제대 돌팔이가
사람 배를 째대니 더 놔둘 수 없드만그려. 그 사람 농고 동창인
디, 고발조치 했구만. 고발장 읍내 서로 보내고, 담배나 한 대 피
우고 퇴근하지 하고 있는데 열너덧 살 난 계집애가 앞에 와 서드
만, 도립병원 진단서 내밀더니 즈이 언니 사망신고하러 왔디야.
호적계 자리는 비었고, 어디서 왔냔게 문장리여. 멀리서 왔다고
처리해 줬지. 열아홉 살 폐렴이드만. 내 참.

구서기 그 처년가— 자네 이름을 불러대드라면서.

윤서기 (고개를 젓는다) 뭔 소리가 들렸던가도 모르겠어, 정신없드란게. 물 속에 처박힌 것모냥 멍멍하고.

구서기 아니여. 그러구 건너 뛰었다간 뭔 소린지 모르네. 그래서, 사망신고 처리해 주고 나서.

윤서기 내산집서 술 좀 했구만. 이래저래 심난하데, 넘 고자질 첨 해본 것이고 그것으로 몇 사람 다치겠고, 술 좀 했어. 나중에 내 산댁이 짐되니 자전거 두고 가라고 그래쌓드만, 그것 없으면 호젓한게 끌고 나섰지. 밤새 걸었나 싶더만 겨우 넉배재 올라섰는데. (곁에 세웠던 자전거 끌고 나선다. 구서기 쫓는다)

넉배재

국민학교 임선생이 자전거 끌고 마주 나타난다.
임선생은 손전등을 들었다. 구서기는 옆으로 비켜 선다.
윤서기와 임선생 자전거 양켠에 세우고.

임선생 이제 가나, 늦었네야.

윤서기 숙직이라우?

임선생 큰집이 제사라, 거기두 오늘 제지내겠구만.

윤서기 오늘이 여드레라우, 깜박했네.

임선생 (담배에 불당기고 쭈그려 앉는다) 읍내 등기소 자리, 돌 실어다 놨다드만, 홍성이서 구했다던가, 여하간 꺼멓디야.

윤서기 꺼매라우, 오석인가 보네, 그럼. 대리석으로 말들 해쌓드만.

임선생 돌이 좋디야. 꺼믄 것이 추모비로 무난도 하고.

윤서기 해 넘기기 전에는 스겠구만요.

임선생 돌 고르는디 3년 걸렸는디. (담배 물고 자전거 끌고 나선다) 서리 내릴란가 안개가 심헌디. 저 아래, 돌다리 겟막에 불은

켜 있드만. 밤길 조심허소.

윤서기 예, 내려가시유.

임선생 나간다.

구서기 등기소에다 뭘 세우나.

윤서기 추모비 있잖은가, 모르던가— 잉, 인공 때 읍내 등기소, 거기가 전이도 등기소 건물이 있었다네. 그 등기소 건물에 반동분자라고, 이 군에서 이름 알려진 어른들 백스므일곱 분 갇혀 있었디야. 헌디 국군이 밀고 올라온게 쫓겨가는 마당에, 막판에 다급한게, 그 쳐죽일 놈들이 불싸-질러 버렸디야. 그런게 오늘밤 제사 지내는 집이 백 가구가 넘느만. 아니, 오늘밤이 아니구먼. 그날 밤이지. 아이고 이러다가는 날짜 때문에 정신 없겠구만, 이렇게 하세. 내 그날 헌 대로 헐 팅게 날짜는 따지지 마소. 오늘밤에 사고났다고 여기소.

구서기 그려. 오늘밤이 사고났어. 그래서?

윤서기 묘판이서 한숨 자볼까도 했구만. 예산서 당숙되는 어른 내려와갖고 사금파리로 얼굴 그어대고 집안 뒤집어놀 생각한게 그도 안되겠데.(고개 젓는다) 등기소 불타던 날, 이 양반도 거기 끼었었구만. 거기서 꼭 두 양반 살아났다는디, 이 양반이 그 하나여. 근게 내 부친이 이 양반 형님뻘 되느만. 형님 같이 못 끄집어내고 혼자 살아 나왔다고, 면목없다고, 제삿날이면 내려와서 사랑방 차지하고 사금파리로 얼굴을 긋네. (이마 주름따라 가로 긋는다) 밭고랑 파듯이 층층이 그어. 그러니 피가 얼굴에. (고개 젓고 자전거 밀고 나선다) 여기서 내려가면 저쪽 신틀매 고개까지 5리가 좀 먼디, 집이 두어 채밖에 없구만. 솔매 쪽으로 깊게 들어가서 문둥이 집이 한 채 있고 생배로 넘어가는 삼거리 채 못 가서, 거위를 기른다고 거위집이라고 하는디, 한씨여, 사람은 생불이구만, 안사람이 간질이 심해갖고, 그래 남뵈기 사납다고 외채로 지낸 것이 이십년 되가지, 아마. 집 뒤로 뭘 좀 심어 보겠다고, 그래 개간 허가내는 일 좀 거들어 줬구만, 내가 토지를 어디서 떠다준 줄 아는 모양이여, 나보고 절하는 것이 이 사람 일과여. 저보소. 야밤인디 목 빼물고 섰어.

거위집

탱자 울타리 너머로 상체를 내놓고 서 있던 한씨가 울타리를 돌아 나온다. 도시락만한 꾸러미를 들었다. 그것을 윤서기의 자전거 뒷판에 묶는다. 구서기 한켠으로 비켜 선다.

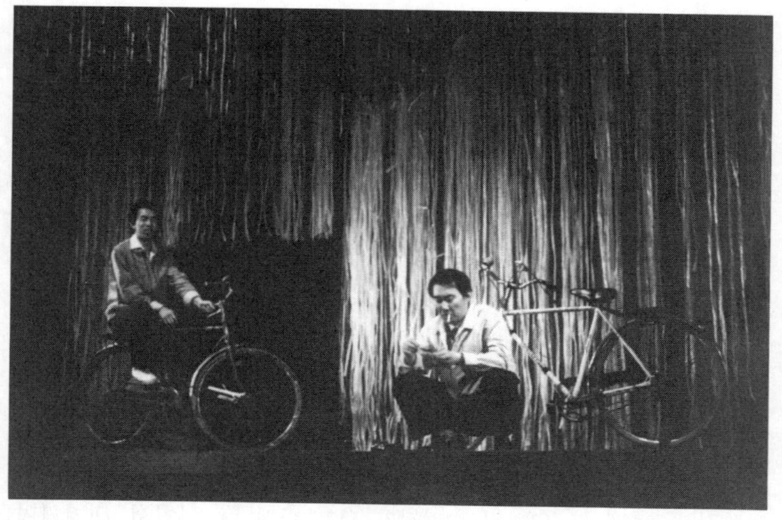

윤서기 뭐라우.

한씨 더덕 좀 캐봤구만. 잘아서 젯상엔 오르지도 못하겠네.

윤서기 어허, 뇌물 받았다고 나 쫓겨나.

한씨 (소매 끝에 접어두었던 쪽지 건넨다) 아께 집애들이 읽어는 주
드만, 시상이 엄두가 나야지. 어린 것이.(성냥불 당겨 준다. 윤
서기 훑어본다)

소녀 소리 날씨 맑음. 감자 두 개 썰어 지영이 공작숙제 만들어
줬다. 오후반 애들이 지나갔다. 읍내쪽에서 기적소리가 들려
온다. 올라가는 기차—내려가는 기차? 나는 어느 기차를 타
게 되나. 모른다.

한씨 두째여. 열네 살 먹은 것인디.

윤서기 언제 나갔나.

한씨 점심 지나구서 안 뵈드래. 지 맘대로 찰 탔으면 대처로 간
모양이구만. 시상이 이것이, 이것이 뭔 변이여.

윤서기 대처에 누가 있나.

한씨 누가 있어, 읍내 장이도 한번 안 가본 애여.

윤서기 이거 큰애가 줍디여. 뭔 말 없고.

한씨 질질 짜기만 허지.

윤서기 내가 좀 보드라고.

한씨 (담 너머로) 야어, 거깄냐. (울 안으로 들어간다)

윤서기 일단 합의해 줘야 할 게 있네. 큰애하고 하는 소리는 넘한
테 건내지 마세. 그냥 참고만 해주게.

구서기 끄덕인다. 갑자기 거위 우는 소리 울 안에서 한참 소란하
다. 거위를 모느라고 두런거리는 한씨 소리와 함께 뒤안으로 멀어
져 가자 스무살 넘어 보이는 처녀가 나온다. 궁색한 차림새보다
얼굴을 돌리거나 숙이지 않는 거동이 먼저 눈에 뜬다. 그래서 저
능한 부류들에게서 감지되는 무감, 고집을 지닌 것처럼 보일 수도
있다. 처녀의 말은 때로 윤서기를 개의치 않고 하는 혼잣소리처럼
들리기도 한다.

처녀 (잠시) 동생은 지가 내보냈이유.

윤서기 내보내다니.

처녀 작년에 갓난애가 들어왔구만유, 앞집에서.

윤서기 앞집 문둥이한티서?

처녀 그 애가 막내동생으로 입적되는 걸 보고, 동생이 여간 아니게 놀랬던 모양이라우. 지난 달에, 하루는 자기도 앞집에서 왔냐고 내게 묻더만유.

윤서기 앞집이서 온 애가 또 있나?

처녀 (잠시, 끄덕인다) 머스매, 올해 학교 들어갔구만유. 머스매 입적할 땐 동생도 어렸은게 몰랐지유. 입적이 뭔지.

윤서기 어쨌나― 저도 앞집에서 온 애로 여기는 눈치던가?

처녀 앞집이 여기서 보기보다 솔찬히 멀어라우. 그런디, 뭐가 그 집문 밖에 힐끔 비치기만 해도 애가 사시나무 떨듯하는디, 영낙 엄니 간질하듯 그래라우. 밤에 자다 보면 내 얼굴 자꾸 더듬어라우. 지 얼굴 만져보고. 나 노려볼 때 보믄 무서워서 ― (흠칫 몸을 떤다) 내가 무서워서 내쫓았구만요. 그 애도 그렇게는 못 살 것이고, 못 살아라우.

윤서기 내쫓으면 어디로 가는가. 어디 가라고 내쫓아. 앞집에 가라고?

처녀 (흠칫 놀랜다. 상체를 쓸어잡고 쪼그려 앉는다. 사레가 걸린듯 몇 번 헛구역질을 한다) 야가 앞집에 갔을라나― 한번은 거위목을 비틀고 있어라우. 꿈에 앞집이서 즈이 엄니가 왔는디 거위가 손가락을 문게 쑥 빠지더래요. 그거 내노라고, 엄니 갖다 준다고, 거위목 잡고.

윤서기 그 애도 앞집서 들여왔나?

처녀 그 애가 나 여섯 살 때 생겼구만유. 모르겄어라우. (문득 빤히 본다) 개도 데려왔다우?

윤서기 내가 물어본 게.

처녀 내가유, 꿈이 저 집 불질렀어라우. 꿈이.

윤서기 애가 정신이 있나, 지금.

처녀 빨래를 널 수가 없어라우. 그것이 바랄에 날려도 앞집 사람
들 본 것 모냥 속이 울렁거려서. 불 때다 삭정이만 부러져도
손가락 세어 본다우, 손가락 분질러 땐 줄 알고. 지가 이럴
바에 그 어린 것이 오죽이나 죽겠을 것이요, 불쌍한 것이. 내
저 죽으라고 내쫓은거 아니라우. 저라도 살라고, 멀리 가라
고, 엄니고 언니고 다 잊으라고.

윤서기 낫살이 그만하면 세상물정 알 것이구만, 그 어린 것이 어
찌 살 것이라고 내쫓아. 한디서 밥이나 빌어먹을 줄 아냐. 밥
도 못 먹어.

처녀 지 팔자가 그런게요.

윤서기 이 사람 말하는 거 좀 보소. 자네 아버지는 뭘 받고 애들
맡아 기르는가.

처녀 (분해서 몸을 떤다) 집 나간 애는 그런 소리 안했어라우. 애
업어 재우고 씻기고, 지 동생들 끔찍히 알았어라우. 그저 무
섭다고, 무섬 타다 나간 것이라우. 무서서.

몸을 돌려 들어간다. 거위 우는 소리 두세 번 치솟고 잠잠해진다.
적막.

윤서기 내친 김에 어쩐다고 솔매 쪽으로 들어섰네.

구서기 문둥이 집으로 — 야밤에 거길 가서 어쩐다고?

윤서기 답답하더만. 애는 어디론가 멀리 가고 있고. (자전거 움직
인다. 바퀴 방울소리가 두세 번 튕긴다. 화답하듯 거위 울음소리가
극성맞다가 급히 사그라든다) 알겠나. 요새 부쩍 흔한 것이 가

출이여. 보따리 싸갖고 집 나갔다, 그래 버리면 까짓거 고만
이구만. 헌디 이 애는 그렇게 안되데. 쥐뿔도 모르면서 남 배
를 쨌다, 그건 고발해 버리면 고만이여. 그런디 이건 달라.
뭐가 이 애를 내쫓았느냐 이거여. 애는 뉘 집 애냐, 그것부터
알아야 쓰것데. 그래 솔매길로 들어섰구만. 마중하듯 위서 내
려오드만그려.

어둠 속에서, 흔히 어부들이 그렇게 차리듯 옷 위를 비치는 허름
한 비닐로 푸대처럼 뒤집어쓰고, 허리 묶고, 수건 두른 후에 밀짚
모자 눌러쓰고, 감발을 한 솔매 사람이 나타난다. 빨간색 김장용
장갑을 낀 손에 양초 두 갑을 쥐어내민다.

솔매 오늘 지사란 말 들었시유.

윤서기 (양초 받아 자전거 뒤판에 꽂는다) 요새 지내기가 어떻다우.

솔매 올이는 겨 주고 겨 바꾸게 생겼구만유. 꼬추는 제법 따졌구
만, 배차가 씨가 나빴던가 싹이 누래갖고 넘들같지 않을 모양
이유. 살펴 가시유.

어둠 속으로 비닐옷의 바스락거리는 소리 끌며 사라진다.

구서기 자네 세도가 정승보다 나 뵈네. 이 야밤에 정승이 지나가
기로서니 그 먼 디서 초 들고 나오겠는가.

윤서기 사람이 외로운게.

구서기 그 애 뉘집 애냐 묻는 거 빠쳐먹었네, 자네.

윤서기 느닷없이 앞에 나선게 말이 안되더만. 좀 엉뚱하다 싶고.

구서기 맞어. 일은 거위집에서 벌어진 것인데. (자전거 구르며 바퀴
방울 튕긴다.)

윤서기 저기 삼거리 칙간에 생배 한의원이 허옇게 앉아 있더만 그

려. 등기소 불싸지른 날 돌아가신 어른이여.

구서기 뭐여?

윤서기 처음엔 타관 사람이 술주정하나 보다 했지. (자전거 뒷받침
대 받쳐 세우고 안장에 올라 앉는다)

삼거리

왕골 돗자리로 하체만 가릴 수 있게 ㄷ자로 만든 농부들의 간이
뒷간이 보인다. 허연 두루마기 걸친 생전의 한의원이 목만 위 내
놓고 앉아 있다. 내려깔린 안개로 해서, 언뜻 보면 봇물에 들어앉
아 머리만 내놓고 몸 씻는 듯이도 보인다.

한의원 불 있는가.

윤서기 사방 둘러보며 자전거에서 내린다. 귀 기울인다. 이 장면에
서 윤서기의 움직임에 약간 혼란이 온다. 거리와 방향에서 그러하
다.

한의원 불 있는가.

윤서기 예.

한의원 날세, 나.

윤서기 뉘시유.

한의원 불 좀 댕기소.

윤서기 예 ― 시방 찾느만유.

잔 성냥 덜그럭거리며 그어댄다. 담배 물지 않은 한의원 얼굴이
드러나는가 한의원이 훅 불어서 불 끈다. 윤서기 다시 그어 불 켠
다. 한의원, 다시 불어 끈다.

한의원 아 따귀. 이 양반이 취했나. (손바닥을 문질러댄다)

구서기 아, 잔성냥은 왜 자꾸 그어대는가. 자네 요새 술이 과하구
    만. 그러다 나중에 나이들면 애먹네.

윤서기 불 댕기셨시유?

한의원 자네가 항갱이 세환이 손자 맞는가.

윤서기 예. 뉘신가유.

한의원 자전거 타고 앉은게 영낙없구만, 똑같어.

윤서기 할아버님을 어찌 아신데유.

한의원 자네 춘부장하고 좀 전에 갈렸네. 그 양반 벌써 집에 갔겠
    구만. 부지런히 가소, 늦었네야.

윤서기 두 분께서 어디 댕겨오신다우?

한의원 읍내장에 칡뿌리 나온게 좀 있는가 하고 나갔구만. 칡이라
    고 손가락 두께나 되는 거 두어 무더기 싸났는데, 어디 쓰겠
    드라고. 아, 저 사람 뭐하고 섰디야, 싸게 가소.

윤서기 예, 먼저 가느만유. 살펴 가시유.

한의원 어이 가. 나도 끝났네.

윤서기는 자전거 받침 풀고, 마치 개울이라도 건너듯 자전거 들어
어깨에 매고 뒷걸음친다. 한의원은 상체를 세우더니, 바지 올리고
허리띠 매고, 두루마기 끝 접어 허리에 묶었던 새끼줄 풀고 제 모
습 갖추는데 노인의 깐깐한 성미 잃지 않는다. 뒷간에서 나오더니
곁에 뉘어 있던 몽당 빗자루 세워 왕돗자리 틈새에 꽂고서 반대쪽
으로 유유히 사라진다. 윤서기는 자전거 둘러맨 채 이 모양을 보
고 서 있다. 안개 속에 묻혀 있던 구서기 모습을 보인다. 이 장면
에서 구서기 눈에는 한의원이 보이지 않는 것으로 된다. 윤서기의
기이한 모습으로 미루어 보아 어떤 헛것하고 윤서기가 만났던가
보다 짐작할 뿐이다.

구서기 내둥 그러고 있었나?

윤서기 (자전거 받쳐 세우고) 그 어른 봤지. 여기서 뒤를 보고. (구서기 고개 젓는다) 말소리도 못 들었느?

구서기 들었지. 자네 소리만 들리데. 뉘시유, 예, 시방 찾어유, 불댕기셨슈. 저쪽은 뭐라시던가.

윤서기 벌써 가셨어.

구서기 (불길에 손을 쬐보듯, 손 펴서 몽당 빗살에 대본다) 자네 조부님은 왜 나오셨던가― 그 소리도 하드만.

윤서기 생배벌 건너오려면 이쪽으로 여수배미 있잖은가. 할아버님이 읍내 소실집서 밤늦게 오시다가 거기 빠져 돌아가셨구만, 그 애기 끄내시드만 그려.

구서기 여수배미 그렇게 깊던가?

윤서기 물 차야 가슴 높이여. 그런디 할아버님이 거기 자전거 타고, 물 위로 몸을 세우고서. 그런 것모냥 돌아가셨더랴.

구서기 물 위에 자전거가 서.

윤서기 (자전거 뒷받침대 받쳐 세운다) 여수배미 한가운데 자전거가 이러구 세워 있드랴.

구서기 누가.

윤서기 모르지. 그저 넘 손에 돌아가신 걸로 짐작만 했고, 흐지부지 됐다드만. 할아버님이 해방 전에 주재소 순검을 지내셨은 게 넘 손에 잘못될 수도 있다, 그랬던 모양이여. 내가 밤에 잘 다닌게 종종 여수배미를 지나느만, 한번도 뵌 적이 없어. 그런디 이 한의원 말씀은 나 자전거 탄 모양이 생전 할아버님 꼭 닮았디야.

구서기 자네 종종 헛것을 보나?

윤서기 오늘이 귀신들 바쁜 날이네야.

구서기 염소 고아 먹게. 한 마리로 그치지 말고 네다섯 마리 축낼 작정하고 대드소.

윤서기 내가 불댕기고 따겁다고 하던 소리 들었나. 성냥골이 손바닥에 붙어서 그랬거니 했지. 헌데 나중에 본게 할퀸 자국이여 그게 (손바닥 펴 보인다) 여기, 다 아물었구만, 이것이 그 자국이여.

구서기 직효네. 염소밖에 없어.

윤서기 손바닥에 피가 한웅큼 빨갛더란게.

구서기 헛것이 자주 뵈는 건 안 좋단 말이여. 그런게 큰 봉변당하기 전에 염소 잡아. 아, 한밤에 원두막 지키다 헛것 잡는다고 쫓아가서는 저수지에 떠 있드란게. 일렬이 형님이 그러고 죽었어.

윤서기 어허 실지로 그랬단 말이여.

자전거 끌고 나서니 바퀴 살에 방울이 튕기며 소리낸다.
저만치 겟막에 호롱불 걸어놓고 쭈구리고 앉아 있는 노인이 보인다.

구서기 풍류여 저 양반. 요새 누가 저러고 앉았어.

윤서기 저 양반이 작년 판교장에서 오다가 강도당하고서 그 길로 포목점 거뒀구만, 구장 말이는 그 강도놈 언젠가 저기서 저 양반 손에 잡힐 것인게 두고 보라는 거여.

돌다리 겟막

돌다리라고 길이 열 척, 폭 네 척을 넘지 않으나 돌의 부피는 매우 실해서 마치 단일석으로 된 귀부를 어디서 떠다 놓은 듯 고색창연하다. 돌다리 밑에 한켠으로 볏짚으로 엮은, 깔대기 엎어 놓은 것같은 겟막이 있다. 불빛 보고 논물 거슬러 발로 기어오르는 참게를 주어 담는 식의 게잡이다. 노인은 포목상 행상으로 논마지기

나 장만하고 들어앉은 대처물 먹은 촌노. 겟막에 나앉는 버릇은 집에 못 붙어 지내는 역마살 탓이겠다. 윤서기는 자전거 세우고 겟막으로, 구서기는 돌다리 위에 앉는다.

윤서기 초저녁에 제법 올랐네.
노인 누구여— 쉬, 들어보소. 들리는가.
윤서기 뭐라우.
노인 (귀 기울인다) 저쪽 골챙이에서 소를 잡는가, 저번 날 밤에
　　도 웅성거려쌓드만, 오늘도 그러는가보너.
윤서기 골챙이서 도살을 해라우?
노인 거그 샘이 있은게, 길 가는 사람 눈도 멀고.

두 사람 귀 기울인다. 윤서기, 게발에서 게 잡아 구럭에 넣는다.

윤서기 아, 이놈 내빼네.
노인 아닌갑만.
윤서기 누가 오는구만유.

어둠 속에서 다리 저는 양조장 황씨가 마치 달구지를 끌듯 배달용 흰색 프라스틱제 대두 한 말들이 술통 두 개를 뒷바퀴 양쪽에 달아 맨 자전거 끌고 씨근거리며 나타난다.

황씨 양조장 황석구가 소에 받쳐 똥물에 떡감더라고, 누가 믿겠
　　나. 면이서 이 말 믿을 사람은 나 황석구 빼고는 없을 거구
　　만, 네밀헐.
노인 이건 뭔 냄새여. 아이 어쩌자고 내려온단가. 그냥 가소.
황씨 뭔 인심이여. 이 모양으로 양조장 가믄 술독 죄 쉬어.
노인 게가 한참 오르는디 갖다 똥물 튀긴단가.

황씨 저그 선동리 감나무집이 외양간 낀 칙간 안 있습디여. 거그 뒤를 본다고 들어가 앉았구만, 이쪽 왼쪽 발밑이 널판지가 좀 기울었던가 간닥간닥하고 놀드만그려. 그래 바로잡는다고 이러고 엎드리는디 네밀헐, 외양간이 소란 것이 내 궁뎅이가 여물통으로 보였던가 콧등으로 쿡 밀어번져 내 참. 널판지 밑이 저승이라고 까딱했더라면 꺼꾸로 박혀 죽었지. 황석구 건드렸은게 저는 죽었지. 끌어내서는 배지에 대고 냅다 발길질한게 천정 모르고 뛰어오르더만 디립다 내빼데. 소 뛴다고 소리친게, 안채서 우루루 쏟아져 나가더만.

윤서기 야밤이 날벼락났구만 거그.

황씨 누구여, 이 사람 여그서 뭘 하고 있디야. 난리는 그 집서 옳게 났구만.

윤서기 우리 소도 뛥디여.

황씨 그 양반 얼굴이 하이고, 피가 영낙 비암 껍질 벗겨논 거 모냥 시뻘게 가지고, 근게 눈구녕 콧구녕 간 데 없이 뻘게 갖고.

윤서기가 돌다리 위 구서기 쪽으로 오르면서 황씨와 노인의 거동은 정지한다.

윤서기 여기 말이여. 소가 뛰었다는 대목 염두에 둬 두소. 내가 저 소 뛰는 소리 들은 것도 같은게.

구서기 야밤에 소가 뛰어?

윤서기 저쪽이 좀더 가서, 신틀매 골챙이서 그랬구만.

구서기 저 사람 말이 그냥 풍은 아니네, 그럼.

윤서기 그게 확실치 않당게.

구서기 아까 저 노인도 소 얘기를 하데.

윤서기 잉?

구서기 저쪽 골챙이서 소를 잡는가 웅성거리더라고 안 해.

윤서기 저 사람이 오면서 본게 산소 떼를 입히는가 몇이서 삽질을
하더랴. 이게 몇일 뒤에 본게. 그 문장리 처녀 암장이라. 이
따가 이 사람들 만나네.

내려서니 황씨 여전한 기세로 말을 잇는다.

황씨 시상이 그래 갖고서는 그 앞이 동선네 자당하고 대판 쌈이
벌어졌어. 동선네가 자네 부친 산소 위쪽이다 밭을 일궜다믄
서.

윤서기 올 봄이 손바닥만하게 고르더만요.

황씨 거그 내둥 거름 져냈던 모양이라. 넘 어른 산소 머리 맡이다
뭔 경우냐 이거여. 누구여 그게 자네―

윤서기 예산 당숙이라우. 아버님 제삿날이면 와서 사금파리로 얼
굴 그어라우.

황씨 그러구 본게 오늘이 등기소 제사네.

노인 가만 들어보소.

황씨 뭐라우.

노인 저쪽 골챙이서 웅성거리잖은가.

황씨 오면서 본게 떼 입히더만 몇이서.

윤서기 떼라우― 야밤이?

노인 도살꾼인 줄 알았네. 영낙.

황씨 내가 잡을 틴게 두고 보시요. 잉.

노인 그 다리 갖고.

황씨 어허, 이 다리가 수복하믄서 이 면이 첫찌로 들어온 국방군
다리여. 자전거다 태극기 꽂고 들이닥쳤구만.

윤서기 자전거다 태극기 꽂았어라우.

황씨 잉. 길산면 면장이 우덜 환영한다고 꽂고 나오셨드만. 내가 우리 성님 무사하냔게 자전거 내주면서 어서 가보란 게여. 앗따 그것 밟고 생배벌 건너 오는디 나락은 막 패기 시작했지, 저만치 집은 보이지 아이고 죽겠데. 엉엉 울었구만. 나 온다고, 나 살아 온다고 소리 벅벅 질러가면서 울었어. 동네 사람들 몰려 나오고 들어서면서 자전거 막 내렸구만. 아 뭐가 뜨끔하데. 본게 죽창이라고 통이 한 뼘이 넘어, 이만 것이 소뿔 모냥 여기 콱 박혔더란게. 아이고, 그거 보면서 기함해 버렸네. (왼쪽 바지 걷어 상처를 보여 준다)

윤서기 첨 듣네. 여태 상이용산 줄 알았구만. 누가 그랬다우.

황씨 지환이 어른, 그 얼마 뒤 돌아가셨구만.

노인 야학당 했다고 그놈들헌티 맞아갖고 머릴 상했어, 그때.

황씨 앗따. 그 양반 돌아가신게 서럽더만. (코를 푼다) 이 사람 뭐 하고 섰디야. 어이 가보소. 잠잠해지는 것 같더만, 모르지 또.

윤서기 자전거 끌고 나선다. 바퀴 방울소리.

신틀매 골챙이

구서기 자네 부친이 기억에 있나?

윤서기 어디가, 그때 내가 돌 조금 넘겼구만.

구서기 통없네.

윤서기 그렇게 엄니짝 났어. 예산 당숙 보면 그 어른이 부친이거니 헌당게.

구서기 뭘 하셨던가.

윤서기 학교 교감 지내셨다더만— 학고 감나구서 떨어져 등 다쳐
갖고 학교 댕겨 오면 소피통에 발 담그는 게 일과였디야. 왼
쪽 등이 어깨쭉이 접히셨다더만, 이렇게. 엄니가 흉내는 잘
내시느만 나는 잘 안되네야.

이때 맞은편 어둠 속에서 이장꾼들 모습을 보인다. 관 하나에 두
사람. 한 사람은 지게에 관 지었고, 한 사람은 빈 지게다. 뒤에 건
만 쓴 청년 뒤따른다. 한켠으로 비켜서 길을 내준다.

윤서기 어디로 가는가?
청년 외장이라우.
윤서기 외장이 어디여?
청년 귀암 너머 있구만유.
윤서기 일루 가믄 돌아, 이 사람아.
청년 뒷길로 가얀게요.
윤서기 한참 도는디— 해뜨기 전이 닿을라면 서둘러 가소.

이장꾼들 바삐 사라진다.

윤서기 저러고 지나간게 이장꾼인가 보다 했지.
구서기 저 관은 뭔가?
윤서기 그렇게, 누가 만나면 둘러칠려고 그랬던 거라. 요 모퉁이
돈게, 다 왔어. 자네가 이걸 끌고 가소. 그래야 설명이 쉬워.
(구서기가 자전거 넘겨 받는다) 요 모퉁이 돈게 꼭 여우가 지
나가는 줄 알았구만, 앞이 저만치서 뭐가 어른거리더니 없어
졌어. 그러구서 채 숨이나 돌렸나. 뒤판에 거위집 애가 올라
앉더란게.

어둠 속에서 거위집 둘째 딸애가 나타나 자전거 뒤판에 올라탄다.

구서기 아이고, 이것이 뭐여— 이 애가 여기서 나타나나?

윤서기 내가 겨우 정신이 들어갖고 물어본게, 해 떨어지면서부터 저 위 묘판에 숨어 있었디야. 누가 찾더라도 거기는 무서워 못올 줄로 알고 내둥 거기 있었디야.

아이는 마치 현장설명을 위한 소품처럼, 남의 일 대신해 주는 아이처럼 미동도 않고 앉아 있다. 경악의 상태에서 굳어 버린 얼굴이다. 이 아이에게서 말을 듣기까지 윤서기로서는 대단한 인내가 필요했을 것으로 보인다.

구서기 역에는 안 가고?

윤서기 겁나서.

구서기 집으로 가지.

윤서기 거기는 무섭고.

구서기 어쩌겠다던가.

윤서기 저러고 떨구만 있어. 어린 것이 혼자서 묘판에 있었단게 어런 했을라고. 자전거 소리가 난게 즈이 선생이나 면서기겠거니 하고 뛰어내려온 거라. 무턱대고 굴러내린 것이여. 달랬지. 달래갖고 집에 가자고 자전거 돌렸네, 돌리소.

구서기는 아이를 뒤판에 태운 채로 자전거 돌려 세운다. 아이에게서 미묘한 변화가 일어난다. 몸을 앞으로 기울여 똑바로 주시한다.

윤서기 맘을 놓게 하느라고 촛불을 켜서 앞바퀴에 매달았지. 불 켜소, 두 개.

구서기는 자전거 뒷받침대를 받쳐 세워놓고 솔매 문둥이에게서 받은 양초갑에서 초를 꺼낸다. 윤서기가 비닐가방에서 꺼낸 종이로 겉을 말아 불 당긴다. 두 개 초를 앞바퀴의 양쪽 가늠대에 초 몸통을 앞쪽으로 해서 지푸라기로 비끄러맨다. 불꽃이 매우 선정적으로 흔들린다. 아이가 불꽃에 넋을 잃은 듯 보고 있다.

윤서기 내가 윤서기라고 알겠느냔게 끄덕이더만. 그래 아버지한테는 내가 나서서 잘 말해 줄 것인게 맘 놓으라고 그러구 애 맘 돌린다고 그 태극기 꽂은 자전거 얘기를 했네. 옛날에 커다란 싸움이 있었는데 국방군 아저씨가 한 분 싸움터에서 이기고 돌아오는데, 양쪽에 태극기 꽂고 휘날리면서 생배벌 달려왔단다. 이러고 소리쳤다더라. 나 왔어라우. 나 살아왔이유. 태극기 없은게 너는 지금 촛불 켜고 달리는구나. 소리질러 보거라. 나 왔어라우. 나 왔어라우.

이때 아이가 외마디 소리 지르면서 자전거에서 뛰어내리더니 자전거 뒤판을 잡고 줄당기듯이 뒤로 잡아끈다. 앞을 가리키며 겁에 질린 외마디 소리 지른다. 구서기가 자전거오 꼬여서 쓰러진다. 아이는 급히 어둠 속으로 내뺀다.

구서기 어딜 가나— 저 애가 왜 저러나?
윤서기 애가 내 허리를 잡더니 저기서 누가 온다는 거여. 들어보니 아무 기척도 없어. 그런디 애는 자꾸 온디야. 그런게 자전거 돌려서 내빼자는 거여. 그래 잡고 달래는디 내 손 물어 풀고 내빼는 거여. 그래 거기 서라고 자전거 돌리는 데 저 사람이 앞에 나서.

아이가 나간 반대쪽에서 비닐옷 소리 내며 솔매의 문둥이가 전과 같은 모습을 보인다.

윤서기 직감으로 짚히는 데가 있는데. 그래 어딜 가느냐고 막아섰지. 막아서게.

한켠으로 비켜선다. 구서기, 막아서며 윤서기 대신한다.

구서기 어디 가신데유.
솔매 애가 나갔다느만유.
윤서기 당신 애가 어딨냐고 떠봤네.
구서기 애라니, 당신 애가 어딨소?
솔매 거위집 애가 나갔데유.
윤서기 거위집 애가 아니다, 내 다 알고서 하는 소리다, 윽박질렀지.
구서기 거위집 애가 아니지. 나서 거위집에 입적시킨 거 아니여, 내 다 안게.

마치 발에 채이기라도 한 듯, 솔매 사람은 그 자리에 몸을 꺾더니 땅짚고 두 번 절하고, 김장용 비닐 장갑 낀 두 손 모아 비벼대면서 울음을 우는지 말을 하는지 웅얼거린다.

솔매 잘못했어라우. 그 애 하나 넘같이 살라고, 넘같이 사는 거 볼라고 벌받은 놈이 하늘 무선 줄 모르고 잘못했어라우.
윤서기 하나가 아니다. 애들이 다 그 모냥이라고 얼러댔네. 애들이 넘같이 사는 꼴 보려거든 찾지 말고 집 불싸지르고 없어지라고 애들 눈 앞에서 없어지라고 소릴질렀네.
구서기 애들은 놔둬. 놔둬야 넘같이 살어. 내 말 듣소. 불싸지르고 오늘밤으로 여길 떠나소.

윤서기 그러는데 저기 솔매 쪽에 불길이 벌겋게 오르더만.

멀리 밤하늘이 붉게 물든다.

구서기 저게 무슨 불이여— 자네 집 아닌가.
솔매 아이구 마누래, 거기서 나오소. 거기 나와. 잘못했어라우. 어
허, 일을 어쩌.

허우적거리며 어둠 속으로 사라진다.

구서기 저 불은 어찌 된 건가. 누가 질렀어.
윤서기 이 틈에 애를 잡아야 될 것 같테. 자전거 돌렸지.
구서기 저 불 누가 질렀냔게.
윤서기 애 그냥 놔뒀다간 영 다시 잡지 못할 것 같데. 그래 자전
거 올라타고, 자전거 돌려.
구서기 그 처녀. 거위집 처녀가 질렀나.
윤서기 자전거 돌려 탔어. 그랬더니 저쪽에서 여자가 불러.

구서기, 자전거 돌려 받침대로 세우고서 올라탄다. 멀리서 여자 소
리가 가냘프게 들려온다.

소리 연지야, 야이 어딨냐, 나여. 연지야, 야이, 어딨냐, 나여.
구서기 누구여.
윤서기 불 끄소.
소리 연지야, 야이, 나여.
윤서기 불 꺼.

윤서기는 바퀴 가늠대에서 양초 두 개 뽑아 밟아서 끈다.
솔매 쪽 하늘이 노을처럼 붉다.
무엇에 채인 듯 외마디 소리를 내면서 몸을 꺾어 쓰러진다.
솔매 쪽 하늘에 비친 불꽃이 갑자기 사그라든다.
칠흙같은 어둠 속에 소방울소리, 소발굽소리 이어지다가 돌 구르는
듯한 소리되어 멀리 사라진다.
침묵.
구서기가 성냥불을 그어 양초갑에서 초를 꺼내 불당긴다.
윤서기가 몸을 세운다.

구서기 그 다음 어찌 됐나.

윤서기 나는 정신을 잃었고, 이 자전거는 갖다 저 아래 솔가지 위
　　　에 얹혀 있더라. 이쪽으로 잔성냥 켜다 버린 것이 한 각이나
　　　되게 개미줄모냥 널렸고, 여기 줄 끊긴 데 내가 너부러져 있
　　　더라― 그래, 뭐 집히는 데가 있는가?

구서기 (잠시) 소가, 아무래도 소가 지나간 거 아닌가―

윤서기 소던가?

구서기 방울소리에 발굽소리가 지나갔어. 소에 받쳤다 그러면 구
　　　체적인 사건이 되네. 암매장한 처녀가 불러 세우더라는 말하
　　　고는 틀려.

윤서기 그려. 나도 그랬은게. 뭐 받쳤다는 거 말고는 생각나는 게
　　　없어. 그런게 소에 받쳤나 싶더만, 그게 말이여, 받친 거라면
　　　2, 3일 그러다 말일 아닌가. 멀쩡하다가 숨이 가쁘고 잠이 든
　　　것 모냥 정신이 멍해 갖고 앉았단게. 그런게 꼭 뭐한테 홀린
　　　것 모냥 그려.

구서기 자네. 여기 다시 누워 볼텐가.

윤서기 누워?

구서기 그 날 그대로 재현해 보자고. 어쩌면 다른 말 해주는 사람

나타날지도 모르네.

윤서기 누구?

구서기 아께 자네도 들었지. 저 애 찾는 여자소리가 들렸어. 그 소리에 자네는 본능적으로 촛불을 껐지, 누가 오는가 볼려고. 그러구 나서 자네는 받친 것이고, 자네가 의식을 잃고 있는 동안에 그 여자가 여기 와 봤을 것이다. 그렇게 추리해 보자고.

윤서기 맞어. 그 여자가 와 볼 수도 있지. 촛불 보구 내 소재 알았을 거구만.

구서기 눕게. 정신을 잃은 것이네.

윤서기 눕는다. 마치 정지됐던 필름을 이전으로 되짚어 놓고 다시 돌리기라도 하듯 촛불 끄기 전의 상황이 되풀이된다……. 멀리 밤 하늘이 붉게 물든다.

윤서기 저게 무슨 불이야— 자네 집 아닌가.

솔매 아이고 마누래, 거기서 나오소. 거기 나와. 잘못했어라우. 어허 일을 어쩌. (허우적거리며 어둠 속으로 사라진다)

윤서기, 자전거 돌려 세우고 올라탄다. 멀리서 여자소리가 가냘프게 들려온다.

소리 연지야, 야이 어딨냐 나여. 연지야, 야이 어딨냐 나여.

윤서기 촛대를 뽑아 불을 끈다. 어둠 속에서 돌 구르는 듯한 소리 들려온다. 차츰 소발굽소리로 변한다. 소방울소리 들린다. 한참 뒤에 이쪽의 반응을 헤아리기라도 하듯 부러 솔가지 부러뜨리는 소리 들려온다. 몇 번 되풀이되고 나서, 삭졷가지 밟으며 발소리 다

가온다. 솔매집 아낙이 모습을 보인다. 솔매집 사내와 비슷한 차림
이다. 더 심하게 부식되었을 것으로 짐작된다. 움직임이 굼뜨고 체
구가 몹시 외잡해서 거위집 둘째 딸애하고 비슷해 보인다. 윤서기
를 지켜본다. 흔들어본다. 성냥불 켜서 발 밑을 더듬어 본다. 밟아
끈 촛동강을 줏어 불 당긴다. 주위를 살피기보다 자기 소재를 일
러주듯이 사방으로 불꽃을 옮겨 본다. 멀리 들리게 혼잣말을 한다.

아낙 연지야. 집이 가거라. 뵈지야 저 불. 엄니 집 불탔어. 엄니
는 떠난다. 여기서 못 살아. 근게 연지야, 널랑 제발 집이 가
거라. 잉 아가, 너는 못 써. 집 떠나면 너 죽어. 뵈지야 저
불, 엄니 다시 못 와. 제발 널랑 집이 가거라. 아가 내 말 들
리지야. 집 떠나면 너 엄니가 찾는다. 말어 집이 가거라. 연
지야 행여 동생들 소홀히 말고 내 말 말어. 죽더라도 말어.
엄니 병 얼마 안 남았어. 엄니 다시 못 와. 걱정 말고 집이
가거라. 아가 말어.

아낙은 마치 소지라도 하듯 사처에 대고 불길을 올려 잡다가 절하
듯 엎드려 촛불 끄고 어둠 속으로 빨려 들어간다. 비닐옷 구겨대
는 소리가 주위를 맴도는 듯 한참 이어지다가 뚝 멎는다. 침묵. 솔
매쪽 붉게 물들었던 하늘이 급히 어두워진다. 구서기 나오고 윤서
기 일어나 앉는다.

윤서기 저 여자 그날 밤 읍내 병원 가서 죽었어. 화상이 심했다
네.
구서기 쉬, 누가 오네. 자넨 눕더라고.

윤서기 눕고 구서기는 몸을 숨긴다. 아낙이 나간 쪽에서 두런거리
는 남정네소리 들려오더니 감나무집 주인과 머슴이 어둠 속에서
불쑥 나온다. 머슴이 윤서기 몸에 발이 걸려 넘어진다.

머슴 어이쿠 이게 뭐여? (감나무집 주인이 성냥불 그어댄다)
　　윤서기 아니라우. 어매 소에 받쳤던갑만.
주인 뭔 소리여, 택도 없는 소리. 취했어. 술 못이겨 누웠구만.
머슴 (성냥불 긋고 땅에 패인 소 발자국 더듬는다) 이쪽으로 뛰었구
　　만. 맞어.
주인 밤새 뛸 모양이여, 어이 가세.
머슴 이 양반 어쩐데유.
주인 나중에 깨나면 어련히 알아서 갈라구.

　　두 사람 바삐 어둠 속으로 사라진다.

구서기 누군가.
윤서기 감나무집 사람들이여. (잠시) 소에 받쳐갖고 42일간 누웠
　　다. 그럴라면 말이여, 외상이라도 있어야 하는 거 아닌가 이
　　거. 골절을 했다거나 어디 크게 째졌다거나, 말짱한게 말이
　　여. 답답하구만.

　　상체를 저며 잡는다.

구서기 기절해 갖고 자넨 언제 깼는가.
윤서기 이튿날 집에서, 양조장 황석구가 나중에 보구 실어 날렀디
　　야.
구서기 자네, 뭐 빠쳐먹은 데는 없는가.
윤서기 (잠시) 없어. 없구만.
구서기 그 처녀소리는 어디로 갔는가.
윤서기 처녀?
구서기 처음부터 처녀가 자네를 따라왔네. 내가 알기로는 저 솔매

집 불길이 보일 때까지만 해도 자네는 주위에 처녀를 느낀 것처럼 여겨지는데, 갑자기 이 처녀가 없어졌다, 이 말이네. 처음부터 되짚어 보세. 차근차근 내가 처음부터 짚어볼테니, 빠진 데가 있거나 달리 생각나는 것이 있거던 중단시키게. (결근계 초안 쪽지를 꺼내서 편다) 이거 자네 결근계 초안이네. 길가에 암장된 처녀가 야밤에 길가는 사람 불러잡는 바람에 졸도. 길가에 암장된 처녀. 결근계 첫머리에 처녀가 등장하고 있네. 그리고 자네는 두 번째 처녀를 만나지. 거위집 처녀.

거위집

갑자기 거위 우는 소리 울 안에서 한참 소란하다. 처녀의 모습.

처녀 동생은 지가 내보냈이유.

윤서기 내보내다니?

처녀 작년이 갓난애 들어왔구만유. 앞집이서.

윤서기 앞집, 문둥이한티?

구서기 집 나간 애도 앞집서 데려왔더냐고 자네가 묻네. 그러자 처녀는 되려 자네에게 물어보네.

처녀 그 애가 나 여섯 살 때 생겼구만요. 모르겠어라우. (문득) 걔도 데려왔다우?

윤서기 내가 물어볼게.

처녀 내가유. 꿈이 저 집 불질렀어라우. 꿈이.

윤서기 애가 정신이 있나 지금.

구서기 솔매집에서 불길이 올랐다. 그 불길 보면서 이 처녀를 연상하는 게 자연스럽잖은가.

신틀매 골챙이

구서기 신틀매 골챙이에서 또 한 여자소리가 자네를 따라오네. 나
    중에 솔매집 여자로 밝혀지지만 그 전에 소리만 들렸을 땐,
    그 소리로 거위집 처녀를 연상할 수도 있었네. 거기, 아이 자
    전거 뒤판에 싣고, 달래느라고 촛불 켜대는 데부터 가보세.

    윤서기 자전거 바퀴에 촛불 당긴다. 뒤판에 아이가 매달렸다.

윤서기 옛날에 국방군 아저씨 한 분이 싸움터에서 이기고 돌아오
    는데, 태극기 휘날리면서 이러고 소리쳤다더라. 나 살아왔이
    유. 나 살아왔이유. 태극기 없은게 너는 촛불켜고 달리자. 집
    에 가거든 소리질르거라. 나 왔어라우. 나 왔어라우.

    아이가 외마디 소리 지르면서…… 자전거 내려 뒤판을 잡고 줄 당
    기듯 뒤로 잡아 끈다. 솔매 사람 나타난다.

윤서기 어디 가신데유.
솔매 애가 나갔다느만유.
윤서기 당신 애가 어딨어.
솔매 거위집 애가 나갔데유.
윤서기 거위집 애가 아니여. 내가 다 안게. 애들 다 갖다 입적시
    켰지. 큰애 갓난애 다 갖다가.
솔매 잘못했어라우. 그 애 하나 넘같이 살라고.
윤서기 넘같이 사는 거 볼라거든 없어져. 집이 불싸지르고 없어
    져. 애들 눈앞이서 없어져.

솔매집 쪽에서 불길이 오른다.

솔매 허어. 마누래 거기서 나오소. (솔매집 나간다)
윤서기 (문득) 내가 갔어. 불싸지르고 없어지라고.
구서기 가다니?
윤서기 저기 솔매.
구서기 언제 갔나. 저 사람 뒤따라갔나.
윤서기 아니.
구서기 소에 받친 다음인가.
윤서기 모르겠어. 갔구만.
구서기 가서?
윤서기 처녀가 거기, 거기 있더만.

솔매집

지붕이 낮아 땅에 끌릴 듯이 보이는 외양간 크기 초가가 타고 있다. 처녀가 기면서 불길을 잡으려고 달려들다가 물러나기 반복하면서 울며 소리친다.

처녀 엄니, 아이고 엄니 불났어, 나와요. 뭘 한다우. 엄니 거기서 나와, 아이고 우리 엄니 타 죽네. 왜 소리도 없어. 엄니, 아이고 내가 엄니 죽이네. 내가 불질렀어라우. 그려, 엄니 병 꼬슬라 버리라고. 엄니 병 낫으라고. 태워번지고 낫으라고 아이고 엄니, 내가 무서서 그랬어. 뭘 한다우, 엄니 거기서 나오시오. 나하고 삽시다. 내가 모실 팅게 어서 나오시오. 뭘 하고 있디야. 타 죽어. 아이고 우리 엄니 죽네. 어서 나오시오. 그러다 죽어. 어쩐디야. 엄니 죽네. 내가 불질렀어. 아이고 엄니, 아이고 엄니, 울 엄니 내가 죽였네. 일을 어쩌. 엄니, 아이고 엄니.

처녀 거동 정지한다. 불길 정지한다. 환청처럼 호명소리 들린다. 불길
속에 등기소에서 불타 죽은 무리의 모습이 인화지의 영상모양 모습을
보인다.

호명 박병훈, 성기만, 유석준, 최희복, 조준걸, 김영섭, 김재일, 이방
  희, 이원백, 이방진, 장동수, 김천의, 박상석, 유순헌, 이병준, 이
  영환, 조정도, 박중원, 신성우, 허성석, 최창환, 임홍순, 박성곤,
  김명학, 김영균, 이수웅, 정차량, 이정일, 임대철, 송홍구, 이건
  철, 이시복, 정광일, 천두석, 현창욱, 윤정필, 이종백, 이상대, 이
  내원, 김인관, 정진걸, 정진영, 허광문, 심근석, 황혼연, 정광수,
  정광이, 이상래, 엄정원, 백문기, 박정원, 문백현, 장금용, 윤정
  태, 윤정목.
  윤정목 불 지르고 짐 지고 따라와.

한켠에 앉아 있던 당숙이 보시기를 내리쳐 조각을 낸다. 조각을 집어
이마로부터 얼굴을 긋는다.

당숙 내가 불질렀다. 그려. 산 사람이나 살자.
호명 김중길, 박상순, 소남순, 조영호, 최영빈, 이성균, 심희준, 장금
  용, 장금엽, 최정연, 허광구, 성홍경, 김학수, 유의환, 김원만, 김
  동철, 유경석, 이방재, 변영환, 김준회, 김인식, 박재환, 신규정,
  이남희, 이우경, 김중기, 안종철, 조양일, 홍종옥, 주종근, 이용
  길, 소기영, 노정윤, 변영훈, 이반복, 정연일, 김원평, 허 혁, 최
  태화, 이준남, 이인재, 원정국, 소관호, 불 지르고 짐지고 따라
  와.

한켠에 앉았던 소관호 보시기를 내리쳐 조각을 낸다. 조각을 집어 이

마로부터 긋는다.

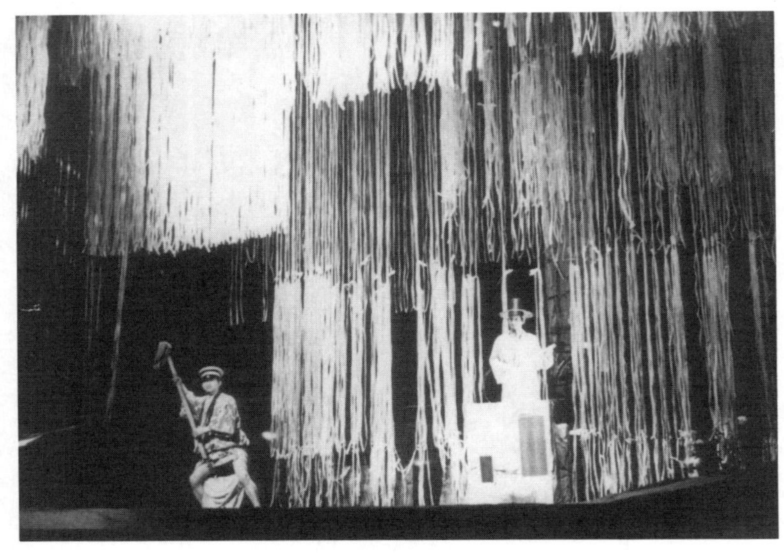

관호 내가 불질렀다. 그려. 산 사람이나 살자.

호명 김위성, 김수황, 권태무, 강시진, 안영상, 천길번, 조경수, 정우복, 이재근, 양태오, 신용길, 배수병, 고성진, 안의경, 신종국, 조보근, 이진호, 문백선.

일시에 정지한다. 모두 잿빛으로 변한다.

면사무소

윤서기와 구서기.

구서기 (결근계 초안 읽는다) 지난 달 **8**일 야근 후 귀가 도중, 신

틀매 골챙이에서 야반 질주해 온 3년생 한우에 받쳐 의식불
명, 익일 의식은 되찾았으나 이후 고열과 의식이 흐려지는 심
한 두통으로 인하여 출근이 불가하였기 결근계를 제출하나이
다. 본인 윤진.

비닐하우스

등장인물

잡역부

간호원

검색자

요 원

여 자

남 자

재소자 1

재소자 2

재소자 3

재소자 4

재소자 5

재소자 6

재소자 7

신입자 1

명 군

수리공

기술자 1

기술자 2

기술자 3

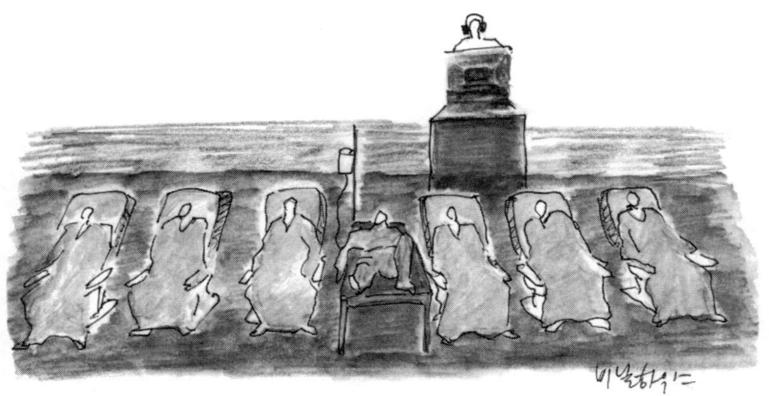

재소자들은 수면에 잠긴 듯 제가끔 장의자에 늘어졌다. 침대에는 재소자 7이 누워 헌혈하고 있다. 잡음 뒤에 밀실과 통신간 대화가 잡힌다. —통신—모든 통신사에 오늘의 프로그램을 알린다. 수은중독에 걸린 환자가 확보되는 대로 사랑의 실천에 관해 교육한다. 오늘의 프로그램을 반복한다. 수은중독 환자가 확보되는 대로 사랑의 실천에 관해 교육한다—기술자 1—수은중독 환자가 확보되는 대로 사랑의 실천에 관해 교육한다—기술자 3—환자문제가 있어 취소됐던 프로그램 아닌가—통신—환자가 확보되는 대로 연락하겠다. 간호원이 회진에 들어가면서 스피커를 통해 헌혈이 건강에 해롭지 아니한 점이 되풀이 방송된다.

스피커 사랑의 헌혈. 헌혈하는 주사바늘이 내 팔뚝에서 뽑히는 순간부터 내 몸은 새로운 피를 만들기 시작한다. 내 몸의 피는 항상 일정량이 바뀌고 있으며 그 중에 1할의 피는 여분의 남아도는 잉여물자와 같다. 헌혈은 내 이웃에 대한 사랑과 건강을 증명하는 이정표다.

재소자 1 혈압이 떨어졌지요.

간호원 괜찮아요.

재소자 2를 검진하는데 재소자 4가 발길질을 하듯 일어나더니 소란을 피운다.

재소자 4 아니 어디 갔지. 내 개표 누가 못봤소. 빌어먹을 오늘 나 여기 고만 두겠어. 이거봐 오늘 내 피 다 뽑자구. 나 나가야겠어. 나 140씨씨 남은 거 오늘 다 뽑아. 뭘 봐. 아니꼽지. 근게 오늘 몽창 다 뽑았버려. 그러구나 하고 대면 더 말자구. 다 뽑아 나 가게.

간호원 거기는 오늘 사진 찍어봐야 되요.

재소자 4 이거 140씨씨 남겨 놓고 지금 몇 주일째요. 왜 이러고

질질 끄냔말야. 사진을 지금까지 몇 번 박았소. 박아서 이상
이 없으면 그대로 뽑고 내보내줘야 될 거 아냐. 엊그제 내
말한대로 사진 찍으려거든 나 죽여. 죽여 놓고 사진을 박던가
찍던가, 좌우간 두 눈 멀쩡한 채로 사진은 안되겠다고.

재소자 7이 채혈 중인 침대에 찡겨 눕는다.

재소자 7 이봐요. 곁에 뭐 뵈는 거 없어요.
요원 아 **1637**. 여기가 뭐하는 데죠.
재소자 1 아 예. 여기는 내 피로, 헌혈로서 내 사랑을 실천하는 곳
이요. 내가 버렸던 이웃을 만나는 곳이요. 내 잘못을 돌이켜
보는 곳입니다.
요원 나는 세상을 어떻게 살아가고 무슨 일을 하며 어떤 사람이
될 것인가에 대해 꼭 알아야만 하는 것을 이곳에서 배운다.

요원이 슬라이드 비치는 기계를 조작한다. 재소자들이 읽는다.

모두 무엇이든 나누어 써라. 경쟁을 할 때는 정정당당히 하라. 사
람을 때리지 마라. 다른 사람의 기분을 상하게 했거든 사과하
라. 자기 것이 아닌 물건은 있던 자리에 놓아라. 자기가 어지
른 물건은 스스로 치워라. 음식을 먹기 전에 손을 씻어라. 균
형 잡힌 생활을 하자. 날마다 무엇인가 배우고 무엇인가 생각
하고 일하라. 오후에는 낮잠을 한숨 자거라. 씨앗은 뿌리가
아래로 뻗고 줄기는 위로 솟나니 우리도 또한 그와 같으니라.
언젠가 씨앗도 우리도 마찬가지로 죽게 되노라.
재소자 5 (재소자 4의 카드 꺼내 들고) 어, 이게 왜 여기 와 있지.
아께 저 양반 자는데 본게 이 줄이 꾀어가지고 목을 조르는

게 보기 안 좋드라구. 그래서 내가 벗겨 나중에 준다고 보관
했었구만 돌려주는 걸 깜박했소 그만 (요원이 카드를 목에 걸어
준다)

간호원 사진 찍게 저쪽에 가 대기하세요 (잠시) 아—**2420**. 저쪽에
대기 하세요. (수화기 들고 다이알 돌린다) 아—이 프로그램 이
탈입니다.

기술자 3 사진 가지고 더 잡아두는 건 무리 아니요.

검색자 촬영을 일주일 연기하시요. 그 안에 대안을 마련해봅시다.

간호원 (수화기를 놓고) 사진 찍는 게 연기 됐어요. 일주일 뒤에
복용하면 사진 잘 나오는 약이 와요. 결과가 좋을 수도 있어
요.

재소자 5 저 사람들이 당신한테 뭐 오해가 있는 거 아니요.

재소자 4 아니오. 여기는 내가 버렸던 이웃을 만나는 곳이요. 내
잘못을 돌이켜보는 곳이요. 내 피로 불쌍한 병자의 고통을 덜
어주는 곳이요. 피 뽑으러 왔으니 뽑아주겠다는 것이 내 신좁
니다.

재소자 5 그런데 사진 가지고 왜 저럽니까.

재소자 4 내 피가 깨끗치 않다 이거예요. 그저 이쪽 어깨 뼈에 약
간 통증이 있을 뿐인데 그거 내 피를 불순하게 만드느라고
그런 거랍니다. 그러니 사람 환장 안하요. 내 피는 남 돕는
피가 아니고 해코지 할 피라 이거요.

신입자 **1**이 탈의실에서 옷을 갈아 입는다. 스피커에서 스메타나의
"나의 조국"이 흐르다가 환영사로 바뀐다.

환영사 어서 오십시요. 잘 오셨습니다. 어떤 분은 내가 너무 일찍
왔나 자문하는 분이 계십니다. 또 어떤 분은 너무 늦었다고

얼굴을 붉히십니다. 그렇지 않습니다. 우리가 통지서를 우송한 날짜 시간을 지키느라고 선생님은 최선을 다하셨습니다. 손 들고 따라하십시요.

우리는 10만 명이 넘는 인명이 순식간에 생매장 당하거나 살상되는 아르메니아 지진을 경험하였던 바, 쿠바, 에콰도르 등지에서 헌혈한 피가 공수되는 것을 보고, 우리가 핵전쟁, 화학전 등 대량살상이 무수히 예고되는 세대에 살고 있음을 실

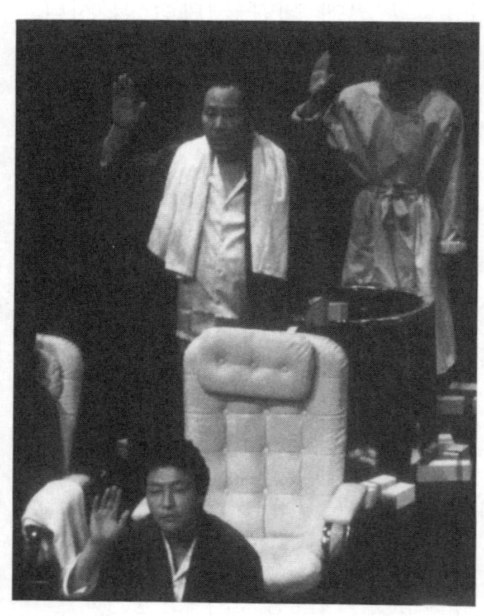

감했습니다. 따라서 온 국민은 일시에 수만 명을 수혈해서 살려낼 수 있는 피를 국가가 상비하고 있어야 되겠다는 점에 인식을 같이 하였고 이를 국민합의로 승화시켰던 바, 본인은 그 의지를 실천하고저 본 헌혈 프로그램에 자원합니다.

감사합니다. 저희가 보내드린 통지서를 저희 요원에게 주십시오

요원 14분.

신입자 1 늦어서 미안합니다.

요원 14 앞에 오늘 날자가 붙어서 선생 고유번호가 조립됩니다. 오늘이 **27**일, **27**에다가 **14**가 붙어서 **2714**, 선생은 앞으로 바—**2714**로 통합니다. 직업이 자판기로 돼 있는데 무슨 자판기죠. 커피, 담배, 컵라면?

재소자 1 요새 콘돔 자판기도 있습디다.

재소자 2 아들 딸 구별 말고 낳지 말자.

신입자 1 야학입니다.

요원   예?

신입자 1 자판기 12대로 야학을 운영합니다. 그러니 직업은 야학교
설립으로 하는 게 옳습니다.

요원 혈액형이 뭐죠.

신입자 1 A요.

요원 우리 같이 신입자를 환영합시다. (장의자를 두들겨 소리낸다.
여자들은 고개짓으로 아는 체한다. 요원이 좁은 의자를 가리킨다.)
양변기라고 치고 앉으세요. 변을 보고 난 뒤에 뒤처리 하는
것 모냥 해보세요.

신입자 1은 버릇대로 뒤로 찔러 넣는다.

요원 여기서는 앞으로 찔러 넣습니다.

신입자 1 (앞으로 찔러보고)불편하구만.

요원 습관을 바꾸면 더 편해집니다. 예를 들면 여기서 우리는 손
가락을 쓰지 않습니다.

잡역부가 식기 운반상자에서 주먹밥을 꺼내 보여 준다.

모두 우리는 주먹밥을 먹습니다.

요원이 신입자 1의 작업량에 해당하는 약 상자각 접기 종이와 담배
다섯 가치를 신입자 1에게 건내준다.

요원 담배 태우십니까.

신입자 1 한 대 주시요.

요원 하루 다섯 가칩니다.

　　신입자 **1** 담배 문다.

요원 태우는 시간이 따로 있습니다. 지금은 작업 시간이예요.

　　상자각을 접어 바구니에 던져넣는 모양을 보여 준다.

신입자 1 여기 괜찮은데요. 이거 좋아 뵙니다. (장의자에 앉기가 거
　　북한 듯 엉거주춤 둘러본다.) 여기 바닥 써도 됩니까.
재소자 1 편한대로 해요. 야학당 하시요.
신입자 1 야학교요. 가르치기는 대학생이 하고 나는 애들 모으는
　　포스타나 붙입니다.
재소자 1 애들이 몇이나 됩니까.
신입자 1 72명이 올이 들어왔구만요.
재소자 1 좋은 일 하십니다.
신입자 1 인내는 쓰다 그러나 그 결과는 달다. 이 교훈 하나 믿고
　　서 서로 돕고 있습니다.
간호원 여러분, 마─2418이 기채혈 980씨씨로 헌혈 프로그램을 마
　　쳤습니다.

　　재소자들이 소리 내면서 접은 약각을 공중 던진다. 잡역부는 재소
　　자 **7**의 사물함을 내준다.

재소자 7 세상을 어떻게 살아가고 무슨 일을 하며 또 어떤 사람이
　　되어야 하는가, 여러분이 여러 가지로 친절하고 감명 깊게 가
　　르쳐 주신대로 살아가겠습니다. 세상 사람들이 여러분 같으면

참 좋겠구만 예, 평시 사람을 꺼리던 저였습니다만 앞으로는 사람들을 가차히 하도록 노력하겠습니다. 여러분께서 제게 그런 용기를 주셨습니다. 감사해요.

간호원이 헌혈증을 준다. 재소자들이 박수친다. 스피커에서 아주 맑은 피아노 소리가 물방울 떨어지듯 들려온다. 초보자를 위한 발레 연습곡이다. 재소자들은 피아노 소리에 맞춰 복식호흡을 하고, 장의자에 길게 누어 背泳을 하고 거꾸로 자전거 타듯이 공중에 발을 비벼댄다. 땀 흘리고 늘어진다. 요원과 잡역부가 검정 보자기를 씌워준다. 모두 假垂眼에 빠진다. 재소자 7이 나가고 꿈결 모양 20대 후반의 여자가 남자를 업고서 들어온다. 요원에게 사내의 목에 걸린 헌혈증서를 내보인다.

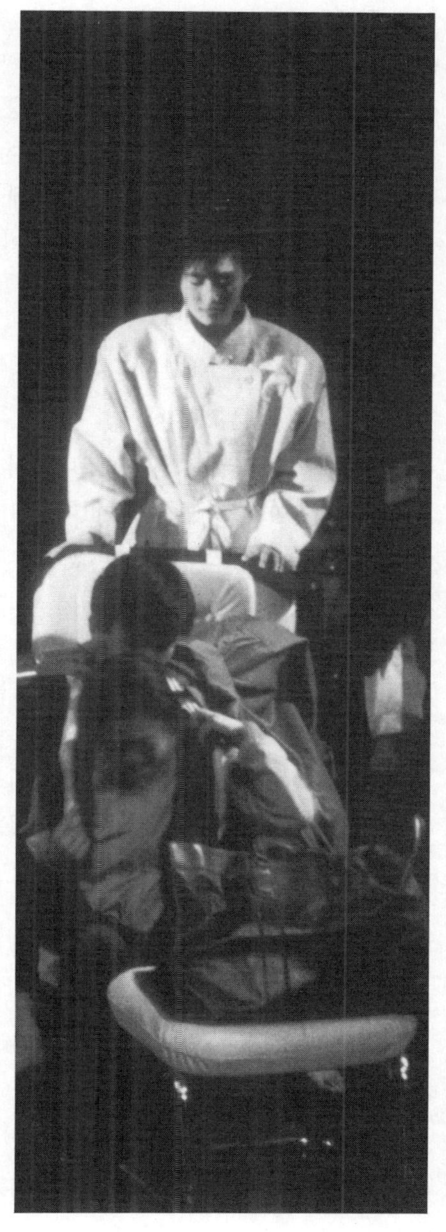

요원 뭐죠 그게.

여자 (사내를 빈 장의자에 앉히고 증서의 내용을 읽는다) 이 피를 헌
혈한 자는 혈액은행법에 따라 헌혈증 **2**매를 확보하며, **2**장이
요 근게, 기헌혈자는, 그러니까 이 사람은 여분의 헌혈중 **1**매
를 기헌혈자가 지정하는 제 **3**자에게 기부할 수 있다. 그런게
이 사람 형님한테 줄 수 있다 이 말이요. 혈액형이 Rh－희
귀성이라고 돼 있구만이요.

요원 찾는 사람이 누구죠.

여자 김교일.

요원 (서류를 본다) 기록에 없어요.

여자 (운다, 울음 끝에) 사십이일 쨉니다. 가는 데마다 마찬가지로
말씀하십니다. 서류철에 없다. 실제 기록에 없습니다. 그래서
잘못 기록될 수도 있다는 생각을 하게 된 겁니다.

요원 어떻게 되는 분이죠.

여자 남편이요.

요원 여기 사람들이 지금 막 수면에 들어가서 직접 볼 수는 없어
요. 찾는 사람이 다른 사람하고 틀린 점이 뭐 있죠. 콧등에
사마귀라든가, 팔에 덴 자국이 있다든가.

여자 (오른쪽 귀에 손바닥을 댄다) 이쪽을 듣지 못하세요. 누가 말
을 걸면 반사적으로 왼쪽 귀를 말하는 사람쪽으로 돌리십니
다. (해보인다)

요원 이름이 뭐죠.

여자 김교일.

요원 말고 당신.

여자 영희요.

요원 뒤에서 영희야 그러면 왼쪽 귀가 나를 보겠네. 그렇죠. (가
수면 중인 재소자들 오른쪽에 다가가 "영희야"를 되풀이 불러본

다. 응답자가 없다. 여자가 풀이 죽어 운다) 비닐하우스가 여기
만 있는 게 아니죠. 바쁜 세상 서로 협조해야죠 안 그래요.
(장의자에 앉아 있는 사내를 안아 여자 등어 업혀준다)
여자 협조, 좋은 말이에요.

여자는 사내를 업고서 또다른 하우스로 남편을 찾아 떠난다.
재소자 몇이 검정 보자기를 쓴 채 몽유병자 모양 외줄을 타듯 실
내를 돌아다닌다. 밀실과 통신간에 대화가 잡힌다.

통신 (다급하다) 환자가 확보됐다. 반복한다. 환자가 확보됐다. 통
신을 접수한 모든 하우스는 오늘 프로그램을 사랑의 실천으
로 전환토록 하라. 반복한다. 오늘 프로그램을 사랑의 실천으
로 전환한다.
기술자 1 오늘 프로그램을 사랑의 실천으로 전환한다.
통신 회신을 본부 **8**번으로 유도하라. 반복한다. 회신을 본부 **8**번
으로 유도하라.

기술자 3이 몸을 세우더니 밀실 유니폼을 벗는다.

기술자 3 병명이 뭔가.
통신 수은중독.
기술자 3 나이.
통신 15세 7개월.
기술자 3 상태는?
통신 회복기로 염려없다. 프로그램 실시 후 후속조치에 만전을 기
하고 있다.

기술자 3의 모습이 사라진다. 잡역부가 손으로 돌리는 오포 소리를

낸다.

잡역부 일과시간이요.

재소자들이 상자각을 접는다. 접는 시늉을 하다가 대부분이 도로 잠이 든다. 신입자 1이 재소자 2가 헌혈하는 모양을 본다.

신입자 1 얼마나 뽑는 거요.

간호원 법정허용치는 하루 300씨씨고 여기 규정은 90씨씨예요. 여러분의 안전이 모든 것에 우선합니다.

신입자 1 이러고 몇 번이나 뽑아요.

간호원 900씨씨 넘깁니다.

신입자 1 90, 900. 일났네. 그럼 이럽시다. 내가 출퇴근 하는 걸로 합시다. 내가 깔아논 자판기가 열두 댄데 거기서 하루 두 왕복 도는 기계가 세 대요. 이 기계가 원활하게 돌아야 야학이 탈 안나. 그러니 협조합시다. 이 사람 마치고 내 차례로 조정 합시다.

간호원 내일 채혈해요.

신입자 1 그럼 오늘 그만 조퇴하고 내일 와도 되겠네 (요원에게) 내 사물 냅시다.

요원 가 쉬세요.

재소자 1 장관, 판사, 공무원 예외가 없어요. 이 행사가 국민 합의로 맨들어 논거라 일단 카드 작성하면 엄해요.

기술자 3이 옷을 갈아 입는다. 스피커에서 스메타나의 "나의 조국"이 흐르다가 환영사로 바뀐다. 신입자 1의 등장 때와 똑같은 절차가 반복된다.

환영사 감사합니다. 통지서를 저희 요원에게 주십시요.

요원 17분. 오늘이 **27**일에다가 지정 시간보다 빨리 도착한 **17**분을 합해서 선생 고유번호가 조립됩니다. 선생은 앞으로 바─**2717** 로 통합니다. 직업이 청과물 거간 맞지요.

기술자 3 주식회사 송파청과 **2117**호요. **27** 몇이라고 했소. **27**이 **17**. 혼동하겠네. 여기 번호는 **27**이 **14**로 합시다. 그게 좋구만.

요원 혈액형이 뭐죠.

기술자 3 군대서 B였던가, 모르겠소 하도 오래돼서

요원 검사하죠 (작은 의자를 가리키며) 양변기라고 치고 앉으세요.

기술자 3 과일장사 요며칠이 고비요. 잘 아시겠지만 묵은 과일은 아카시아 꽃 필 때가 환갑이오. 꽃 지던 **780**원에 올라온 물건 **300**원도 못 받아요. 지금 내 가게 지하에 묵은 과일이 천이백짝 넘게 쟁여 있어요. 아시겠소. 천이백 짝이요. 솔직히 이러고 출석은 했소만 여기 와서 이러고 노닥거릴 사람이 아니요 내가. (봉투를 건넨다)

요원 쓸데없는 장난 마시고 변을 보고 난 뒤에 휴지로 뒷처리 하는 것처럼 해보세요.

기술자 3 (버릇대로 뒤로 찔러 넣는다)

요원 여기선 앞으로 찔러 넣습니다.

기술자 3 (해보고) 뒤가 더 편하구만 그러네.

요원 습관을 바꾸면 더 편해집니다. 예를 들면 여기서 우리는 숫가락을 쓰지 않습니다.

모두 주먹 밥을 먹습니다.

요원 (접는 각과 담배 든 상자를 건네며) 담배 태우시죠.

기술자 3 한 대 주시요.

요원 하루 다섯 가칩니다. (기술자 3이 담배 문다) 태우는 시간이 따로 있습니다. 지금은 작업시간이에요. (각을 접어 구럭에 넣

는다)

재소자 6 과수원 하시오.

기술자 3 그동안 여기서 내 피 나눠 쓰자고 여러분 편지를 보내옵
  디다. 그거 참 미안해서라도 와야 쓰겠는디 청과시장 한 번
  나와 보쇼. 거기서 짬 낸다는 게 통 어려워요. 헌데 엊그제
  또 봉투가 옵디다. 그래 출석이나 하고 보자, 그러고 왔구만,
  본게 이거 오도가도 못하게 돼가는 갑소. 허기는 어렵게 나선
  길인데 뽑기는 뽑아야 개운하겠구만서두.

재소자 1 장관, 판사, 공무원 예외가 없어요. 이 행사가 국민 합의
  로 맨들어 논거라 일단 카드 작성하면 엄해요.

기술자 3 그런가, 아께 저 시악시보고 봐 달렀다가 무안만 당했
  소.

잡역부 (오포 소리 내고) 담배들 태요.

잡역부가 스위치를 넣자 천정 배기구 후앙이 작동한다. 그런데 낡
은 후앙이어서 날개가 어디 스치는가 긁어대는 소리가 난다.

재소자 4 거 꺼요. 틀지 말자고 얘기들 하지 않았소.

재소자 5 그렇지도 않네.

재소자 4 누가 딴 소리 합디까.

재소자 1 틀어야 됩니다.

재소자 4 왜 듣기 좋아서?

재소자 1 여기 관례대로 가는 게 좋습니다.

재소자 4 저 소리가 관례요?

재소자 5 거참 말귀 못 알아먹네. 보시오. 담배를 태우면 저걸 틀
  게 돼 있어요. 틀면 저 소리가 납니다. 그런만큼은 끽연과 함
  께 듣는거로 해두란 말이오.. 이러구 생각을 해봅시다. 저 밖

은 한창 공습 중이다. 그런데 당신은 방공호 속에 들어 앉아 담배에 불을 댕겼다. 자 어려울 거 없지 않소.

재소자 4 담배 한 대 피우자고 공습을 받아.

재소자 5 (귀를 툭툭 친다) 길들이는 겁니다.

재소자 4 저거 끕시다, 모두 좋죠.

재소자 5 건강도 생각합시다. 당신 여기서 너무 조급하게 지내는 거 같은데 느긋하게 지내는 요령을 내 일러줄테니 한번 들어 봅시다. 여기 피가 어디 쓰이는지 당신 알아.

재소자 4 죽어가는 인명을 살리는 데 쓰이는 거 모르시오.

재소자 5 매혈할 거라는 생각은 안 해봤소.

재소자 4 그거 무슨 소리요.

재소자 5 우리는 몰라요. 우리 피가 어떻게 쓰이는지 모릅니다. 우리가 알려고 하지 않기 때문에 모르고 있는 겁니다. 피 까짓거 뽑아주면 또 생기는 거라고 대단찮게 여기고 이러고 누워 있는 동안 우리 피가 어디론가 팔릴 수도 있다, 이 말이요.

재소자 4 난 그렇게 안 봐요.

재소자 5 지켜볼 일 아니요.

재소자 4 내 피는 뽑지도 않는데 팔릴까 걱정을 하라는거요. 사양합니다. 나는 성미가 복잡한거 안 좋아해요.

재소자 5 포기하지 말아요. 자기가 하야 될 일 남한테 미루지 말아. 범죄가 다른게 아니예요. 포기하지 말아.

재소자 4 (고개 젓는다) 여기는 무엇이든 나누어 쓰는 곳입니다. 자기 것이 아닌 물건에 손 대지 않는 곳이요.

검색자가 모습을 보인다. 요원에게 양말 든 상자각을 건넨다. 요원이 양말을 한 켤레씩 나누어 준다.

검색자 우리는 자기 희생을 통한 사랑을 실천하려고 여기 왔습니다. 그러나 사랑의 헌혈에도 장애가 있습니다. 그런 장애를 조장하는 사람들이 우리와 같이 지낸다는 건 온당한 일이 못 됩니다.

간호원 양말을 신어 주십시오. 평시 하시던대로 하시고 다 신거든 손 드세요. (모두 신기를 마치고 손 든다) 좋습니다. 벗어서 앞에 놔 주세요.

벗어 놓고 손 든다. 이후 같은 짓이 되풀이된다.

기술자 3 이거 나 뭔지 모르겠네. 당신들 뭐하는 사람들이오. 뭐 이런 사람들이 다 있어. 남 돕자고 피 빼준다고 생업 놔두고 온 사람 앉혀 놓구서 의심이 간다, 불순분자가 있다 그러구서 양말 신어. 나 고만두겠소. (양말 벗어 던지고 소리친다) 취지는 다 좋다 이거여. 사지 멀쩡하고 세 끼 밥 잘 먹으니 내 신체 건강하겠다 피 좀 뽑아주기로 일과에 아무런 지장이 없다고 하니 그거 해볼만한 일이다, 이치에 닿는다, 그러고 편지 받는 길로 왔다 이 말이요. 그런데 당신들 지금 보니 내 피 가질 자격이 없어. 뭘 보고 당신들한테 내 피 주겠소. 나 그러지 않아도 가야 될 사람이야. 내 가게 지하에 과일이 천이백짝이 쟁여 있어, 이 사람들아.

재소자 4 참아요. 여기는 여기 방식대로 관례가 있고 절차가 있어요.

재소자 3 이런 수모가 있나. 놔 이거. 당신 내 과일 천이백짝 보상할 거야, 못하지. 그런게 이거 놔. 당신 보상 받고 싶지 않고 여기 절차 내 비우에 맞지 않아 싫고, 그러니 비켜. (나간다)

검색자 여기가 뭐하는 데죠.

요원 여기는 내 피로, 헌혈로 내 사랑을 실천하는 곳이요, 내가 버렸던 이웃을 만나는 곳이요, 내 잘못들 돌이켜보는 곳입니다.

슬라이드 비치는 기계를 조작한다. 재소자들 따라 읽는다.

모두 무엇이든 나누어 써라. 경쟁을 할 때는 정정당당히 하라. 사람을 때리지 마라. 다른 사람의 기분을 상하게 했거든 사과하라. 자기 것이 아닌 물건은 가져가지 마라. 물건은 있던 자리에 놓아라. 자기가 어지른 물건은 스스로 치워라. 음식을 먹기 전에 손을 씻어라. 균형 잡힌 생활을 하자. 날마다 무엇인가 배우고 무엇인가 생각하고 일하라. 오후에는 낮잠을 한숨 자거라. 씨앗은 뿌리가 아래로 뻗고 줄기는 위로 솟나니 우리도 또한 그와 같으니라. 언젠가 씨앗도 우리도 마찬가지로 죽게 되노라.

암송하는 동안 검색자가 나가고 기술자 3이 코습을 보인다.

기술자 3 가다가 본게 이거(카드) 그냥 목에 달랑거려. 그거 도망병이 다른 게 아닙디다. 국민의 한 사람으로 이런 성스런 국가 대사에 참가한 만큼 중도하차는 결코 안 되는 일이다, 그리고 나 마음 고쳐 먹었습니다. 우리가 남처럼 만나서 한식구가 된 마당에 잠시나마 나 혼자 신의를 저버린 것 같아서 부끄럽습니다. 살펴줍시다.

밀실과 통신간에 다급한 전화

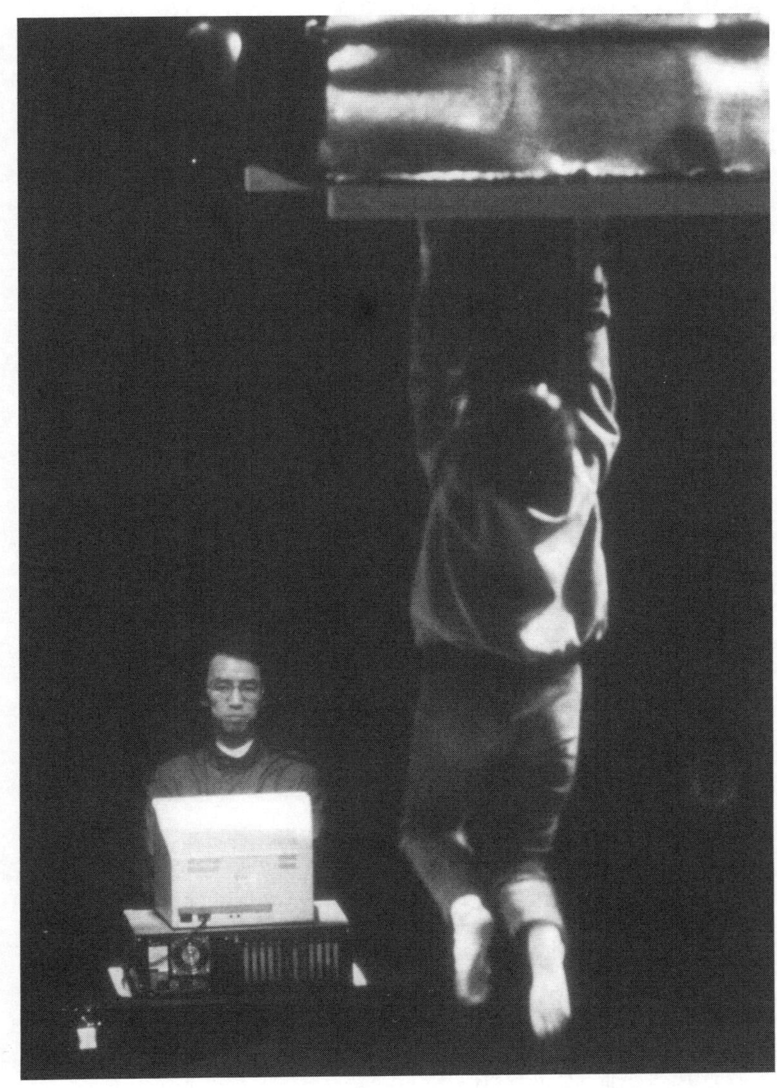

통신 화신 **21**완료. 반복한다. 화신 **21**완료.
밀실 **22**로 넘어간다.
통신 화신 **22**로 진입한다.
밀실 **23**으로 넘어가라.
통신 화신 **23**진입하라. 반복한다. **23** 진입하라.

천정 배기구 후앙이 떨어지면서 **15**세 수은중득 환자 明君이 매달려 대롱거리는 사태가 벌어진다. 재소자 몇 사람이 급한대로 동원한 사물더미 위에 명군이 떨어진다. 수은중독 **환**자한테 발생하는 심한 피부염으로 해서 명군의 피부는 군청색을 디고 있다. 삭발에다가 염증이 심한 곳에는 유지를 대고 그것을 반창고로 둘러 놔 조잡하기 이를 데 없다. 재소자들은 명군으로부터 노골적으로 멀리 비켜 자리한다. 명군은 언행이 부자유스럽다. 筆話로 대신한다.

명군 무 조 조여.
간호원 뭐라구.
재소자 5 물달라는 소리 아니요.

간호원 컵에 물 받아 준다.

명군 야구 그러브바에 와으이아.

본인이 답답한지 손바닥만한 노트에 글씨를 쓴다.

기술자 (읽는다) 야구 그로브 반에서 일하다가 어지러워서 빠져 나왔답니다.
간호원 야구 그로브가 어디죠.
잡역부 두 집 건너 있지 왜.

간호원 어디 보자(혓바닥을 살펴본다)

기술자 3 황달이다.

간호원 이 애 중환자에요. 입 속이 타니까 말도 굳어갖고 놀리기가 거북해서 이래요. 우리 같이 고쳐보자. 그럴려면 너 병역을 알아야 일이 빨라진다. 너 어디서 치료를 받았니.

명군, 고개 젓는다.

기술자 3 고쳐준디야. 써라 써.(명군이 써 준다)

간호원 (읽는다) 야구 그로브 만드는 줄 알고 들어갔지요. 그런데 온도계를 만들었습니다. 체온계, 압력계도 만듭니다. 수은중독이에요.

간호원이 서둘러 유리각 속에 들어가 수화기를 든다.

기술자 3 아니 체온계가 겨드랑이다 끼고 입에 물고 안그런가. 그런디 그거 맨드는데 병걸려?

명군, 모서리 잡고 웅얼거린다.

기술자 3 어지러워?

명군, 여전히 웅얼거리다 쓴다.

기술자 3 귀가 울어.

재소자 4 벌레가 들어갔나.

명군이 박수를 치며 웃다가 문득 욕지기가 치미는지 입을 막고 허둥거린다. 기술자 3이 변기를 받쳐주자 마른 욕지기를 시작한다. 2, 3초 간격을 두고 마치 짖어대듯이 헛구역질을 한다.

기술자 3 어허 고만 해. 얘, 얘 어떻게 좀 해봅시다, 우리.

재소자들의 관심을 돌려 볼려고 애쓴다. 재소자 5가 관심을 보일뿐 전혀 거들 기미가 보이지 않는다. 명군은 몇 차례 더 짖어대다가 변기에 얼굴을 묻고서 늘어진다. 간호원이 유리각 속에서 나온다.

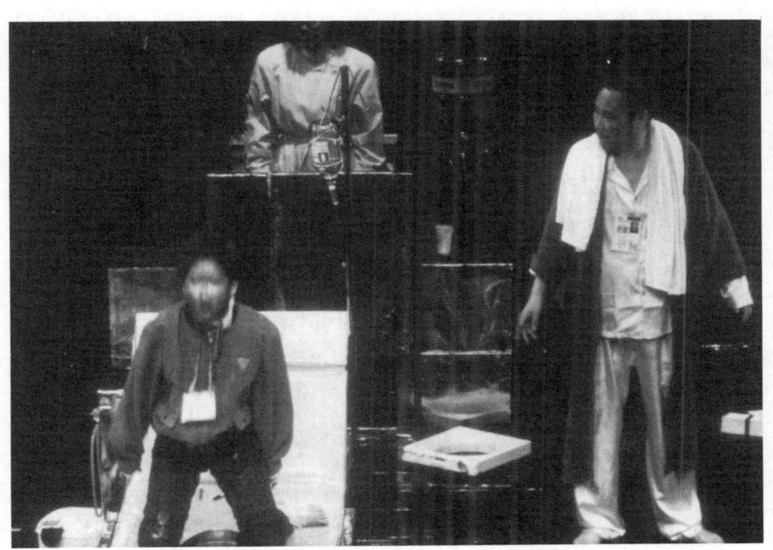

재소자 5 어떻게 좀 해봐요.

간호원 내가 손을 대는 건 무리예요. 늦었더요. 수은으로 이만한 증상이면 이 애 소변을 못 봐요. 구토설사에 탈수증까지 겹쳐 체내에 수분이 말라 변을 만들지 못해도.

재소자 3 그래서 예전 기생들 거울 뒷판 긁어 물에 타먹고 죽는 수가 많았대요. 청산가리나 마찬가지요 그게.

재소자 6 그건 무슨 소리요.

재소자 3 거울 뒷판에 칠한 거 그게 수은이에요.

재소자 5 본부는 뭐래요.

간호원 온다고 손 대지 말래요.

재소자 5 본부서 오면 송장이 깨납니까.

기술자 3 종합병원 보내야 하는 거 아니요.

명군이 끙 소릴 내면서 뒤척이다가 흠칫 놀랜듯 상체를 세운다. 명군은 기술자 3을 보더니 꿈결에 만난 외삼촌으로 생각한다. 그래서 외삼촌과 밤에 창경원 꽃놀이 갔던 일을 추억하면서 웅얼거린다. 기술자 3은 웅얼거리는 소리를 알아듣는 듯한 거동으로 건성으로 대답해준다.

기술자 3 잉, 그려. 그랬어, 그래서. 잉, 잉. 그런디 나 니말 하나도 못 알아듣는다. 그런게 써라 써.

명군은 쓰기 시작한다. 간호원은 식염수를 꺼내 주사할려고 명군의 팔을 걷는다. 명군이 놀래서 도망치려다 여의치 않자 간호원 팔을 물려고 대든다. 기술자 3이 달겨들어 말린다.

기술자 3 괜찮다. 야이, 너 나스라고 주사 놓는디야.

간호원 학생을 화초로 치면 지금 화분에 물이 바짝 말랐어요. 게우고 설사하고 땀 흘려가지고 다 날려버린거지. 그 메마른 화분에 물을 주는거야.

명군, 끄덕인다. 글씨 써 기술자 3을 준다. 기술자 3이 읽는다.

기술자 3 작업장에서 아이들 토하는 거 보면 무서워요. 한 애가 시작하면 다 따라서 게 웁니다. 개수대에 쭉 늘어서서 토하면 수도꼭지 여러 개 동시에 틀어논 거 같죠. 처음 게우는 애들은 웃습니다. 나도 웃었습니다.

재소자 1 그 게우는 걸로 족하다고 하쇼. 설명 치우라고 해요.

명군, 갑자기 겁먹은 얼굴로 주먹 쥐어 가슴 부위를 친다.

간호원 후끈거리지. 약이 도착한거야.

기술자 3 수은 가지고 어쨌기 이렇게 됐냐.

명군, 간호원의 제복 주머니에 볼펜처럼 꽂혀 있는 체온계를 뽑아 그 속에 수은을 부어 넣는 시늉을 해보인다. 얼굴을 찡그리며 진저리 친다.

재소자 5 본드 모냥 냄새를 맡았나.

재소자 3 그게 냄새가 독한가.

재소자 4 연탄도 냄새는 없지. 까스가 생기나.

기술자 3 (명군이 써서 준 글씨를 읽는다) 수증기랍니다. 유리대롱 꼭지에 수은이 접촉할 때 수증기가 생긴답니다.

명군이 "이어 지어"라고 다급하게 소리치면서 주사바늘을 치울려고 더듬거린다. 기술자 3이 받쳐주는 변기에 대고서 마치 짖어대듯이 단속적으로 게우다가 주먹쥐어 입을 틀어 막고서 헐떡거린다. 그 주먹쥔 손을 누가 공중에서 끌어 올리기라도 하듯 몸이 공중에 솟구친다.

재소자 1 아이구 더러워. 봐요. 그 애 화장실로 데리고 가요.

간호원이 유리각 속으로 들어가 수화기 든다.

기술자 3 (명군을 들쳐 업고) 뒤를 잡아. 누가 차 좀 잡아요.
간호원 안돼요. 본부서 곧 온답니다.
재소자 1 보내요. 가요 어서. 사람 죽어 넘어가느만 절차가 뭐요.

명군을 업고 나가는 기술자 3의 뒤를 요원이 따라 나간다. 간호원
은 유리각 속에서 수화기를 든다.

재소자 2 그 애 병원 가도 너무 늦었죠, 그렇죠.
재소자 1 밥맛 없게 생겼어요.
잡역부 (오포 소리 낸다) 점심이요.

잡역부가 바퀴 달린 식기 운반상자를 밀고 나와서 주먹밥을 하나
씩 건네준다. 모두 제가끔의 자세로 손금을 보듯이 찬찬히 뜯어 입
으로 가져간다. 침묵이 교교하다. 기술자 3이 밝은 얼굴로 모습을
보인다. 잡역부가 주먹밥을 건네준다.

기술자 3 차 탔습니다.
재소자 1 잘하셨어요.
기술자 3 종합병원 갔은게요. (주먹밥을 뜯는다)

간호원과 밀실간의 통화가 잡힌다.―간호원―믿을 수가 없어요. 애
가 그 모양인데 저 사람들 거들떠 보지도 않아요. 우리가 옳은 것
하고 그게 만들어지는 것은 다른 것 같아요―밀실―자 기운을 내
요. 시간이 우리 쪽에 있다는 점 믿읍시다.―간호원, 수화기를 놓
고 유리각 속에서 나온다.

간호원 본부서 사람이 옵니다.

기술자 3 책임을 질테니 죄 내게 미뤄요.

간호원 현장검증을 하겠대요.

기술자 3 뻔한 거 아니요. 애가 주사 꽂다가, 그 주사가 잘못된 건 아니지요.

간호원 문제가 그렇게 간단하지 않아요. 그 애가 절차를 거치지 않고 외부에 노출됐다는 점이에요. 외부에서는 그 애가 여기에 구원을 요청하려고 찾아왔다가 내쫓긴 것처럼 오해를 할 수도 있다는 겁니다.

재소자 5 내쫓긴 게 아니라 종합병원 브내지 않았소, 저 양반이.

재소자 1 여기 그런 중환자를 받아들일관한 시설이 없지 않소.

간호원 아저씨, 성냥 좀 주세요. (잡역부가 성냥 가져다 준다. 몇 가치를 뽑아 주며) 이만큼씩 돌리세요.(재소자들에게) 성냥을 줄테니 골을 따주시고, 저를 좀 도와주세요. 왜 절차가 무시됐죠.

기술자 3 우선 애가 죽어넘어가니.

간호원 죽어넘어갔다, 그걸 가지고 본부 사람을 납득시켜야 해요.

기술자 3 그거 어려울 거 없네.

간호원 말로 안될지 몰라요. 그러니 어차직하건 이 성냥골을 줄테니 입에 넣고 자근자근 씹다가 넘겨요.

기술자 3 이거 황 아니요.

간호원 속이 뒤집힐 겁니다.

기술자 3 게우란 말이요.

간호원 죽어넘어가는 게 말로만 되겠어요.

기술자 3 내 살다가 별소리 다 듣네.

간호원 오래 씹어야 좋아요.

기술자 3 맨정신이요.

간호원 나 여기 고만두고 싶잖아요. 성냥골 따요.

성냥골 딴 것을 모으는데 검색자가 요원, 기술자 1과 들어온다. 기술자 1은 비닐백에 싸들고 온 변기를 간호원 준다. 간호원이 명군이 사용한 변기를 비닐백에 넣고 스카치 테이프로 봉한다. 기술자 1은 바닥에 떨어져 딩구는 후앙을 사진 찍는다. 요원은 입에 물 백지를 검색자, 잡역부, 간호원, 기술 1 그리고 재소자들에게 모두 들린다. 촛불을 켜 들고 바닥에 앉는다.

검색자 여기서 잠시 여러분과 같이 지냈던 그 학생은 병원에 도착하고 얼마 안 돼 숨졌습니다. (검색자와 기술자 1, 간호원이 백지를 입에 물고 조문하듯 침대를 한바퀴 돈다. 잡역부가 따라 돈다. 기술자 1이 따라 돈다. 돌다가 바닥에 자리하고 앉는다) 그 학생이 이 장소를 이 세상에서 보내는 마지막 처소로 택한 것은 우연히 그렇게 된 게 아닙니다. 여기는 우리가 사랑을 실천하는 곳입니다. 그러나 사랑의 헌혈에도 장애는 있습니다. 그런 장애를 조장하는 사람들이 이번 일에 관심을 가질 수도 있다는 것이 저희들 견해입니다. 동행한 우리 요원에 의해 그 학생이 여기서 마지막 순간을 지냈다는 사실도 밝혀졌습니다. 그 학생이 여기서 보낸 5분간을 그 사람들이 왜곡하지 못하도록 진실을 간추려 놔야겠습니다. 그 일을 여러분이 해 주셔야겠습니다.

재소자 1 당신이 말하는 진실이란 뭐요.

검색자 곧 공식적인 현장검증을 하게 됩니다. 보도진도 몰려옵니다. 그때에 여러분의 일거수 일투족이 우리 헌혈 운동을 위기로 몰아갈 수도 있습니다. 그 학생은 여기 5분간 있었습니다. 5분간 일어난 일 가운데 사랑에 저촉되는 부분, 곡해가 일어날 여지가 있는 부분을 조종해야 됩니다.

기술자 1 그 학생이 떨어진 곳이 어딥니까.

재소자 4 의자 위요.

기술자 1 어느 의잡니까.

모두 (자신의 작은 의자를 들어 뵌다.) 이겁니다.

재소자 5 여러분은 당시 어딨었습니까

재소자 6 여기요, 내가 맨 첨으로 여기서 이 의자를 이고서.

재소자 1 첨엔 애가 저기 매달렸지요.

재소자 6 예, 맞아요. 떨어질려고 해서 우리가 의자로 받았죠.

간호원 1차 구토를 침대서 합니다.

재소자 5 의식불명은 어디서 있었소.

간호원 여기 마찬가집니다. 의식이 돌아와서 내가 링게르를 꽂았
죠.

재소자 1 링게르를 꽂고 얼마 안가서 두 번째 구토를 합니다. 당
시 오간 말을 정확하게 해봅시다 우리.

간호원 제가 주사를 꽂아요. 누가 환자를 해주세요.

재소자 6 제가 하죠. (짖어대듯이 개 으는 시늉을 한다)

기술자 3 내가 합니다. 그 학생을 보낸 건 내 책임이요.

기술자 **3**이 침대에 올라 명군과 같은 자세를 취한다. 링게르를 꽂
으려고 하자 물려고 한다. 간호원이 '학생은 물이 마른 화분과 같
다'는 말을 한다. 기술자 **3**이 벌떡 몸을 서우더니 주먹쥐어 가슴을
친다.

재소자 3 여기가 화끈거린다고 별 이상이 없는 거냐고 했지요.

간호원 약이 도착한 거라고 제가 그랬어요.

재소자 1 너무 앞서가는 거 아닙니까.

재소자 2 그 학생이 토해 버리면 주사 맞은 거 다 헛거라는 말을
언제 했죠.

재소자 1 맞아요. 주사 꽂자 토하면 다 헛거다, 토하지 말자 그런
소릴 했어요.

재소자 6 개수대에 애들이 늘어서서 토하면 수도물 틀어 논 것 같다고 그랬어요.

재소자 1 그러면서 애들이 웃더라고, 저도 웃었다고 그랬지요.

재소자 6 그 다음이 여기가 후끈거린다에요.

재소자 5 이제 비슷하게 맞아들어갑니다.

간호원 제가 약이 도착해서 그런 거라고 말해 줍니다.

기술자 3 그 애를 보고 있노라니 하도 답답해서 수은 가지고 어쨌기에 이렇게 됐느냐고 내 그런 소릴 한 거 같습니다.

재소자 3 내가 예전 기생들 실연하면 거울 뒷판 긁어 먹고 죽는 게 한때 유행이었다고 그랬어요.

재소자 2 그 소린 그 한참 전에 했어요.

재소자 3 내가 그런 소릴 했다구요.

재소자 4 소변 못 맨든단 소린 언제 했지. 난 그 말 듣고 나서 그 애를 바로 보지 못하겠더라고.

재소자 2 그것도 초반에 나온 소리에요.

재소자 5 (간호원 제복에서 체온계를 뽑아 보여 주며) 이 유리대롱에다 수은 주입하는 일은 저같은 고참이나 하는 일이라고 자랑했지요.

기술자 3 (체온계 건네 받고) 수은이 이 꼭지로 들어갈 때 칙하고 연기가 난다고 했습니다.

재소자 6 수증기라고 그러더만, 안 그래요.

재소자 1 수증기가 맞습니다.

간호원 그 학생이 주사 치우라면서 토할 기미가 보여 내가 변기를 이렇게 대줬죠.

기술자 **3**의 턱 밑에 변기를 대준다. 기술자 **3**이 입을 벌려 보인다.

기술자 3 이러고 마른 토악질을 하길래 내가 들쳐매고 절루 나갔
  소. 이걸로 마감이요.

  침묵

재소자 5 2분 47초 걸렸습니다.

검색자 대략 삼분 가량 걸렸는데, 주사 꽂고 삼분만에 누가 보아
  도 마지막 단계로 인정할 수밖에 없는 상태에 이르렀다 이렇
  게 보고했는데.

간호원 예.

검색자 삼분만에 마지막 단계가 납득이 갑니까?

재소자 6 실제 시간은 더 되죠. 게우는 데 원채 시간을 잡아 먹었
  죠.

검색자 구토를 몇 번이나 했습니까?

재소자 6 수없이 했죠. 징하게 합디다.

기술자 3 그건 구역질이 아니요.

검색자 어쨌습니까. 해 보시오.

  침묵. 불쑥 기술자 3이 손가락을 입 속에 넣는다. 헛구역질을 한
  다. 같은 짓을 여섯 번 반복한다. 아무것도 아닌 맹맹한 짓거리가
  되고 만다. 간호원이 성냥골이 담긴 종이와 물컵을 가져다 준다.

간호원 잘게 씹어요.

  기술자 3이 소가 반추하듯이 성냥골을 씹으면서 변기를 움켜잡고
  체내의 변화를 기다린다. 천정 스피커에서 피아노 소리가 물방울
  떨어지듯 들려온다. 초보자를 위한 발레 연습곡이다. 재소자들은
  모두 장의자에 길에 엎드린다. 背泳을 하고 거꾸로 자전거 페달을

밟는다. 기술자 3은 입벌려 손 넣기를 거듭한다. 피아노 소리 테이프 끊기듯 그친다. 기술자의 짖는 듯한 소리만 이어진다. 마침내 기술자 3도 변기에 얼굴을 묻고 늘어진다.

검색자 바—2717. 이분은 그 학생의 마지막 숨결을 여실히 보여 주느라고 수고는 했습니다만, 생명의 마지막 단계를 보여 주는 데는 실패했습니다. 가루약 갖고는 안됩니다. 그 어린 것이 소변을 보지 못해 퉁퉁 부은 육신으로 마지막 몸부림을 칩니다. 그게 가루약 가지고 됩니까. 미흡해요, 몰핀을 꽂든가 설사 약을 먹이든가 관장을 하던가, 우리 쪽에서 손을 써서 여실하게 만들어 놔야 돼요. 그래서 그 모양을 보는 순간 여러분이 그 학생을 보고서 일으킨 연민의 정을 저 사람들도 같이 느낄 수 있도록 만들어 놔야 되겠다는 겁니다. 그래서 여러분이 그 학생에게 쏟은 사랑에 대해 저 사람들이 공감할 수 있도록 해야 됩니다.

(침묵) 본인은 어떻게 생각하십니까. 내 말에 동의하시요?

기술자 3 헌혈은 좋은 일이요, 중단돼서는 안 된다는 점에 나는 책임을 느낍니다.

검색자 (간호원과 잡역부에게 메모를 건넨다.) 지금부터 10분 정도 시간이 있을 것 같군요.

기술자 1과 급히 나간다. 간호원과 요원이 기술자 3을 침대에 뉘더니 가리개를 하고서 보이지 않는 작업에 들어간다.

잡역부 (검색자의 쪽지를 보고) 그 애가 떨어질 때 여러분이 의자를 머리에 이고서 받았죠. 그러지 말고 직접 몸으로 받는 것이 보기 좋지 않겠느냐는 게 방금 나간 그 양반 의견이요.

재소자 6 몸으로 잘못하면 다치죠. 위험하잖아요.

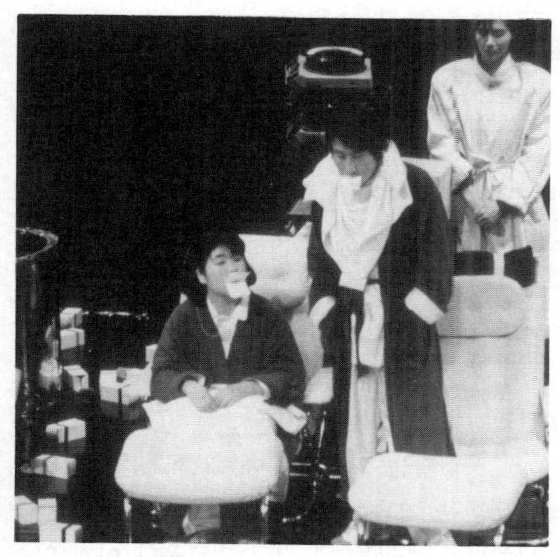

재소자 3 소방서원들 모양 저 호청을 사방군테서 팽팽히 잡아주면 어때요.

재소자 5 그 사람들 답답하네. 직접 받자고 하지 않았어요. 그게 사랑스럽다 그 말이요. 다 생각이 있어서 해 보자는 거니 여러말 말고 몸으로 떼웁시다. **10**분간이라고 하지 않습니까. 서둡시다.

재소자 2 몸으로 어떻게 해요.

재소자 1 그 가슴으로 받아요.

재소자 2 당신이 올라가 떨어져요. 그럼 내 받을테니.

재소자 4 등으로 받아봅시다. 서로 등을 주고 원을 만들고서 곁에 있는 사람 팔을 끼고 앞으로 이러고 숙이면 뒤가 붙어가지고 요람처럼 되겠구만. 거기 패인 한가운데에 그 학생을 받으면 모양도 남보기 좋게 되겠구만. 자, 해 봅시다.

재소자 6 내 뒤에 누구 뒤가 붙을란가.

재소자 1 나 그짓 못합니다.

재소자 6 말대로 하면 다칠 염려 없구만 그러시요.

재소자 1 당신 그 학생한테 사랑을 줬소.

재소자 6 이렇게 될 줄 알았으면 잘 해줄 걸 그랬죠.

재소자 1 잘 해주다니 어떻게 해주는 거요.

재소자 6 귀가 운다고 그 애가 그랬죠. 기억 나요.

재소자 4 벌레가 들어갔냐고 내가 물었지.

재소자 6 그러자 그 애가 웃지 않았어요.

재소자 1 우스게 소리 해주는 게 잘해 주는 거요.

재소자 6 그 애가 웃었죠.

재소자 4 소변을 만들지 못한다는 말 듣고 나 그 학생을 바로 보지 못하겠더라고. 당신은 어쨌소.

재소자 2 사람 목숨 마지막 단계라는 게 그런 거로구나 이제 알겠고, 저 사람 모양 그 애한테 잘해 줄 일이 뭐 없었을까 그러고 생각해 보는데 별로 떠오르는 게 없네요.

재소자 1 동감입니다. 그런 일이 벌어지기엔 우리가 마주한 시간이 너무 짧았다는 게 내 견햅니다. 부언하지만 사랑이 어쩌구 그런게 여기 끼어드는 건 무리에요. 따라서 우리 몸을 다칠 그런 짓 못합니다.

재소자 5 실제 애가 떨어질 것도 아니잖소.

재소자 1 현장검증을 모르시는구만. 다 실물 가지고 한다구요.

재소자 6 그럼 나도 안 되겠습니다.

재소자 5 (잡역부에게) 한두 사람으로 될 일이 아니지요, 그게.

　　　침묵

잡역부 말이요, 네 발 짐승이 물 안 먹을려고 들면 천하 없어도 물 못 멕이는 법이요. 이따가 애는 의자로 받기로 합의보고, 다음 프로그램입니다. (쪽지를 보고) 개수대에 쪼른히 늘어서서 게웠다는 말을 그 학생이 했지요.

재소자 6 애들이 웃더라고 했지요.

잡역부 (뒤켠에 세워져 있던 바케스를 앞에 쪼른히 놓으면서) 그 애가 그 말을 할 때 우리가 무관심했다는 지적을 하고 있습니다. 그 애 말이 실감이 나지 않았기 때문에 그랬을 거랍니다. 실제 여러분이 개수대에 늘어선 그 애들이 되어 보랍니다. 그래서 그 애들의 처지를 실감하고 보면 "개수대에 늘어서서 게울 때 보면 수돗물 틀어 논 것과 같았다"는 그 애 말이 그냥 예사롭게 들리지는 않을 거랍니다. 그런 순수한 애정을 가지고서 현장검증에 임해달라고 간곡히 부탁하고 있습니다.

재소자 3 우리보고 게우란 말에요. 그러믄 난 치약만 있으면 되요. 글쎄 그게 언제드라, 치약을 잔뜩 칼라 갖고 막 입에 넣었는데 전화가 오지 않겠어요. 그런데 얘기가 길어졌어요. 한 이삼십분 지껄였나 전화를 끊고 보니 입 안에 남은 것이 하나도 없더라구요. 그 치약, 거품 다 넘어간 거라, 그러자 속이 뒤집히기 시작하더니 종일 게웠은게 좌우간.

재소자 1 나 그 짓 못합니다.

재소자 4 개인행동 말아요.

재소자 1 성냥골을 먹여 보시요, 내가 게우나.

재소자 2 기도할 때 말예요. 소리를 니야만 기도가 되는 게 아니잖아요. 꼭 게우지 않아도 되잖아요.

재소자 4 그래서 실감이 나겠소.

재소자 5 나도 저기 말에 동감이요. 소리없이 마른 토악질이 좋습니다.

재소자 4 소리 내서 할 사람은 그렇게 해요.

재소자 5 개인행동 말아요.

재소자 4 무슨 소리야.

재소자 5 소리 나지 않는 기도를 해보자는 제의가 들어온 만큼은 일단 그 제의를 존중해 주는 것이 단체생활 아니요.

재소자 4 좋아요, 해보고 나서 다음은 소리 내서 해봅시다.

재소자들은 각자 바케스를 하나씩 여물통 모양 앞에 하고 엎드린다.

잡역부 소리 없는 기도라니 오포 소리 내지 말고 시작합시다. 자, 한 아이가 게우기 시작합니다. 가상의 욕지기가 넘어오는 사람은 그 표시로 바케스에 얼굴을 처박으세요.

잠시.

재소자 3 나 시작했어요.

재소자 3을 시작으로 제가끔의 순서로 바케스에 얼굴을 처박는다. 바케스에 얼굴을 처박고 있던 누군가 웃기 시작한다. 누군가 따라 웃는다. 누군가 고개를 들어본다. 재소자 4만 남겨진다. 바케스에 머리를 처박고서 열심히 웃고 있다. 게우는 일보다 힘들게 웃고 있다. 여러 가지 얘기를 담고서 웃고 있다. 재소자 2가 혼자 그렇게 놔두는 것이 보기 민망해서 바케스에 머리를 처박고서 웃음에 동참한다. 재소자 6이 동참한다. 재소자 3이 재소자 4의 등을 꾹꾹 찌른다.

재소자 3 쉬었다 하세요.

재소자 4 고맙소, 뭘 보나.

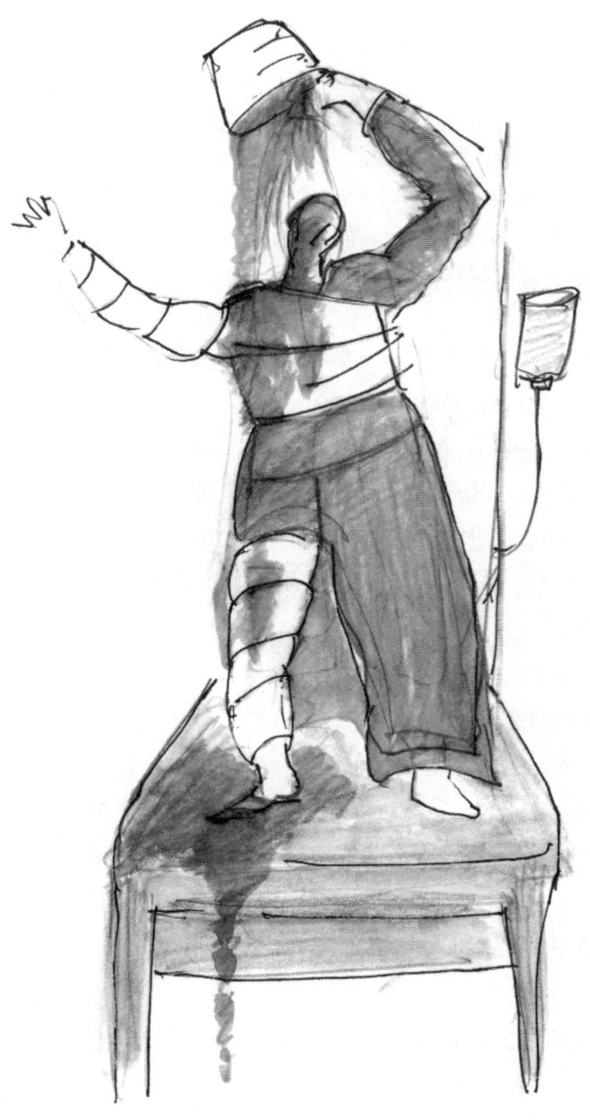

재소자 3이 머리를 처박고서 웃는다. 재소자 **2, 6**이 따라 웃는다. 모두 바께스에 머리를 처박고 웃는다. 얼마나 지나면서 웃음 소리가 힘을 잃는다. 문득 마치 양철지붕을 때리던 빗날이 걷히듯 조용해진다. 모두 바케스에 머리를 처박고 있다.

침대에서 가리게 치우고 기술자 3이 몸을 세우는데 전신을 붕대로 감았다. 체혈이 담긴 비닐 백을 양 손에 들고, 그 비닐 백을 머리 위에서 터쳐 피를 흘러 내린다. 두 개, 세 개 터쳐서 피를 흘린다. 간호원과 요원이 자지러지듯 고함치면서 물러난다. 재소자들은 이 갑작스런 일을 꼼짝않고 지켜본다.

기술자 3 그 애는 그 수증기가 하루하루 저를 죽이는 줄 모르고 즐겁게 일을 했구만, 사실인즉 하루하루 피를 쏟고 있던 거 아니요. 이 모양 피 흘리면서 저는 지가 피를 흘리는 줄 모르고 있었구만 그러네. 누가 가르쳐줘야 되는 거 아니요. 야이, 니 피가 말러간다 그러고 어른들이 일러줬어야 하는 거 아니요. 논바닥 물 빠지는 거 모양 하루하루 말러 비틀어져 가는 줄 알면서, 이 모양 피를 쏟는 줄 뻔히 알면서 몹쓸 놈들이 그냥 두고 본거라.

재소자 6 감동적이에요, 그렇죠.

재소자 3 (겁에 질려) 정말 피가 나는 거 같아요. 저 손목을 봐요, 동맥을 자른 거 같죠, 그렇죠. 맞아요. 동맥을 잘랐어요.

재소자 6 동맥을 잘랐나 누가 보시오.

요원과 간호원이 양켠에서 손목을 잡아 본다.

간호원 안심하세요. 동맥은 쇠심줄모양 끄덕 없습니다.

재소자 3 발등에서 피가 나요.

재소자 1 발을 씻어봐요.

재소자 5 쇠심줄모양 끄덕 없습니다.

간호원 맞아요, 쇠심줄모양 끄덕 없어요.
재소자 2 입에 거품을 물었어요, 왜 이려요.
간호원 몰핀을 찔렀어요.

기술자 **3**이 의식을 잃는다.

재소자 1 몰핀이 잘못된 건 아니겠죠.
재소자 5 자, 떼매고 나갑시다.
재소자 1 떼매다니요.
재소자 5 종합병원 가는 게 다음 순서 아닌가.
재소자 6 맞아요, 서둘러. 그 학생 모양 늦었다간 줄초상 납니다.

모두 달려들어 기술자 **3**의 몸을 시트로 싸 상여처럼 들고서 제자
리 걸음한다. 스피커에서 기차가 레일을 밟는 소리가 이어진다. 알
미늄샷슈로 만든 사다리와 후앙을 든 수리공이 들어온다. 수리공은
사다리를 시옷자로 받치고 올라간다.

간호원 손 대면 안돼요.
수리공 현장검증 연기됐어요.
간호원 (크게 소리친다.) 나 따라 와요. (요원에게) 나가서 택시 잡
　아요.
재소자 1 어디갑니까.
간호원 현장검증 연기됐데요. 종합병원 가야 돼요. 저 사람 몰핀
　주입한 거 씻어내야 돼요.
재소자 5 관장 정도는 여기서도 할 수 있는 일 아닌가.
간호원 빨리 서둘러요.
재소자 1 난리났네.

잡역부와 재소자 4만 남겨 놓고 모두 기술자 3을 떼매고 나간다. 재소자 4가 담배에 불붙인다. 잡역부는 잠든 듯하다. 재소자들이 간호원과 함께 들어온다.

재소자 3 이 양반이 작업시간에 담배 피면 어떡해요.
재소자 4 저거 고치지 않는가. 저거 테스트 할라고 태는 거라 이게.

모두 제가끔의 몸짓으로 늘어진다.

수리공 스위치 올려요.

잡역부가 스위치를 올린다. 후앙이 소리 없이 돌아간다. 수리공이 사다리에서 내려온다.

재소자 4 일 마친거요, 전같지 않는데.
수리공 예?
재소자 4 전에는 달각달각 하고 소리가 났단 말이요.
수리공 그거 낡아서 그랬죠.

아침 한때 눈이나 비

등장인물

모친
민주
부친
삼열
송달
구씨
노씨
순기
순사관

母女

한켠에 까만 천으로 덮힌 궤
같은 것이 놓였다.
성민주가 밥과 국 반찬 종
기 두세 개가 얹힌 소반을
들고 궤 곁에 쭈그린다.

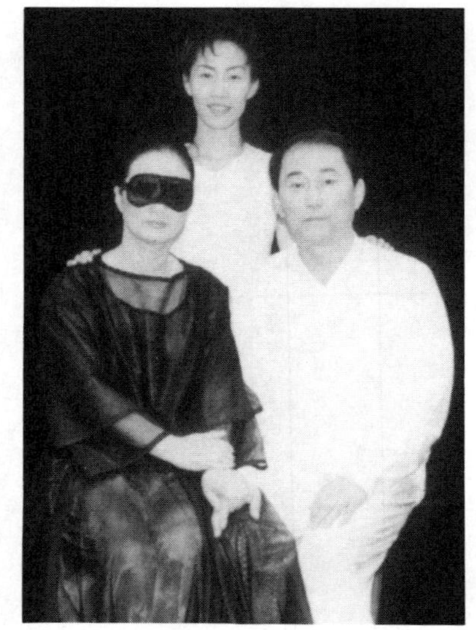

민주 어머니 —— 어머니 주무
세요.

까만 천 귀퉁이가 벌어진다.
궤는 철재로 만들어진 것으
로 마치 쥐덫을 크게 만들어
어 논 것과 흡사하다. 거기
갇힌 쥐 모양 민주의 모친이 얼굴을 내비친다. 垂眠用 까만 안대를
하고 있다. 민주가 모친의 손을 잡아 소반을 건네준다.

모친 3시나 됐을까.
민주 어머니가 상 채려드렸죠.
모친 아니.
민주 담엔 날 깨워요. 오밤중에 그러다 쓰러지면 어째요.
모친 당신이 달그락거리더라.
민주 어머니.

모친이 까만 천을 내려 가린다.

국제전신전화국 교환실

전화국 교환실의 실제상황을 녹음한 소리가- 크게 들리는 가운데
리시버로 귀를 가리고 유니폼을 걸친 교환원들이 간편한 의자를 들
고 등장. 무대 앞에 쪼른히 놓고 앉아 送信·受信용 코드를 꽂고
뽑고 다이얼 돌리는 시늉을 하는데 처음에는 제가끔 움직이다가 얼
마간 지나자 손놀림이 같아진다.
민주가 유니폼을 꿰고 리시버를 머리 넘겨 얹으며 사이에 낀다.
교환원들의 손놀림이 과장되면서 녹음소리는 경쾌한 음악으로 바
뀐다. 교환원들은 의자를 들고, 끼고, 매고, 이고 춤을 춘다.
둔덕의 꽃들이 바람에 날리듯 현란하다.

신작로(서울 郊外)

밤. 헤드라이트를 든 두 사람이 질주한다. 두 사람은 자동차 엔진
부위에 달려 있는 부속품으로 몸을 온통 감싸 흡사 엔진 자체가
뒤뚱거리면서 질주하는 것 모양 보인다. 두 대의 트럭이 달리는 셈

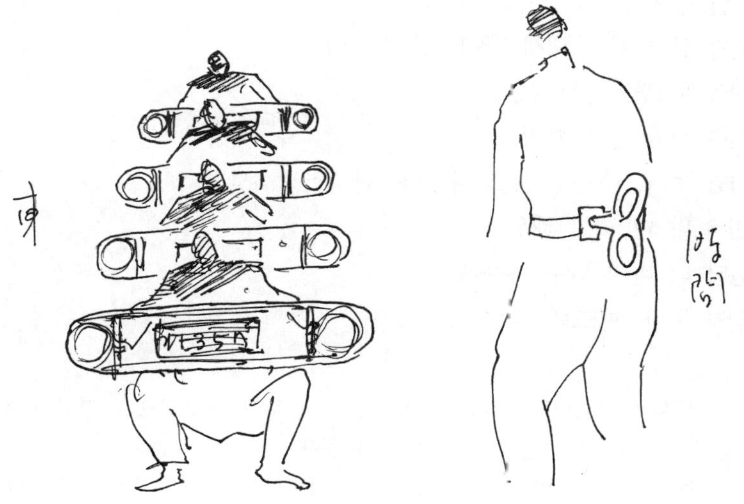

이다.
"일산 2킬로미터"라고 쓴 里程表가 보인다.
유니폼을 벗은 교환원들이 솔가지를 들고 하나씩 모습을 보인다.

골목 어귀

유니폼을 벗은 교환원이 외등을 들고 선다.
낡은 비치 파라솔을 귀퉁이에 꽂은 리어카가 외등 아래 자리잡는
다. 리어카에는 붕어빵 굽는 쇠판이 실렸다. 총각이 묽은 밀가루가
든 주머니를 쥐어 짜면서 실제 붕어빵을 굽는다.
이삼열, 서송달. 가죽과 쇠로 몸을 감싼 두 청년이 나타난다.
쇠뚜껑을 열어 붕어빵을 꺼낸다. 뜨거워서 공깃돌 모양 튕긴다.
낚시에 걸린 붕어가 튀는 듯하다. 튀기다가 입으로 받는다.
성민주가 이들 앞을 지난다. 삼열이 막아선다.

삼열 어어, 잡쉈으믄 돈 내야지.
송달 뭘 드셨더라 손님.
삼열 광어, 우럭, 준치, 갈치.
송달 삼만 원만 내셔. 육만 원 받는디.
삼열 두 장만 받으쇼.
민주 사람 잘못 봤어.
삼열 누나, 얘가 배 곯았다잖아. 한 장 쥐 보내.
민주 니 배 니가 채워.
송달 너 바지 단추 채우래.
삼열 누나, 핸드백 열렸어.

민주의 핸드백에 손이 닿는다. 순간 민주가 핸드백으로 면상을 치
고 달아뺀다. 삼열이, 송달이 뒤쫓는다.
제복 벗은 교환원이 외등을 들고 나타나는가 멀어지며 사라진다.

민주가 뛴다. 삼열이, 송달이 뒤쫓는다.
외등이 나타나는가 멀어지며 사라진다.
한편 면서기 신순기가 자전거를 타고 나타난다.
반대 방향으로 헤드라이트를 든 두 사람이 질주한다.
소나무가 지나간다. 두 번째 소나무가 지나간다.
순간 헤드라이트와 신순기의 자전거가 충돌한다.
신순기는 자전거를 공중에 던지고 그 자리어 쓰러진다.
외등이 나타나는가 멀어지며 사라진다.
집 대문 외등이 멀리 보인다. 민주가 쓰러진다.
몸을 세우면서 소리지른다.

민주 아버지 —— .

부친이 잠옷 바람으로 나타난다. 민주를 뒤로하고 막아선다.

부친 왜 이래. 뭐야 느이.
삼열 밤이 늦었어요.
부친 기운 있거든 사내를 상대해.
송달 너보고 계집이래.
삼열 들어가 주무세요.

부친의 가슴에 칼을 꽂는다. 그 자리 무릎 꿇고 옷을 잡아 찢는다.
가쁘게 숨을 몰아쉰다. 민주가 안아 잡는다.
삼열이, 송달이 사라진다.
부친이 몸을 세워 따라간다. 민주가 부친의 가쁜 숨결을 잡으려는
듯 뒤쫓는다. 소리 지르지만 소리가 나오지 않는다.
흰색 목욕탕 표지하고 男女 글씨가 인쇄된 검정포장이 보인다.
부친이 포장을 들치고 들어가기 전에 민주를 돌아본다.
민주 흠칫 놀래 선다. 쭈그리고 앉아 우는 듯하다.
민주의 어렸을 때 소리하고 부친의 소리가 녹음되어 들린다.

민주 나도 아버지하고 갈래.

부친 이제 커서 안돼. 뒤에 엄마하고 와라.

민주 싫어. 아버지하고 가.

(부친이 몸 돌려 포장 안으로 들어간다)

나도 갈래

(민주 몸을 세우려다 기함한다)

母의 독백

장의사 盧氏, 丘氏가 棺을 가져다 한켠에 놓고 白紙를 배배 꼬아
棺 속에 쑤셔 넣는다.
궤의 까만 천이 벗겨진다. 모친이 수면용 안대로 눈을 가렸다.
희미한 불빛이 윤곽을 잡아준다.

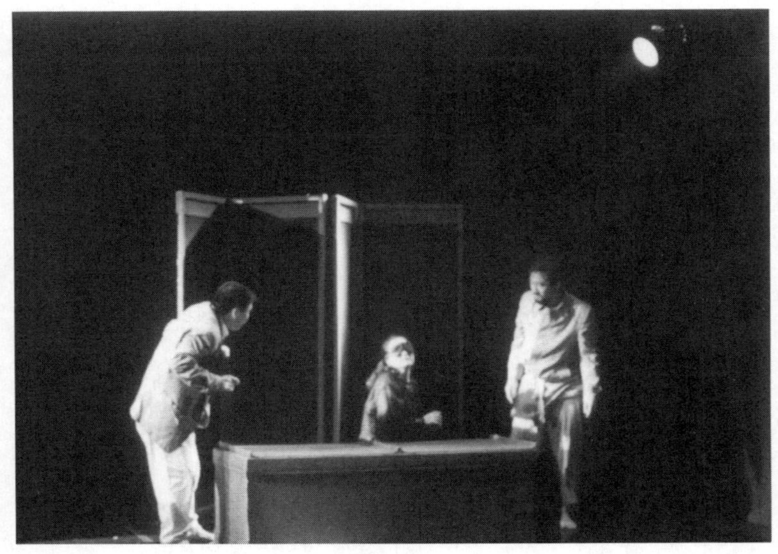

구씨 상처가 하나네. 이 양반 프로한테 당했구만.

노씨 선무당이 사람 잡았어. 애들이 그랬디야. 그 때려 죽일놈들.

아, 어른이 나섰거든 재수 옴 붙었다고 칙을 뱉던가, 발로 담
을 차던가, 그러고 돌아갈 일 아니여. 이 양반은 기왕지사라
하고—이집 다 큰 처녀가 딱하게 됐어. 앞으로 어찌 살란가.
넘 일 같지 않네야.

구씨 이 양반 상처 본게 줄초상 날 뻔했구만 그러시요. 그놈들 손
에서 비껴난 것만도 다행이요.

노씨 둘 다 죽은 거나 매 한가지여.

구씨 딸은 무사하다믄서.

노씨 평생 맘고생이 그거 여북할 것인가. 그날 후로 의식불명이
랴.(노씨 구씨가 누워 있는 민주모양을 유심히 본다. 궤에 들리게
큰 소리로) 병원서는 다녀갔어요?

모친 기다리래요.

노씨 하루 이틀도 아니고—차도가 없어요?

모친 깨나겠지요.

노씨 여기 못질 할라는디요.

모친 민주야, 야이. 아버지 가신다. 긴주야, 아버지 가셔. 일어나
요. 못치면 다시 못 봐. 민주야.

구씨 어허 답답하네. 거기서 그래가지고 깬다우. 나와 잡고 흔들
어 봐요.

노씨 쉬—못 나와.

구씨 앉은뱅이요.

노씨 해를 보믄 안된디야.

모친 잠깐만 기다려요.
　　(궤에서 몸을 밀어 나온다. 더듬거리며 앉은 걸음으로 민주 곁으로
　　다가와 조심스레 흔든다)
　　아가—민주야. 민주야—안 되겠어요.

구씨 아주머닌 안 봐요.

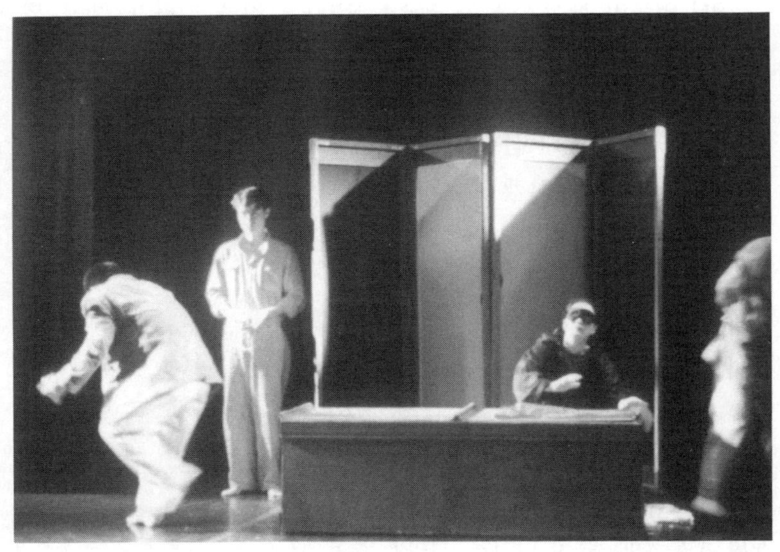

노씨 (소매를 잡아 끌며) 해를 못 본다니까.

구씨 누가 해 보랬소. 서방님 보랬지. 다시 돌아올 양반도 아니
고.

모친 (갈등을 일으킨다) 나는 안돼요.

　(구씨, 노씨 棺에 못을 내리친다. 모친이 소스라치게 놀랜다) 잠
깐, 잠깐요.

급히 궤짝으로 가 안에서 흰 손수건에 싼 물건을 가져다 관 속에
넣는다.

노씨 뭐요.

모친 당신 가락지요.

노씨 어설프게 거기 놨다간 장지서 누가 집어가요. 수의 안자락
깊게 찔러 넣으시유.

(모친이 시키는대로 한다. 모친이 손을 빼자 노씨가 바로 손을 넣
어 흰 손수건을 꺼내 자기 주머니에 찔러 넣는다)
웬만하믄 잠깐 뵈시지요.

모친 난 안돼요.

구씨 다시 못 봐요.

모친 망설이다가 안대를 획 재낀다. 순간 후레쉬가 터진다. 火山이
폭발하듯 격렬한 음악이 솟구친다. 모친의 사지가 뒤틀린다. 가까
스로 바로 잡는다. 노씨, 구씨가 서둘러 못질한다.

모친 잠깐요. 저기 술하고 오징어가 있어요.

(구씨가 궤짝 한켠에 채려 논 밥상을 가져다 술 뚜껑을 딴다. 모친
이 더듬거려 棺을 쓸어 잡는다)
민주는 염려말고 마음 편케 가세요. 그애는 당신이 지 목숨
구해주신 줄 알고 있을게요. 애가 철로에서 노는데 열차가 달
려드는 걸 보고 뛰어들어 애는 철길 밖으로 던지고 채 피하
지 못한 어미는 죽었다, 그런 얘기를 신문에서 본 적이 있어
요. 당신이 그렇게 된 것이나 마찬가지라고 내 누누히 일러주
리다.

구씨 아주머니, 눈은 멀쩡하구만 어찌 해 하고 원수를 졌소. 그냥
내내 다락에서 지낸다믄서요.

모친 원자탄이ㅡ.

구씨 뭐요.

모친 그게ㅡ1945년 8월 6일 11시 45분이요. 당시 난 히로시마 시
내 소학교 운동장에서 막 체조시간을 끝내고 수돗가에 몰려
있는 조무래기들 틈에 끼어 있었어요. 서로 수도꼭지를 입에
물려고 다투는데 방공 싸이렌이 울려요. 아이들이 방공호로
흩어지는데 수도꼭지를 잠그지 않아 물이 콸콸 쏟아지지 않

겠어요. 잠그려다가 수도꼭지 입에 물었는데 그때 하늘 꼭대
기가 번쩍하더니 내 눈에 직격탄이 꽂히고 그게 뇌 속에서
터지면서 수천 개 바늘이 되어 박힙디다. 그 후로 햇빛을 볼
수가 없어요. 햇빛만 보면 뇌 속에 바늘이 죄 곤두서고 거품
을 물고 쓰러져서 —.

잠시.

구씨 **45**년이믄 그런게 보자 올이 **1993**이니 그럼 **48**년 동안 해를
　　　보지 못하고 지냈소. 다락 구석에 처박혀갖고.
노씨 그만 장지 갈 채비하시오.
모친 나는 못 가요.
구씨 아, 호상하고 산소를 알아야 나중에 —.
노씨 우덜이 다 알아서 하지요. 호상할 사람도 없고 보면 그게 다
　　　우덜 책음이요. 성묘하고 나거든 술값이나 서운찮게 주선허시
　　　요.

棺을 들려는데 모친이 울음 터치면서 안대를 치운다. 순간 마그네
슘이 터진다. 음악이 솟는다. 뇌 속에 바늘이 선다. 사지가 뒤틀린
다. 마그네슘이 터진다. 사지가 덜렁거린다. 민주의 사지가 움직인
다. 마그네슘이 터진다. 양수양족이 같이 논다. 민주의 양수양족이
같이 논다. 둔중한 음악이 끼어든다. 춤이 된다.
48년간 햇빛에 짓눌린 몸으로 춤을 춘다. 서방님 보내는 아픔으로
춤을 춘다. 민주가 따라서 춤을 춘다. 장지로 떠난 아버지를 쫓아
가는 마음으로 춤을 춘다. 모녀가 제가끔 춤을 춘다. 만나고 흩어
짐이 반복된다.

신작로

유니폼 벗은 교환원들이 소나무 가지 들고 숲을 만든다.
순기가 한켠에 누워 있다. 노씨와 구씨가 조금 떨어진 곳에서 成墳
을 한다. 일을 마치고 가다가 누워 있는 순기를 발견한다.

구씨 어이구 놀래라.

노씨 취했나.

구씨 머리 다쳤구만. 피 봐. (순기가 벌떡 상체를 세운다) 밤 늦었소.
　　일어나.

노씨 병원 가야겠네. 머리 어디 터졌나 피가 묻었어.

순기 (만져본다) 그냥 좀 긁혔어요. 여기 어디죠.

구씨 시내 갈라거든 같이 갑시다.

순기 아니요. 나 좀 있다가—먼저 가세요.

　　(도루 눕는다. 자빠진 자전거가 눈에 띈다)

구씨 저사람 뭐에 받쳤구만.

　　(노씨, 구씨 사라진다)

소나무들이 죄고 펴지고 밀고 당기면서 춤추듯 움직인다. 문득 소
나무 가지 사이로 민주가 보인다. 마치 몽유병자가 밤길 나들이를
떠난 듯하고 귀신이 재현한 듯도 하다. 소나무들과 어우러져 춤추
다가 누워 있는 순기 몸에 걸려 넘어진다.
민주는 쓰러지던 부친을 상기한다. 머리에 손을 댄다.

민주 이 사람도 붕어빵한테 당했나 봐. (순기가 상체를 세운다) 두
　　녀석이 쫓아왔어요?

순기 누가 따라오오. (둘러본다)

민주 피가 흘러요.

순기 별거 아니요. 누구한테 쫓기고 있소.
민주 전송하러 왔어요. 아버님이 멀리 가세요.

등 뒤를 가리킨다. 묘 곁에 겟막같은 墓幕이 뗴뚱 서 있다.

순기 저거 뭐요. 묘막이요.
민주 (끄덕인다) 아버님 묘에요. 내가 돌아가시게 했어요.

칼로 순기 가슴을 찌르는 시늉한다.

순기 (담배에 불 붙인다) 저기서 지내오.
민주 어머님은 벽장 속에서 나오질 못해요. (순기 양팔을 벌렸다
　　자신의 볼을 세게 친다) 모기가 있어요?
순기 언제부터 저기서.
민주 오늘 왔어요.
순기 저기서 지낼 생각이요.
민주 3년 지내야 한대요. 그래야 아버지 노여움이 풀리신대요.
순기 효녀시요. 요샌 아들도 저런 거 짓지 못하는데. (모기를 쫓는
　　듯하다가 민주의 볼을 친다. 헛손질을 한다. 분명 뺨을 겨냥해서
　　휘둘렀는데 손바닥에 걸리는 게 없다. 튕기듯이 몸을 세운다) 아
　　이고, 이거. 내가 미쳤지. 열 곱 스므 곱 날 때리시요.
민주 머리가 아파요?
순기 아, 예―저 너무 늦어서 그만 가볼랍니다.
민주 정말 괜찮겠어요.
순기 그럼―.

묘를 지나다가 멈칫 선다. 찬찬히 돌아본다. 묘막도 민주도 온데간

데 없다. 소나무만 바람결에 날리면서 춤을 춘다. 소나무 사이를 헤치면서 찾는다. 헤쳐진 소나무가 돌아서 앞을 가로 막는다.

찾아 헤치고 가로 막는 짓거리가 춤이 된다. 순기는 밤새 찾아 헤맬 작정을 한 사람의 열기를 가지고 춤을 춘다.

소나무 가지가 사람 모양 가지를 늘어뜨린다. 순기 눈에는 민주로 보인다. 끌어 잡으면 소나무 가지로 변한다. 문득 돌아보면 소나무가 모두 민주로 보인다. 잡으면 소나무 가지로 변한다. 소나무가 민주 모양 뛰어간다. 잡으면 소나무 가지로 변한다.

조명이 낮으로 바뀐다. 순기가 일인용 텐트를 가져다 묘막이 섰던 자리에 세운다. 소나무 사이로 수사관이 모습을 보인다.

수사관 여기서 뭘 하나.

순기 묘막이요.

수사관 묘막이 뭐지.

순기 몰라 묻소.

수사관 누구 묜가.

순기 그게―아버님이요.

수사관 아들이 없는 걸로 아는데.

순기 뭐요.

수사관 묘 쓴지 얼매나 됐나.

순기 4개월 좀 넘었소.

수사관 여기서 지낸 건.

순기 사개월 넘었다구요.

수사관 노루 잡아봤나.

순기 사냥꾼이시요.

수사관 정통으로 맞은 놈은 그 자리서 죽지간 설맞은 놈은 달아나지. 그런다고 쫓아가진 말게. 촌맞은 자리 지키고 있으면 노루가 찾아오네. 나하고 가세.

순기 이 산에 노루 있어요?

수사관을 따라 나선다.
소나무가 일인용 텐트를 거두면서 퇴장한다.
모친의 궤에 까만 천이 덮였다. 민주는 여전히 누워 있다.

수사관 성민주씨.

모친 (까만 천을 얼마큼 걷는다. 수면용 안대를 했다) 애가 아퍼요. 겨우 잠 들었소.

수사관 용의자를 데려왔습니다. 확인만 해주면 됩니다.

순기 용의자라니 그거 무슨 소리요.

모친 아가, 애 민주야.

민주 (미동도 않으면서) 나 깨 있어요.

수사관 이 사람보구 묘 지키라고 했소.

모친 그거 무슨 소리요. 그 사람이 누군데.

수사관 텐트 치고 묘 지킵디다. 언제부터 그랬지.

순기 4개월 넘었다구요.

수사관 누구 묘라고 그랬지.

순기 그게―여기 이집 어른 묘요?

수사관 자네 부친 묘라면서.

순기 그게―실은 내가 거기서 어떤 처녀를 만났습니다. 한밤중 잠시 만났는데 그만 내가 큰 실수를 했다 이 말입니다. 실수를 갚아보자. 처녀 말이 생각납디다. 그 묘가 자기 부친의 것이라 했어요. 오냐, 내가 대신 묘라도 지켜주자 그렇게 된 겁니다.

모친 처녀가 누구요.

민주가 가까스로 상체를 세운다. 민주를 보자 놀랜 순기가 외마디 소리를 지른다.

순기 이런 제기. 여기 있었구나.

민주 누구시요.

순기 내 이럴 줄 알았지. 어째 만날 거 같더라구.

수사관 이 사람 아시요.

민주 초면이에요.

수사관 전에 본 적이 없소.

민주 없어요.

순기 그게 오밤중이라 잘 안 보였지. (양팔을 벌려 자신의 뺨을 힘
껏 친다) 자 알아보겠소.

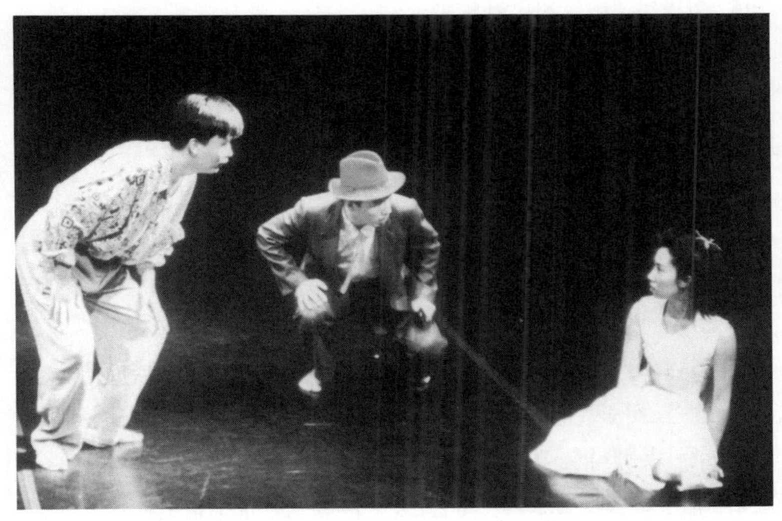

민주 (찬찬히 본다) 이 사람이 용의자에요.

수사관 잘못된 것 같소. 실례했습니다.

수사관 퇴장한다.

순기 그래, 오십년. 모친이 오십년 동안 어디 있다고 — 그게 어디

　　　지. 어디드라.

민주 날 본 적이 있어요, 정말?

순기 벽장 아니고 광 아니고ㅡ.

민주 내가 그런 소리를 했어요?

순기 모친이 어딨다고 했지 왜.

민주 다락이요.

순기 맞다 다락.

모친 누구시냐.

순기 다락. 모친이시요.

민주 아버님 묘를 지켰어요?

순기 헤어지고 이튿날 텐트를 쳤지.

민주 나를 어디서 봤다구요.

순기 거기.

민주 거기가 아버님 묘란 말이죠.

순기 (잠시) 내가 잘못 왔나. 내가 올래서 온 게 아니고 저 사람
　　　이 가자더니 일로 끌고 온 것이요. 내가 거기서 여기 있는
　　　줄 꿈엔들 알았겠소. 알았으면 4개월 동안 기다렸겠소.

민주 아니요, 그게 아니고ㅡ나하고 아버님 곁에서 만났단 말이죠.

모친 젊은 사람, 뭔 잘못이 있는가보네. 우리 애 아직 산소에 가
　　　지를 못했다오. 여태 의식불명이었지. 눈 뜬 지 며칠 안돼요.

순기 내가 그저 흰소리나 하는 줄 아시는 모양인데ㅡ.

민주 아니, 아니요. 그래요. 생각나요.

순기 가만, 내내 의식불명이었다고 그랬소.

민주 그쪽이 의식불명 아니었어요.

순기 머리가 아파서 누워 있었지. 당신이 내게 걸려 넘어지고.

민주 어디 다쳤다고 그러지 않았어요.

순기 머리 좀 긁혔다고 그랬지 왜.

민주 내가 왜 이러지. 정말 같애.

순기 정말 보게 될 줄 몰랐네. 귀신한테 홀린 것이로구나 그러구
단념하고 지냈지. 그런데-기적이 뭔가. 이건 정말.

의기양양해서 양팔을 뻗었다가 자신의 볼을 때리고 때린다.

모친 어떻게 된 거냐.

민주 저 사람 아버지가 보냈나 봐.

모친 뭐라구.

민주 아버지하고 지냈댔잖아요. **4**개월이나 같이 지냈대요.

모친 너, 괜찮으냐.

민주 예, 저 사람 오더니 나 어지러운 거 없어졌어.

사지를 펴 뛰어오른다. 춤을 춘다. 순기가 마주 대거리한다.
둘이서 싱싱하게 어우러진다.
교환원들이 간편한 의자를 끼고, 들고, 매고, 이고 춤을 춘다.
민주가 교환원 유니폼을 꿰며 레시버를 머리에 얹으며 끼어든다.
천정 높은 줄 모르고 뛰어오른다.
교환원들이 일시에 물러나고 민주 혼자 춤추는데 수사관이 삼열이,
송달이, 붕어빵 굽던 총각 데리고 모습을 나타낸다.
삼열이, 송달이를 보는 순간 민주의 몸이 굳는다.

삼열 자, 또 만났군요.

수사관 사건당일 벌어졌던대로 재현한다. 브태거나 빼먹으면 위증
죄가 첨가된다. 둘이 붕어빵 사달라고 가로 막는다.

삼열이, 송달이 쇠판에서 붕어빵을 꺼내 공기돌 모양 튕긴다.

송달 누나, 거기서 이쪽으로 와야지.

수사관이 민주 거동을 주시한다. 붕어빵 굽는 총각이 민주 시선을
피한다.

송달 누나, 일루 왔잖아.

민주가 상체를 잡고 완강히 고개 젓는다.

수사관 내가 대신한다.

수사관이 민주 모양 두 사람 가운데로 지나가다 잡힌다.

삼열 이년아, 먹었으면 돈 내구 가.
송달 애가 뭘 처먹었냐.
삼열 홍어, 숭어, 청어, 뱅어, 고등어, 날치, 준치, 가물치.
송달 합이 육만 원. 육만 원을 다 받느냐, 반 접어. 반을 다 받느
　　냐, 모가지를 뚝 잘라. 어, 그놈 물 좋다.
삼열 누나, 두 장만 내래. 그럼 여기서 누나가 말을 받아.
수사관 여기서 뭐라고 받았소.

민주 여전히 묵묵부답

송달 다시. 육만 원을 다 받는냐, 반 접어. 반을 다 받느냐, 모가
　　지를 뚝 잘라. 어, 그놈 물 좋다.
삼열 누나, 두 장만 내래.

잠시.

수사관 누나가 뭐라고 했다. 그 담으로 넘어 가.

삼열 뭐라고 했다가 아니요. 그 말에 우리 두 사람 쪽팔렸다 이거
요. 보태거나 빼먹으면 위증죄 첨가돼요. 맘대로 빼고 박았다
사고나면 아씨가 책임질 것이요.

송달 반을 다 받느냐, 모가지 뚝 잘라. 그놈 물 좋다.

삼열 누나 두 장만 내래.

민주 느이들이 -. (회한이 만겹으로 덮치는 바람에 말을 잇지 못한
다)

삼열 (붕어빵 총각한테) 야, 너, 그때 들었지. 우리 누나가 뭐랬냐.

송달 야, 임마. 들었어, 먹었어.

총각 들었어요.

송달 이리 와. 그대로 해. 모가지 뚝 잘라. 그놈 물 좋다.

총각이 민주 대신한다.

삼열 누나 두 장만 내래.

총각 야, 이 새끼야. 눈깔이 삐졌냐. 저리 비켜.

삼열 누나, 애가 배 곯는다잖아. 한 장 쥐 보내자.

총각 니 배지 내가 왜 채우냐.

송달 야, 너 대문 열렸어. 단추 채우래.

삼열 누나, 핸드백 열렸다. 그러구 내가 누나 핸드백 열린 거 가
르쳐줬다 아닙니까. 그러자 핸드백이 일루 곧장 날라와라우.
허연 코피가 대고 흘러내리더라 그리 된 것 아니요. 아이고
내 코-아이고. 그러는 사이에 누나가 뛰고 저놈아가 쫓은
게 나도 쫓아 일 이 삼등으로 죽어라고 달려가는데-.

송달 아버지.

삼열 뭐라고.

송달 누나가 아버지 부른게 꼰데가 잠옷 입고 나와요. 아씨가 꼰
데 하쇼.

수사관 뭐라고 했나.

송달 느덜 뭐야.

수사관 느이들 뭐야.

삼열 밤이 늦었어요.

송달 느덜 야밤에 지집하고 마라송하냐, 지금. 그럴 기력 있거든
됐다 도적이나 잡어 가서.

수사관 그 기력으로 도적이나 잡어 가서.

송달 너 도적놈이래.

삼열 누가.

수사관 야, 이 도적놈아.

삼열 영감님, 들어가 주무세요. 절한다―영화 끝.

수사관 빼먹었잖아.

삼열 다요, 이게.

수사관 칼 어디서 찔렀어.

삼열 너 칼 썼냐.

송달 금시초문인디요. 칼이 여기 왜 나와요.

수사관 바로 대.

송달 니가 칼 썼냐.

삼열 비밀인디요. 비밀통장이요.

수사관 (민주한테) 이 두 사람 본 적이 있지요.

송달 누나, 나 올이 겨우 스믈 하나요. 돼지띠. 목매달기엔 좀 아
까운 나이 아니요.

삼열 (혁대 뽑아 올가미 모양 송달이 목에 감는다) 사형대. 새끼줄이

목에 걸렸다. 마지막으로 남겨둘 말이 있는가.

송달 엄니, 보고싶어요.

삼열 고아원 출신이 엄니가 어딨어 임마.

송달 누나, 배고파. 배고파ㅡ.

붕어빵을 입에 물려준다. 동시에 혁대줄을 나꿔챈다. 목이 매어 켁켁거린다. 잠시 실지 상황을 보는 듯하다. 둘이 낄낄거리며 웃는다. 웃다가 주먹질을 한다. 실지로 쌀이 붙어 뒤엉켜 나뒹군다. 송달이 칼 뺀다. 수사관이 발로 차 떨어진 칼을 집는다.

수사관 (붕어빵 총각한테) 지난 **2**월 **17**일 오후 **8**시경 이 두 사람이 붕어빵 두 개를 갈취하고.

총각 외상으로 돼 있어요.

수사관 **8**시 **10**분쯤 이 여자가 증인 앞을 통과했고.

총각 지나갔죠.

수사관 (민주에게) 통과하는데 낯선 두 청년이 가로막았다. 청년이란 이 두 사람이 맞죠.

민주 (완강히 고개 젓는다) 본 적 없어요.

수사관 둘 중에 말 걸어온 놈은 봤을 거 아니요.

민주 본 적 없어요.

수사관 보시요. 이것들 놔두면 같은 사고 또 발생해.

민주 못 봤다잖아요.

삼열이 송달이 그자리 무릎 꿇고 넙죽 절한다. 수사관은 고개를 절래절래 저으면서 퇴장한다.

송달 누나, 우리 의형제 맺자.

민주 본 적 없다고 했잖아. 우린 생면부지야. 앞으로 내 앞에 절대 얼씬 말어.

삼열 왜 안 불었지.

민주 들어가면 더 나빠진다더라. 거기서 더 나빠지면 ─.

송달 우리 모두 새겨둘 말씀이야.

민주 미래가 있어. 느이들 아직 젊지 않아.

삼열 누나, 이름이 미래야.

송달 미래. 물 좋은 미래.

순간 두 사람 날렵하게 민주를 넘어뜨린다. 송달이 민주 가슴에 올라 타고 삼열이 하의를 벗긴다. 순기가 송달이한테 달겨든다. 송달이 칼로 순기의 인대를 잘라버린다. 순기의 비명소리 솟는다. 한켠에 놓여 있는 궤가 들썩거리면서 모친의 소리 들린다.

모친 민주야, 민주야.

삼열 야, 저게 뭐냐.

송달이 궤 덮은 까만 천을 제낀다. 모친이 비명을 지르면서 수면용 안대를 황급히 들쓴다. 경련을 일으킨다.

송달 이게 뭐야, 뭐가 들었어.

삼열 사람 아냐.

민주가 송달이 등에 올라타면서 소리친다.

민주 안돼. 거기 손 대면 안돼. 나 여기 있잖아. 나 여기 있어.

삼열 (민주의 머리끄댕이를 뒤로 젖혀 잡고) 뭐야, 저게 뭐냐고. 끌어 내.

민주 말어. 어머니요. 히로시마 원자탄이 터지면서 그렇게 됐어

요. 햇빛을 못 봐요. 해 보면 안돼요. 어머니한테 손 대지 말
아. 내가 여기 있잖아. 날 봐, 날.

송달 히로시마가 뭐냐.

삼열 원자탄이라.

송달 아즘마가 원자탄이요, 어매 무서라.

삼열 (궤짝을 올라타고 앉아) 아즘마, 잘 들어. 우리가 돈이 없어.
아즘마가 좀 만들어 줘야겠어.

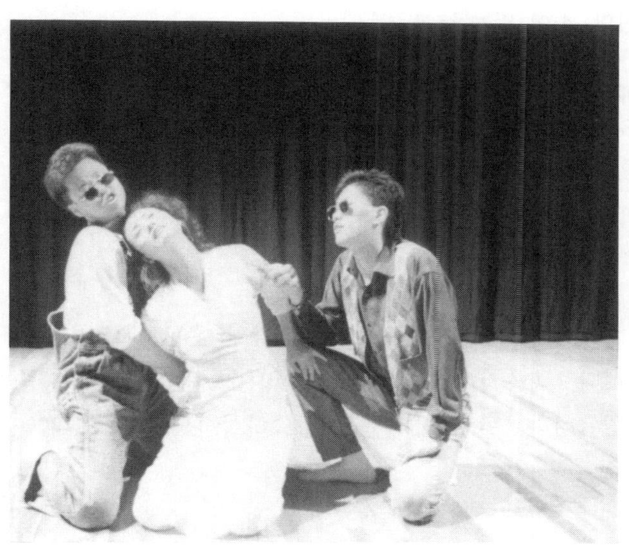

모친 (품에서 통장을 꺼내 틈새로 디민다) 통장이요, 우리 애는 놔
주시오.

삼열 우린 동업자요, 동업자.

통장을 되돌려준다. 展示場의 화려한 幕이 가로 닫힌다.

전시장

마치 서커스단 천막과 흡사하게 보인다.
그것이 무대에 걸맞게 축소된 꼴이다.
幕 앞에는 휘장이 휘날리고 간판이 가로 세로 더덕더덕 붙었다.
50년간 해를 뺏긴 여자.
무엇이 우리한테서 해를 앗아갔는가.
1945년 5월 6일의 히로시마 원폭 피해자는 증언한다.
원자탄 시대. 살아 있는 核교육장.
核은 인류의 적.
核의 실체를 고발한다.
대인 2000원, 학생 1000원, 국교생 300원
카메라 후레쉬 持入禁止. 전지 持入禁止.
선전원 유니폼을 입은 민주가 종이나발 입에 대고
관객을 유치한다.

민주 절대로 후레쉬를 터쳐서는 안됩니다. 감춰 온 전지를 비춰서
도 안됩니다. 피폭자에게 해가 되지 않는 光度의 전지가 준
비되어 있습니다. 필요하신 분은 말씀하십시오. 한 개 2000
원.

상자에서 전지를 네다섯 개 부채 모양 꺼내 들고 흔든다.
관람시간은 7분입니다. 자, 고대하시던 원자탄의 희생물입니다.
햇빛 빼앗긴 세월 50년. 원자탄은 인류의 적. 원자탄 결사반대.
막이 열린다. 五色 등불 아래서 무희들이 경쾌하게 한바탕 춤추고
들어간다. 이어서 발을 저는 순기가 낯이 익은 궤짝을 무대 중앙에
밀어 넣고 까만 천을 거둘 태세 갖춘다.
조명 꺼지고 둔중한 첼로 소리가 들린다.
깜깜 속에 형광물질을 옷에 바른 모친이 웅크리고 앉았다.
문득 서서히 움직인다. 울 안의 유인원 모양 움직인다.
차츰 팔을 놀린다. 양족을 놀린다. 지체가 첼로 소리에 실린다. 춤

이 된다.
한켠에 희미하게 부친의 모습이 나타난다.
모친은 흠칫 놀래서 균형을 잃고 쓰러진다.
한켠에 삼열이 모습이 나타난다.
모친은 채찍을 느낀 동물 모양 반사적으로 몸을 세운다.
춤을 춘다. 50년간 햇빛을 빼앗긴 여인의 몸짓으로 춤을 춘다.
삼열의 모습 사라진다.

모친 서 있지 말고 어디 앉으세요.

부친 민주 안색이 아주 나쁩디다. 애가 맘 고생이 심한가 봐. 이
거 내가 뭘 어떻게 해줄 수가 있나. 이봐요, 애한테 일러줘
요. 내 잘못된 건 이 애비가 자초해서 그리 된 것이라고 자
꾸 말해줘요. 저대로 두었다간 애 죽이겠어.

모친 왜요, 걔 요새 잘하고 있어요. 더들떠들 손님 끌어들이느라
고 바빠요.

부친 걔도 그렇고 당신한테도 그렇고 내 면목이 없소. 얼굴을 들
수가 없어.

모친 모를 것이 사람이에요. 이러고 지내다브니 전 같지가 않아
요. 이제 겨우 사람구실을 하는가 싶어요. 두 총각한테 고마
운 생각이 다 들어요. 이상하죠.

부친 벌부터 고만 두시오. 못하겠다는데 저희가 어쩌겠소.

모친 그랬다간 민주가 다쳐요.

부친 오늘밤으로 민주는 멀리 보내요.

모친 두 총각하고 약속했어요. 내가 이 짓은 얼매든지 해주마. 대
신 민주는 누이처럼 보살펴라.

부친 이봐요, 요새 애들 전 같지 않아요.

모친 조금만 더 두고 보세요. 벽장 속에서 오십년 버티고 살아왔
어요. 이만한 일 못 해내겠소. 내게 계획이 있어요. 염려 마

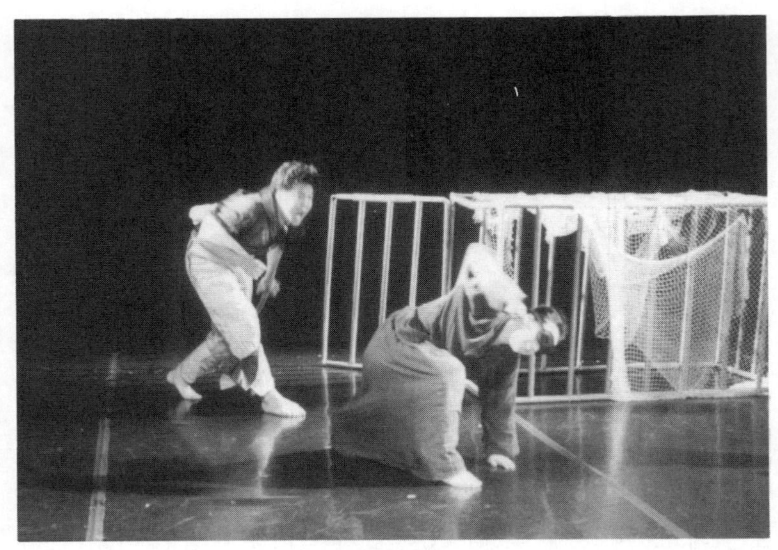

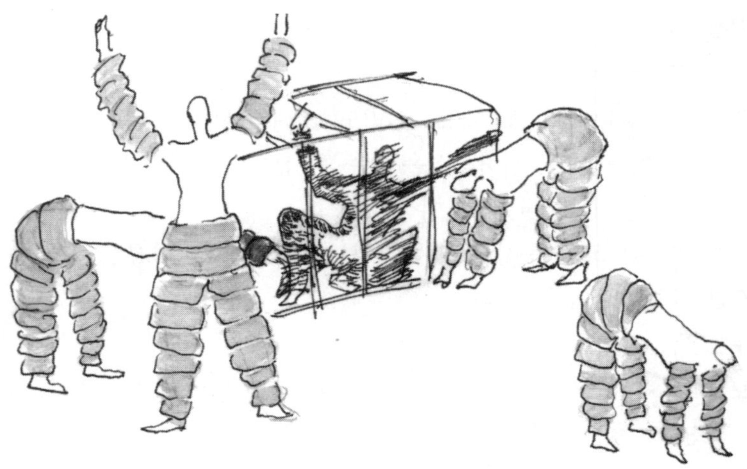

세요. (원자폭탄의 무서운 열풍을 온몸으로 떠받치면서 춤을 춘
다. 거슬러 나아가면서 춤춘다. 춤의 정점에서 마그네슘이 터진다.
모친 몸이 꺾인다. 눈을 후벼파듯 브벼대며 소리친다) 내 눈, 눈
이 아파.

바람에 날린 빨래 모양 지체가 바닥에 늘어쿨는다. 황급히 막이 닫
힌다. 민주가 뛰쳐 나온다.

민주 다음 손님들이 줄을 서서 기다립니다. 되도록 빨리 자리를
비워주세요. 절대로 후레쉬를 터쳐서는 안됩니다. 감춰온 전
지를 비쳐서 쳐서도 안됩니다. 피폭자에게 해가 되지 않는
光度의 전지가 준비되어 있습니다. 필요하신 분은 말씀하세
요. **2000원.**
(전지 네다섯 개 부채 모양 펴서 잡고 흔든다)
후레쉬를 터쳐서는 안됩니다. 전지를 비춰서도 안됩니다. 후
레쉬를 터쳐서는 안됩니다. 전지를 비춰도 안됩니다. 후레쉬
를 터치면 안됩니다. 전지를 비춰도 안됩니다. 후레쉬를 터치
면 —.

가슴이 답답한 듯 상의를 쥐어 뜯으면서 안색이 창백해진다. 송달
이 등장해서 민주를 한켠으로 끌고 간다.

송달 왜 이래, 어디 아퍼.
민주 나, 더 못하겠어요. 어머니하고 나 그만 놔줘요. 돈 벌만큼
벌지 않았어요. 어머니 저러고 애쓰는 거 더 못보겠어요. 우
리 보내줘요. 나 그전 모냥 전화국에 가고 싶어요. 어머니하
고 내가 사는 것이 전엔 이런 것이 아니었어요. 이렇게는 우
리 못살아요. 나 약 먹고 죽을 거에요.

주머니에서 약병 꺼내 보여 준다.

송달 왜, 배가 불러서 이래. 심심해. 어멈 매맞는 거 보고싶어.

민주 부탁이 있어요. 어머니 며칠만 쉬게 해줘요. 저러다가 쓰러
져요. 내 다할께요. 시키는 거 뭐든 다해요.

송달 삼열이 하고 상의해보지.

민주 (전지 네다섯 개 부채 모양 펴들고 종이나발을 들고 나선다)
2000원. 피폭자에에 해가 되지 않는 光度의 전지가 준비되어
있습니다. 필요하신 분은 말씀하세요. 2000원. 절대로 후레쉬
를 터쳐서는 안됩니다. 감춰온 전지를 비춰서도 안됩니다. 피
폭자에게 해가 되지 않는 광도의 전지가 준비되어 있습니다.
필요하신 분은 말씀하세요. 2000원.

전지를 흔들다가 幕 뒤로 들어간다.

아침

막이 열린다. 천막 틈새로 아침 햇살이 빨래줄 모양 새어든다.
오전 11시 경. 모친이 들어 있는 궤짝엔 검정 천이 덮였다.
한켠 구석에서 절뚝거리는 순기가 숫돌에 칼을 간다.
바닥에는 맥주 캔, 일회용 접시들이 지저분하게 널려 있고 다 벗다
시피한 삼열이 송달이 사이에 민주가 누워 곤히 잠잔다.
궤짝이 들썩거린다

모친 몇 시나 됐나. 민주야, 뭘 좀 먹자. 아가.

포장을 들친다. 눈 앞에 벌어진 정경을 보고 외마디 소리를 낸다.
얼른 포장을 덮는다. 경련을 일으키는가 궤짝이 요동을 한다. 얼마

지나 다시 포장이 살며시 제껴진다. 얼어붙은 듯 쳐다본다. 넘어오
는 토사물을 막듯이 입을 틀어막고 상체를 들썩거린다. 포장이 닫
힌다. 궤짝이 요동을 한다. 얼마 뒤에 포장이 다시 열린다. 한켠에
있는 순기가 눈에 띈다. 포장 밖으로 손을 나밀어 포장을 친다. 순
기가 본다. 와달라는 손짓을 한다. 순기가 모친 손을 잡아준다. 수
면용 안대를 한 모친의 모습이 보인다.

모친 나, 가위 좀 가져다 줄텐가. (순기가 가위를 가져다 준다) 내
　가 속이 거북해. 약국에 가 활명수 하나 사다주게.
순기 심하면 약을 지어올까요.
모친 그래 주게.

순기가 발소리를 내며 멀어지는 척하고 한켠에 쭈그리고 앉아
주시한다.
모친이 수면용 안대를 하고 궤짝에서 나온다. 기어서 어림 짐작으
로 삼열이 발치에 이른다. 상체 께로 몸을 옮긴다.
순기가 짐작되는 바가 있어 텐트 버팀목을 기어 오른다.
한켠에 뿌옇게 부친의 모습이 나타난다.
삼열이 상체를 더듬어 확인하고 가위를 공중 치켜든다. 내려찍으려
는 순간 부친이 수면용 안대를 홱 개껴 벗긴다.
순간 모친은 외마디 비명을 지르면서 전신을 떤다. 순기가 칼로 텐
트를 이어묶은 줄을 끊는다. 텐트 천 한쪽이 내려앉으면서 아침 햇
살이 봇물처럼 밀려 들어온다. 은비 모양 쏟아져 든다. 음악 소리
가 화산이 폭발하듯 솟는다.
모친이 놀래어서 눈 가렸던 손을 뗀다.

모친 원자탄이다.
민주 어머니. (모친이 본능적으로 눈에서 손을 떼고 민주를 본다. 민
　주를 상체로 가리면서 민주 눈을 손으로 덮는다) 눈을 감아, 꼭
　감아.

민주 어머니, 햇빛이에요. 해.

모친 엎드려라. 눈에서 손 떼지 말고. 눈 꼭 감고.

민주 해에요. 어머니. 눈 가려요. (순간 모친은 자신의 눈을 가리려고 손을 올리다가 문득 멈춘다. 숨죽인다. 눈을 뜨고 있는 자신을 감지한다. 뇌 속의 수천 개 바늘이 곤두서기를 기다린다. 좀체 고통이 밀려오지 않는다. 찬찬히 주위를 둘러본다) 해—해. 생각난다. 물, 민주야, 물 좀 주련.

(민주가 머리맡에 있던 물 주전자를 건네준다. 주전자 주둥이를 문다. 얼굴에 물을 뿌린다. 얼굴을 훔친다. 눈의 물기를 거둔다. 햇살이 비쳐드는 쪽으로 다가든다. 눈부신 듯 올려다본다. 손등에 비치는 햇살을 본다) 애, 손등이 간지러. 이것이 스믈스믈 기어가지 않니. 너도 그러냐.

민주 예, 어머니.

제 손등을 모친의 손등 곁에 비겨본다.
두 모녀의 손등 위로 쏟아지는 아침 햇살이 눈부시다.

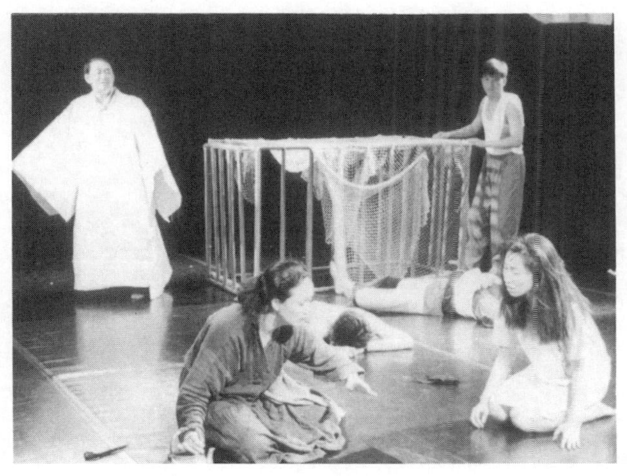

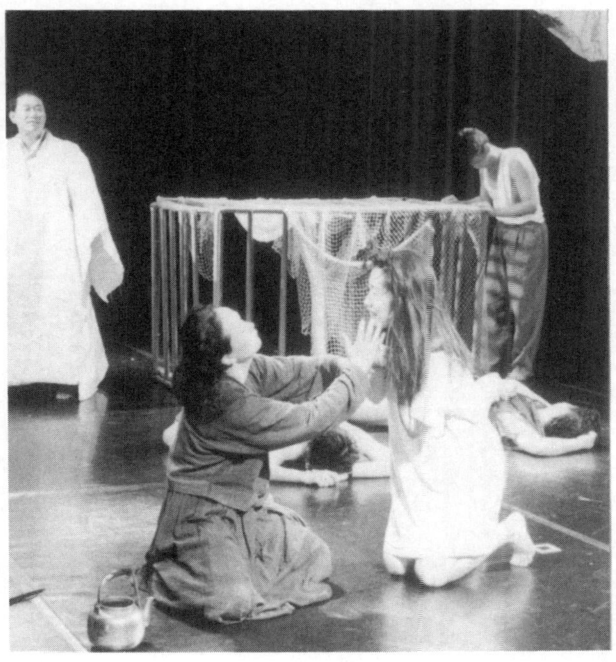

작품론 · 작가론

오늘의 문제작…「비닐하우스」

비평적 촉각…과학문명 고발

한상일(연극평론가)

선정경위   연극평론가 梁惠淑(梨大 교수) · 李相日(성균관대 교수) · 韓相喆(한림대 교수) 씨는 최근 우리 무대에 발표된 연극가운데 현재 동숭아트센터 대극장에서 공연중인 극단 木花의 吳泰錫 作 · 演出「비닐하우스」를 「오늘의 문제작」으로 선정했다.

봄시즌 우리 무대에 오른 창작 · 번역극 무대들은 거의가 재공연 무대이고 新창작무대는 특히 드물었다. 번역극 무대 중에서는 소극장 산울림의 「하나를 위한 이중주」가 "소극장 레퍼터리의 이상적인 선정과 운영"(韓相喆)으로, 극단 현대예술극장이 李秉勳 연출로 동숭연극제에 참가한 「꼽추왕국」이 "충격적인 작품 · 주목할 만한 연출 · 젊은 배우들의 앙상블"(李相日)로 꼽혔고 민중의 「아! 체르노빌」은 "이색작가와 주제소개", 현대의 「보이테크」는 "젊은 연극인들의 충실한 작품해석"(梁惠淑)이라는 점에서 논의가 됐다.

신작 창작무대 중에서는 극단 에저또의 李容燦 作, 方泰守 연출의 「흔들리는 여자」가 원로작가의 오랜만의 무대로서, 오늘의 문제를 다룬 소재가 지닌 가치라는 면에서 주목됐고 오태석의 「물보라」 재공연 무대가 차분하게 정리된 연출로 꼽혔다.

吳泰錫의 「비닐하우스」는 이 작가가 최근 역사적인 소재, 민속적인 연희방법 등에 대해 증점적인 관심을 가져온 것을 생각한다면 주제 선택에서 하나의 방향전환으로도 볼 수 있고 연출면에서도 같은 어조의 정리된 전개라는 면에서 눈길을 끌었다. 극작가 오태석의 새로운 변신 또는 넓어진 작품세계를 예견할 수 있는 특성을 지녔다는 점에서 오늘의 문제작으로 부각된 것이다.

가상(假想)의 비닐하우스 세계에서 피를 헌혈하고 구역질하는 인간군상들을 통해 과학문명을 고발하는 작가는 또 한꺼풀 탈피를 도모한다.

吳泰錫의 작품세계에 반문명적인 색채가 없었던 것은 아니었지만 대개 그런 문명비평적인 촉각은 전통사회라는 카오스의 씨줄이 견주어지는 날줄로서의 질서 그것이었다.

반질서의 질펀한 판놀음 가운데 깨어진 유리조각처럼 번뜩이던 反문명성은 그래서 어쩌면 전통성에 반사된 현대의 추악한 몰골 같아서 그의 작품세계에 드러나는 과학과 질서의 문명세계는 이미 부정의 그것으로 낙인 찍혀 있는 터였다.

그런데 이번에 발표된 「비닐하우스」(3월 25일~4월 8일, 동숭아트센터 대극장)는 전통 연희(演戲)에 담긴 현대의식의 과학문명이 아니라 처음부터 가상의 과학문명 사회 자체에 조명이 주어진 상황설정이라는 점에서 우리의 시선과 관심을 모았다.

비닐하우스는 인공(人工)의 극치다. 그런 시스템이 바로 문명이다. 그리고 그 얄팍한 문명의 조직 속에서 온실의 야채가 자라듯이 사람들은 합의라는 미명으로 피를 뽑는다. 그 조직과 합의라는 대전제는 과학문명 이전에 정치·사회적 조직의 일면을 드러낸다. 비닐하우스의 과학문명은 비정한 산업화 사회의 관료제도와 맞물려 무서운 파멸을 향해 해체된 놀이를 즐기고 있다.

해체된 놀이는 극적인 절정이 없기 때문에 재미가 없다. 연극적 재미를 돋구는 전승연희의 놀이가 해체된 가운데 남는 것은 문명질서의 깔끔한 껍데기뿐이다. 그만큼 오태석의 연출작품에서 「비닐하우스」만큼 정돈된 무대도 드물다.

오픈 스테이지로 처음부터 가까운 공간처럼 거기 놓여 있는 무대는 때때로 광원(光源)을 드러낸 조명과 싸늘한 빛깔의 스테인레스 골격 의자와 장치들로 깔끔하게 정돈된 질서의 이화감을 갖조하는데 그 비닐하우스 공간 속의 '우리'는 어쩌면 또 하나의 정치적인 변종(變種)인 「1989년」(조지·오웰의 「1984년」에 빗대어)을 살아야 하는 현대 과학문명의 희생양들일는지 모르는 것이다.

「비닐하우스」의 질서는 관료조직의 질서이며 그 질서를 깨뜨리는 자는 정치적 반역이 된다는 식의 강한 이데올로기를 부여하지 않는 것이 오태석답다. 그의 놀이적 수법은 하필이면 환기통 구멍을 통해 잠입한 수은중독증 소년의 구토증세와 그 전염증세로 관객들을 '갖고 놀려고 한다'. 관객들과 함께 노는 것이 아니라 관객을 갖고 노는 작가의 악의는, 그러나 그것이 선의의 장난이기 때문에 굳이 구애받을 것이 못된다. 그런 악의없는 장난은 오태석의 장기이기도 한데 놀이가 해체된 「비닐하우스」에서의 문명비평적인 그의 변신은 현대 관료사회의 아슬프레한 정치적 이데올로기적 상황 설정과 함께 질펀한 놀이판의 형성을 억제한 탓에 그의 또다른 장기인 그로테스크를 통한 문명비판적 강도를 더해주지 못한 것이 아쉽다. 국민적 합의라는 피의 헌혈무대, 느닷없이 나타난 수은중독증 소년의 죽음, 그리고 그의 구토증세의 전염을 담아내는 소도구로서의 변기나 양동이에 머리를 틀어박는 무리들, 위장된 동맥절단의 피주사기와 가게로 스며드는 선혈의 그로테스크한 형상들은 분명히 작가 오태석의 일면을 담고 있는데 그것이 전통사회의 현대의식일 때와 현대사회의 전통적 의식일 때, 그가 펼치는 재미와 관객의 즐거움이 휘발해 버린 까닭은 끝내 밝혀 낼 수가 없다.

그것은 어쩌면 전통과 현대 사이의 간극을 비집고 그 틈바귀에서 장난스러운 악의의 웃음을 만들어 내던 오태석이 그의 두 세계 사이의 축을 한쪽으로 거두어 내고 지나치게 과학문명 쪽으로 쏠렸기 때문인지, 아니면 그의 장난스런 악의의 웃음이 아직 이

방향을 잡지 못한 채 전환기의 시대처럼 표류하고 있기 때문인지, 우리는 알 수가 없는 것이다.

그러나 분명한 것은 그가 작가로서, 연출가로서 한 고비를 넘어가고 있다는 징후(徵候)인 것이다. 그리고 그것은 전통사회의 원초적 의식을 지향한다기보다 과학문명의 관료적 제도 속에 도사린 어두운 절망에 대한 성찰일지도 모른다는 예감(豫感)인 것이다.

관료체계에 우화적 비판

김문환(서울대교수 · 연극평론가)

최근에 문을 연 동숭아트센터에서 개최되고 있는 제1회 동숭연극제는 지금 세 번째 참가작품을 선브이고 있다. 이는 독특한 성격의 정치극으로 간주될 수 있는 극단 목화의 「비닐하우스」다.

오태석 작 · 연출 공연이 흔히 그래왔듯이 이 공연도 관객이 적극적으로 의미 부여를 하지 않는 한 결코 그 진의를 짐작하기 쉽지 않다. 더구나 「비닐하우스」라는 표제가 마치 농촌문제와 연결되는 연극인 듯한 인상을 준다. 그러나 적어도 필자가 보기에는 이 표제는 다른 의미를 상징한다.

그것은 곧 자연적 절기와는 상관없이 재배자의 필요에 따라 채소나 과일을 길러낼 수 있는 장치라는 뜻으로 읽혀질 만하다. 그러니까 이 연극은 국민에게 사랑을 배우도록 한다는 명분아래 백성을 길들이기 위해 압박을 가하는 억압 구조를 상징하는 것처럼 읽혀진다.

열려있는 무대 위에는 웬만한 목욕탕이나 사우나실에서 볼 수 있는 등받이 의자와 발걸이가 나란히 놓여 있다. 그러나 그 곳이 목욕탕과는 인연이 없다는 것이 그 중앙에 있는 철제 침대와 배후에 있는 많은 전자기기들에 의해 쉽게 알려진다.

극의 진행에 따라 이곳은 국가비상시에 대비하여 집단채혈을 하는 여러 유사한 장소 중의 하나임이 밝혀진다. 이곳에 징집된 사람들은 채혈뿐만 아니라 이기주의를 극복할 수 있는 교육도 받는다. 미국에서 베스트셀러가 되었고 우리 나라에서도 번역된 『배워야 할 모든 것을 유치원에서 배웠다』라는 책의 항목들이 이곳의 강령으로 활용된다. 그러면서 인간은 그가 사는 시대를 선택하지 못하고 주어진 시대를 살아가야 할 뿐이라는 강령이 추가되면서 이런 극이 체제 대 개인의 문제와 연관되어 있다는 인상을 강화한다.

타인을 위한 희생정신을 국가에 의해 교육받게 될 때 그 분위기는 사회주의적인 인간으로의 개조교육만큼이나 억압적이다.

관객은 마치 극장이나 거리에서 국가 연주나 국기하강 때 기립하거나 부동자세를 취하면서 느끼게 되는 실정과 비슷한 느낌을 갖게 된다. 그러나 그러한 교육은 겉으로 볼 때 결코 강압에 의한 것처럼 보여지지 않는다. 어디까지나 자발적인 동의에 의한 것처럼 보여야 한다.

이 연극에서 사람들은 헌혈이라는 명분아래 실상 이와 비슷한 순치를 익혀간다. 물론 그중에는 그러한 명분을 액면 그대로 받아들이는 '착한' 사람도 있게 마련이다. 이 연극의 경우 그는 조상건이 실감있게 연기해 낸 청과장수가 된다. 그는 당국이 이 사람들의 순치정도를 실험하기 위해 투입한 수은중독 소년에게 진정으로 연민을 느끼고 어떻게 해서든지 그를 구해 보려고 다른 사람들을 설득하고 드디어는 종합병원으로 그 애를 태워보낸다.

그러나 그는 그에 합당한 절차를 밟지 않았다. 그리하여 당국은 절차의 무시가 불가피했던가를 현장검증코자 한다. 이에 대비한 예행 연습은 실상 사람들이 얼마나 명령을 잘 받아들이는가를 측정하기 위해 고안된 절차로 밝혀진다.

물론 이런 정도의 의미파악도 쉽지 않다. 더구나 필자가 관극했을 때에는 대본과는 달리 연극이 채 매듭도 맺지 않은 채 끝나버려 관객은 더욱 어리둥절해지기 쉽다. 오히려 대본대로 끝마무

리하는 편이 작품의 이해에 도움이 될 듯하다. 극단목화의 기본
체질대로 과장의 기법과 볼거리를 위한 고안들이 때로 연극수용
에 장애가 되기도 하지만 그런 장면들이 없어지면 이 공연을 보
는 재미는 반감되고 말것이다. 그러나 아직 절제가 필요한 부분
이 더러 있고 그것의 손질이 결코 공연에 상처를 주지도 않을 것
이다.

기록에 없다는 이유로 시동생을 위해 남편의 헌혈증을 활용하
지 못해 낙담하는 여인의 울음이 그중의 하나이다.

모든 것이 규칙에 의해 규격화되고 사람들은 드디어 이에 익숙
해져 그것에서 오히려 편안함을 느끼게 되는 사태에 대한 우화적
인 비판 의식이 너무나 빤하게 들여다보여서도 안되겠지만 그렇
다고 이를 지나치게 호토하거나 생략할 경우 그것은 미완상태로
방치될 염려가 있다. 보완이 되리라고 믿으면서 능동적인 관극을
원하는 의식 있는 관객에게는 봐 둘단한 공연이라고 권해본다.

목화의 숨쉬기

김방옥(청주대교수)

  토월극장 개관기념으로 공연된 오태석의 「백마강 달밤에」를 보고 난 후 이제 그의 연극이 한 성숙기에 접어든 것이 아닌가 하는 기대감과 기쁨을 느꼈다. 마을굿이라는 기존 전통제의의 틀을 빈 탓인지 모르지만 작품 전체가 비교적 안정된 뼈대를 갖추고 있으면서 그 위에 오태석 고유의 무대상상력, 그리고 무엇보다 한국인의 삶과 정서에 대한 그의 애정과 직관과 통찰이 너그럽고 풍요한 육화를 이뤄내고 있었다.

  누구나 인정하듯 굿은 우리 현대연극이 호시탐탐 기웃거리는 민족의 원형적 상상력의 보고(寶庫)이다. 우리 연극에서 굿은 단지 사실주의적 연극의 한 소재로 삽입되거나 과거 민예극단식의 복고적 낭만주의극의 피상적 모델이기도 했다. 최근에 와서 굿의 형식과 정서를 비교적 본질적으로 접근한 예로는 이현화의 「산씻김」이나 이윤택의 「오구」 등을 들 수 있는데 오태석의 「백마강…」도 보물창고의 문을 조금 열은 이런 수작(秀作)의 계보에 넣을 수 있을 것 같다.

  물론 오태석 역시 형식면에서는 선택적 절충주의자(eclectici-st)의 하나이다. 대부분의 우리 작가나 연출가가 그렇듯이 그의 전 작품을 통해 집요하게 추구하는 극적 형식이 있다기보다 그때 그때 선택적으로 극형식을 취사 사용한다는 뜻이다. 그는 예전에 굿을 다룬 「물보라」 같은 작품을 썼었고 그의 모든 작품은 제

홍을 못이기는 한판굿이며 그의 많은 작품에서 이승과 저승, 삶과 죽음이 제멋대로 넘나들어왔다. 그러나 굿이라는 형식이, 또한 이번 「백마강…」에서 별신굿 형식을 선택한 사실이 그의 작품세계의 어떤 본질적 요소라든가 결정적 변화라고는 생각되지 않는다. 그보다는 오히려 예술의 전당 토월극장 개관이나 혹은 문민정부의 출범이라는 기획상의 시기성과 관련이 있을지도 모르겠다.

그럼에도 불구하고 「백마강…」은 형식의 안정감이나 내용면에서의 대작다운 스케일, 그리고 정서면에서 한국적 심성의 성공적 표출이라는 면에서 오태석의 80년대 이후의 성공작의 하나라고 생각된다. 화해와 해원(解寃)의 굿 형식을 낄은 「백마강…」에는 이승, 저승, 역사와 현실, 삶과 죽음의 대물림, 업보와 윤회의 소용돌이 속에서 대긍정을 향해 물살을 헤쳐나가는 서사시적 구도(救道)의 힘이 있으며 또한 그 형상화의 용광로 속에는 현실과 환상, 고통과 해학, 응축과 이완, 과장된 양식화와 무덤덤한 일상성, 그리고 한국적인 너그러움과 일본풍의 극단주의적 미학 등의 상반된 요소들이 서로 어우러지며 부대끼며 녹아 넘치고 있는 것이다.

오태석의 숨쉬기

이제 느끼는데 연극도 숨쉬기다. 연극을 본다는 것 만든다는 것은 본질적으로 숨쉬기와 관련되어 있다.

숨쉬기는 삶의 가장 기본적인 운동인데 우리가 처음 들어가 어둠 속에서 시작을 기다리는 것, 맨 처음 무대에서 무엇인가가 움직이기 시작하고 소리내기 시작하는 것, 어느덧 음악이 스며들거나 조명이 식어버리는 것, 놀라운 장면에서의 경악과 감동적 장면에서의 뭉클함, 기대와 긴장과 안도, 그리고 어느덧 극의 마지막이 다가오고 있음을 자기도 모르게 알아차리게 되는 것…….

이런 모든 것들이 숨쉬기와 밀접한 관련을 맺고 있는 것이다. 인간사의 모든 희노애락은 숨쉬기이며 태어남도 섹스도 죽음도 모두 숨쉬기의 조화인 것이다. 배우연기의 가장 기본은 숨쉬기이다. 무대에서 편하게 숨쉴 줄 아는 배우는 자신이 진실하게 느끼는 감정의 양만큼 들이마셨다가 내뿜는다. 결국 연극이란 배우의 숨쉬기가 교감(咬感)하는 것이다. 그리고 지금 나의 글쓰기도 일종의 숨쉬기다.

숨쉬기는 시간의 경과를 타고 미세한 변화와 한껏 계속 반복, 진행되므로 리듬적 패턴의 성격을 띤다. 따라서 시간예술의 특성이 강한 공연예술에서 숨쉬기는 보다 민감하게 포착될 수 있다. 과거 서구 극에서 기승전결식의 구성 개념도 숨쉬기이다. 현대의 다양한 개방적 형식의 연극에서의 광의의 구성 개념과 시간적 패턴도 일단 숨쉬기로 이해할 수 있다.

재능있고 경륜있는 예술가라면 의식한 적이 있을 것이다. 그러나 오태석의 가장 큰 강점은 자기 나름의 숨쉬기를 하는 몇 안 되는 작가라는 점이다.

그의 숨쉬기는 아직 성숙된 정착된 패턴을 가지고 있지는 않다. 「약장수」나, 「춘풍의 처」처럼 떠들썩하기도 하고 「자전거」처럼 느리게 짓누르는 느낌을 주는가 하면 「부자유친」처럼 단말마의 광란같기도 하다. 「심청이는 왜 인당수에 두 번 몸을 던졌나」에서처럼 전반부와 후반부의 호흡이 다르기도 하고 「운상각」에서처럼 경쾌하고 부드러운 열린 호흡으로 끝나기도 한다.

여기서 중요한 것은 오태석의 연극에서는 숨쉬기가 '느껴진다'는 점이다. 숨을 되도록 죽인 채 머리속 회전으로 사건의 추이를 좇아가는 서구적 연극과 달리 그의 연극에서 유난히 숨쉬기가 느껴진다는 것은 그만큼 숨쉴 곳이 많고 편하게 비어있는 곳이 많다는 얘기다. 공간적으로 비유해서 말하면 여백이 많다는 말도 된다.

앞서 말했듯이 「백마강…」은 별신굿의 틀을 빌어 전체의 숨쉬기가 안정되었다. 아기자기하며 절묘하고 유려하게 흘러가는 전반부의 숨쉬기 조절에 비해 후반부의 호흡은 무리하고 지루한 감이 있다. 그러나 순단이 의자왕 앞에서 부르는 처절한 해원과 용서의 풀무질 노래를 거친 후의 밝고 부드럽그 가벼운 화해와 궁정의 종결부는 전체의 숨쉬기를 편하거 어우터지게 만든다.

사실 극전체의 숨쉬기는 기존의 구성개념과 그리 다를 바 없다. 오태석 연극의 진짜 숨쉬기는 작은 장면들, 그리고 장면과 장면들, 동작과 동작, 대사와 대사 사이의 숨쉬기이다. 그리고 연출가 오태석의 숨쉬기, 그리고 무엇보다 목화 배우들의 연기의 숨쉬기들이다. 즉 오태석 자신의 개인적 기질, 그가 파악하고 있는 한국인 상, 그의 극작술에서의 대사구사들과 연결된 것일게다.

많은 작품에서 그가 그리는 한국인들은 시골, 그중에서도 작가의 고향인 충청도 출신의 충청도 사투리를 쓰는 어리숙해 보이는 인물들이다. 「아프리카」의 지씨가 그렇고 「심청이」의 세 명, 「자전거」의 구서기가 그렇다. 그들은 느린 듯하면서 집요하고 헐거운 듯하면서 틀어잡고 멍청한 듯하면서 으표를 찌르는 잔치 파장무렵에 엇박자로 뛰어드는 인물들이다. 디런 독특하고 다양한 박자감각, 숨쉬기의 인물들 또한 오태석 특유의 진짜 토속적 구어체를 구사한다.

할멈 쟈가 너 맞지.
순단 내가 어디 저래요.
지환 빼박었다 야.
덕중 어디가. 이쪽이 턱이 더 빠졌어.

> **할멈** 쟈가 니 전생이여.
>
> **이장** 전생이라믄 저 샥시가 죽어갖고 순단이가 됐단 그말이요.
>
> **근희** 한번 죽었으면 고만이지 순단이는 또 뭐여.
>
> **덕상** 같은 소리 자꾸하네.
>
> **할멈** 너는 여기 못있어. 여길 떠나. 가서 남처럼 살어. 귀신 다 잊
> 어. 다 고만 뒤. 나하고 끊자. 너 내딸 아니다. 알겠냐. 떠나.
> 나 잊어버리고 의자왕도 다 잊고 다 잊어. 다 끊어.

매우 짧고 때로는 어순이 바뀌며 함축적이면서도 투박하고 더 없이 리드미컬한 그의 대사들은 사실감과 생동감으로 어필하지만 그나름의 문제가 없는 것은 아니다. 우선 작가가 제 흥에 겨워 쓰는 나머지 객관적인 정보전달에 문제가 있는 경우가 많다. 오태석 연극에 비교적 익숙한 관객도 대사의 사분지 일 정도는 놓쳐버려 어리둥절한 채 앉아 있기 일쑤다. 또한 특별히 토속어를 구사해야 할 필요가 없는 인물의 경우에도 오태석 식의 대사가 남발되기도 한다.

한편 이런 인물들과 대사들 뒤에 연출가로서의 오태석 개인의 기질과 숨쉬기가 있다. 변화무쌍한 호흡과 순발력의 오태석은 이런 토속적 숨쉬기의 배우들을 대부분 의뭉스럽게 딴청을 부리며 쭈그리고 앉혀놓았다가는 때로는 비분강개로 때로는 신명으로 문득 벌떡벌떡 불러일으켜 온갖 조화를 지어내는 것이다. 이리하여 오태석 연극의 숨쉬기에는 남들이, 서구연극의 도저히 만들어 낼 수 없는 순간들이 만들어진다.

이번 「백마강…」을 예로 들면 무당 할미가 동네사람들에게 꿈 얘기를 해주면서 꿈과 현실을 드나드는데 동네사람들도 할미의 꿈을 같이 보며 군시렁 군시렁 얘기하는 장면, 특히 할멈이 "여 기서 내가 나서"하며 은근히 꿈 속으로 끼어든 후 꿈 속에서 의

자왕이 물 속에서 하듯 아무 감각없이 할멈의 등을 푸욱 칼로 찌르는 장면, 또 영덕이라는 이웃마을 박수무당을 불러와 굿을 하는데 뭐가 잘 안되서 판을 깰듯 말듯 쉬엄쉬엄 진행하다가 어느덧 불현듯 순단에게 신이 지피는 과정들이다. 이런 장면들에서 더없이 편하고 유연한 숨쉬기와 어느 순간 갑자기 모아지는 긴장을 느낄 수 있는데 이런 독특한 숨쉬기는 동양화의 여백뿐 아니라 판소리나 창에서 예측불허로 맺고 풀고 엇가는 다양한 더늠을 연상시킨다.

목화의 연기

앞서 말했듯이 오태석 연극의 숨쉬기는 그가 오랫동안 같이 작업하고 훈련시켜온 극단 단원들의 독특한 연기 스타일에 의해서 가능하다. 목화 연기의 특징은 기존연기의 최소한의 약속(convention)마저 무시하는, 거의 하이퍼 리얼리즘이라고 할 수 있는 극단적 일상성과 그로토우스키 스타일의 극단적인 표출적 연기가 공존하는 데 있다. 아직 오태석의 연기 미학에 관해 본격적인 연구를 한 적은 없다. 그러나 그가 우리 연극에서는 보기 힘든 한국적인 무대몸짓을 의식적으로 추구하고 있고 또 그것이 어느 정도 성과를 이루고 있다는 점은 매우 주목할 만하다.

목화의 배우들, 예컨태 정진각이나 정원중 등의 연기는 다른 한국 연기자에게서는 보기 어려운 고도의 이완상태를 보여주는데 이런 이완은 한국인의 어떤 일상행동이나 정서표현에 매우 적합한 것이다. 예컨대 이번 「백마강…」에서 삼신(三神)이 부채로 장난을 쳐 젯상의 촛불이 꺼졌을 때 할멈(정은표)이 무심하게 "엉, 바람분가"하며 꾸물럭 꾸물럭 다시 불을 붙이는 장면을 들 수 있다. 이 장면은 귀신이 인간에게 불길한 싸인을 보내는 뜻으로서 흔히 그로테스크하게 과장하기 십상이다. 그런데 오태석과 그 연기자들은 지극히 일상적이며 편안한 숨쉬기 속에서 두 이질적 세계의 만남을 담담하게 오히려 약간 해학적으로 그려냈다. 또 별신굿 도중 순단(김성녀)의 손이 칼에 베어 성수(聖水)로 쓸 물이 담긴 놋대야에 피가 벌건데 순단이 비명을 지르며 놋대야를 떨구는 대신 가만히 한참 대야 속을 들여다보다가 "물갈아야겠네"하며 싹 돌아서는 장면도 비슷한 예다. 이완과 긴장이 절묘한 호흡으로 엇갈리는 순간이다. 마을 제관인 덕상(정원중)은 순단과 꿈 속의 금화를 비교하며 군시렁거리는 마을 사람들에게 "같은 소리 자꾸하네"하며 끙하고 일어나 눈흘기고 무대를 느리게 가로질러 간다. 이럴 때 그의 극사실적 일상적 행동은 그 전과 후의 빈 시간들을 마치 합바지 여미듯 여유롭게 휩쌀 수 있는 마술적 신축력을 지닌 것이다. 특히 박수 역의 정진각의 이완과 긴장이 엇갈리는 능청맞고도 화사한 연기는 자유자재로 음을 밀고 당기는 판소리 창자의 다채로운 숨쉬기를 보여주며 외부 배우이기는 하나 순단 역의 김성녀 역시 다이내믹한 에너지와 한국적 내재율을 지닌 실력파 여배우답게 순발력을 과시한다.

목화의 일상적인 이완된 연기는 한편 극단적으로 감정 표출적이거나 양식화된 연기와 맞물리거나 공존하고 있다. 정진각이 표출적 연기와 일상적 연기영역을 유연하게 오가고 있다면 표출적 연기 쪽은 「부자유친」에서 사도세자 역을 맡았던 한명구가 강하다. 또한 「백마강…」에서는 삼신 역, 명부의 여러 인물 등이 다양하게 양식화된 연기를 보여주고 있다.

아다시피 극도의 감정표현은 이완의 밑받침 없이는 불가능하다. 또한 표출적 연기와 이완된 일상연기는 한국의 시골 사람뿐 아니라 도회지의 샐러리맨의 표현도 가능하다. 지난 「심청이…」에서 백가면을 향해 야구공을 던지던 술취한 회사원의 매우 인상적 연기는 이런 가능성을 입증해 주었다.

목화배우들의 무대문법에는 한두 가지 주독할 만한 점들이 있다. 오태석의 배우들은 서로 직접 마주보며 대화하는 시간이 적다. 특히 서로 말을 나누면서도 딴데를 보거나 딴청을 부리면서 얘기하는 경우가 많다. 이것이 바로 오태석 자신이 말하는 소위 '논두렁식 대화'의 미학이다. 그에 의하면 한국 사람들은 서양 사람들처럼 서로 코를 맞대고 눈을 노려보며 여기하지 않는다는 것이다. 좁은 논두렁에서 평행으로 쭈그리고 앉아 각자 딴청으로 담배를 빨며 한두 마디씩 주고 받는다는 것이다. 그밖에 엉거주춤 쭈그리고 앉는 자세, 그리고 실내에서 구두를 신는 어색한 응접실 연극대신 방석 한두 개로 뭉개는 한국식의 온돌방 실내(판소극장에서의 「유다여 닭이 울기전」에 공연이 대표적인 예다)를 본격적으로 연극무대에 들여오는 등 한국적인 무대몸짓의 실제적 재현을 염두에 두고 있다.

그러나 목화의 배우들이 항상 무대 정면을 향해 관객 머리 위의 허공을 응시하는 자세는 문제가 될 수 있다. 이번 「백마강…」에서도 동네 사람 여럿이 모인 장면에서는 예외없이 일렬 횡대로 앞을 보며 앉아 있는 것이다. 이런 처리는 일단 서구연극에 대한 오태석 나름의 거부라고 보인다. 즉 서구연극식으로 주로 배우 상호간의 관계 형성을 통해 프로시니엄 아치(proscenium arch) 안의 일루전(illusion)의 세계를 형성하는 것이 아니라 우리 탈판 마당에서 배우들이 각자 관객 쪽을 보고 쭈그리고 앉듯 소위 제4의 벽을 깨고 배우와 관객을 만나게 하려는 그 나름의 발상이 아닌가 생각된다. 그러나 막상 관객을 바로 쳐다보는 것도 아니라 어중간하게 허공을 바라보는 시선처리는 그 자체로 매우 어색할 뿐더러 오태석이 항상 혐의를 받고 있는 일본색 시비를 떠올리게 한다. 일본 가부끼의 중요 특색의 하나가 좌열 횡대 정면직시의 미학이기 때문이다. 정면보기에 관해서는 좀더 미학적인 배려가 있어야 할 것이다.

또하나, 특수분장의 경우를 제외하면 목화의 배우는 얼굴분장을 거의 안한 맨 얼굴이 많다. 이는 현대의 소극장 연극의 추세이기는 하나 목화가 본격적으로 시작한 것으로 기억한다. 이것 역시 전통적 무대 일루전이나 약속의 거부이며 특히 목화배우들의 극단적인 일상적 연기와 같은 맥락에 있는 것으로 생각된다.

시공의 처리

「백마강…」에서의 숨쉬기가 미묘한 매력을 주는 것은 이 작품의 독특한 시공의 교차탓도 있다. 「백마강…」에서의 시간과 공간은 현실 속의 충청도 시골마을과 그 마을에 사는 무당할미가 꾸는 꿈, 그리고 그녀의 신딸과 박수 영덕이 하는 저승 명부여행 부분으로 나눠볼 수 있다. 현실과 몽상과 명부라는 이 세 개의 시공은 별신굿이라는 한국적 심상과 상상력에 기반한 형식을 통해 아주 자연스럽게 얽혀져 있는 것이다.

지금까지의 작품들 속에서 굿은 대개 현실적 삶 속에서의 기원과 소망의 양상으로 다뤄져 왔었고 막상 무속의 신적 대상이나 영적 세계 자체가 다루어진 경우는 드물었다.(기껏 전설따라 삼천리 식의 흰수염 기른 도사 수준이었거나 최근 「오구」에서 관념화되고 희화화된 저승사자 정도였다) 「백마강…」에서 오태석은 이러한 무속의 저승세계를 향해 상상력을 대담하게 확대한다. 그런 과정에서 이승과 저승, 꿈과 환상을 숨 내쉬고 들이쉬듯 자유롭게 넘나드는데 특히 시작부분이 재미있다.

막이 오르면 불교의 사천왕이나 무속의 신장차림의 천신, 지신, 해신, 3신(三神)이 자신들을 지극히 섬기는 무당할멈에 대한 보답으로 꿈 한 자락을 선물하자고 의논한다. 할멈은 마을 사람들에게 자신의 꿈 애기를 들려주는 데 이때부터 무대에는 할멈의 꿈속의 사건들이 등장하고 마을 사람들은 할멈과 함께 그 꿈을 지켜보고 있다. 나레이터 역의 할멈은 "이때 내가 나서"하며 꿈속으로 들어가고 할멈은 꿈속의 인물들에 관해 마을 사람들과 의견을 주고받는다. 꿈이 끝나 현실로 돌아온 후에도 꿈속에서 죽였던 의자왕 등의 시체가 내내 무대에 같이 누워 있다가 그 다음 제사장면으로 이어지자 슬그머니 제삿상 뒤 자신의 위패 뒤로 가서 제사를 받는다. 꿈을 주관한 삼신은 이런 모든 행동들에 계속 산발적으로 끼어든다. 마을 사람들은 때로는 이들을 그냥 봐 넘기고 때로는 없는 셈으로 친다.

이처럼 서로 이질적인 마을 사람들과 삼신과 꿈속의 인물들은 서로의 영역을 마음대로 넘나들며 서로 섞이고 모른체 하는데 그 연결과정에서 시간과 공간, 그리고 일루젼(illusion)과 디스일루젼(disillusion)의 미적 경험들이 편히 숨쉬듯 서로 엇갈리며 공존하는 것이다.

드디어 신이 지핀 순단과 박수무당이 휘적휘적 명부로 넘어가고 명부에서의 경험이 끝난 후 다시 현실로 돌아오는데 이처럼 시간의 경과를 다룬 장면에서의 시간과 공간처리는 최근에 본 무대 중 가장 아름다운 것이었다. 수백년이 고여있는 명부에서 현실로의 복귀는 천정으로부터 천천히 내려오다가 곧 다시 올라가는 노란 비단의 돛과 부드러운 신디싸이저의 음악과 그리고 여행자들의 얼굴을 덮었다가 벗기는 빨간 비단모자만으로 훌륭히 수행된다. 때로는 무대 안쪽 원경으로부터 시간의 진행을 암시하는 듯한 흰 옷의 인물이나 물지게를 진 인물이 잠시 나타났다가 사라지기도 한다. 또 수백년이라는 시간의 두께를 헤쳐나오는 인물의 슬로비디오가 동원되기도 한다.

명부로 영매(靈媒)들을 여행보내는 장면의 넉넉한 처리도 인상적이다. 이 부분의 제사는 관객 정면을 향해 이루어지는데 제관인 덕상이 소지(燒紙)하면서 "어른 혼자 맘놓고 흠향하시라고 모두 산개해서 등도루고(등돌리고) 공경하는 마음으로 염원을 올리더라고"하는 순간 객석쪽은 귀신들이 다녀가는 상상의 공간이 되며 영령들과 교감한 무당들은 관객의 상상 속에서 객석쪽을 통해 저멀리 명부로 가는 구릉들이 있는 무대 안쪽 공간과 시간으로 넘어가는 것이다. 암시와 상징으로 충만한 부드럽고 유연한 이런 스펙타클들은 반드시 한국적인 것은 아니더라도 오태석의 천재성의 숨쉬기일 수도 있다.

무대미술·음악·조명

오태석 연극의 매력 가운데 많은 부분을 소품이나 무대미술, 음악이 차지하고 있는 것은 사실이다. 특히 목화단원들과 함께 각종 소품을 직접 만들어 다루는 그의 무궁무진한 상상력은 가히 천재적이라고 할 수 있다. 이번 「백마강…」에도 악어 인간으로 변한 성충, 거미로 변한 계백 등 각종 명부인간 및 삼신들의 분장과 각종 무품제작에서 유감없는 실력으로 상상력의 만화경을 보여준다.

그의 무대미술도 연기처럼 극단적인 양식화와 극단적인 일상이 공존하는 경우가 많다. 예컨대 극히 화려하게 양식화된 소품들 중에 놋대야나 공항 면세 쇼핑빽이 끼어 있는가 하면 삼신의 유별난 분장과 허름하게 일상적 옷을 걸치고 있는 마을 사람들이 같이 섞여 있다.

그러나 일반적으로 말할 때 오태석의 무대미술, 소품, 의상, 조명, 음악 같은 요소들은 한국적인 느슨한 여유나 질박함, 그리고 판소리 같은 은근한 밀고 당김의 숨쉬기를 가졌다기보다 그저 기이하고 기괴하고 과장되고 화려하고 극단적인 것들의 집적인 경우가 많다. 따라서 일본색이라는 시비가 끊이지 않는 것도 사실은 이 부분들이다. 이번 「백마강…」에서도 핑크색 공단의 학이라든가 한국 무속의 원색조차 뛰어넘는 야광색의 무품들, 당나라 명부에서의 노란 나무통, 국적을 잘 알 수 없는 노래, 잔인성이 강조된 분장, 일렬횡대의 동작선 등은 어쩔 수 없이 일본의 가부끼, 혹은 현란하고 천박한 일본현대극을 연상시킨다. 물론 이런 대중성, 의도된 천박성, 부조화적 요소들의 공존 등이 소위 포스트 모더니즘이라는 근래의 세계적인 유행의 일부임을 고려하지 않을 수는 없다.

오태석의 무대미술, 소품, 음악, 즈명들은 그 자체로 화려하고 가짓수가 많을 뿐더러 미학적 배려면에서도 아직 혼란을 면치 못하고 있는 듯하다. 우선 가장 포괄적 해석은 각 분야 각개의 요소들이 통일된 일루전이나 유기적 조화를 염두에 둔 스펙터클을 형성한다는 것이다. 이런 현상은 현대극에서 일반화된 바 전통적 일루전을 거부하는 극장주의(theatricalism)나 혹은 동양 전통극 일반의 특징일 수 있다. 그러나 단지 일루전의 거부 단계를 넘어서 공연의 단위를 개개의 단편적 정보(information bit)로 보는 포스트 모더니즘적 양상으로 간주할 수도 있다. 이를테면 오태석의 음악은 "여기서 이런 음악 들어가오"하는 식의 정보제공적 양상의 음악인 경우가 많다. 다시 말해 遠景으로서 배경 음악이라기보다 어떤 순간의 클로즈 업을 위해 쓰인다. 때로는 엉뚱하다 싶은 유행가(「아프리카」에서 「누가 이 여인을 모르시나요」 등)가 삽입되기도 한다. 백마강에서도 별신굿 장견에서 유행가 「백마강 달밤」이 불려지는데 이것은 위의 맥락에서 이해할 수도 있지만 실제 굿판에서 많은 유행가가 불려지기도 하므로 일종의 리얼리티를 지니고 있기도 하다. 또한 많은 부분에서 전통적인 의미의 배경음악도 많이 쓰인다.

무대미술이나 소품을 보면 더 혼란스럽가. 시골집에서 흔히 볼

수 있는 나무소반이나 놋대야가 나 소반이요 놋대야요 하면서 그
대로 따로 굴러다니는가 하면 비슷한 용도로 쓰이는 풍로는 야광
의 초록색으로 양식화 되어 있다. 아무런 기능이 없는 장식적 상
징물로서 돌하루방 같은 신장상이 공연히 서 있는가 하면 앞쪽
무대가 다용도로 쓰이는 중립적인 빈 무대인 반면 무대 뒤쪽의
구릉들은 중경과 원경의 거리감을 나타내는 전통적 개념의 무대
에 가깝다. 「백마강…」의 조명은 별다른 미적 배려를 느낄 수
없는 혼란스러운 것이었다.

이처럼 무대적 측면들은 오태석 연극의 특징을 가장 잘 보여주
는 부분이면서 뜻밖에 그 안에 통일된 미학이 결여되어 있음을
알 수 있다. 이렇게 해서 오태석의 내재적인 한국적 숨쉬기는 때
때로 걷잡을 수 없는 그의 페티쉬(fetish : 물건 집착증적)한 욕망
때문에 제 리듬을 잃어가는 것이다.

백마강 달밤에 무슨 일이 일어났나?

일천구백구십삼년 이월 서초동 토월극장 백마강 달밤에 무슨
일이 일어났는지 나도 일백퍼센트는 모르겠다. 오태석의 연극을
보고 대개 그렇듯이 말이다.

다만 연극의 말미에 내게 어떤 뭉클한 감동 같은 것이 왔는데
그것은 심청이에게서 백가면 인간이 나미의 찢어질듯한 「인디언
인형」 노래에 맞추어 배에서 핏물을 튀길 때 가슴을 꽉 막히게
하던 느낌과는 전혀 다른 것이었다. 그것은 화해하자는 것이다.
용서하자는 것이다. 적이나 불의나 그런 외부로부터의 것들을 용
서하자는 것이 아니라 우리 속에 목까지 꽉 막혀 있는 원한, 분
함, 우리의 못난 모습, 못생긴 과거, 이런 것들을 이제 스스로 받
아들이고 용서하자는 것이다. 내일을 또 시작하자는 것이다.

오태석 작품의 저변에는 한과 통분이 깔려 있다. 억울한 조선

년, 못생긴 한국놈, 지지리 못난 오늘의 우리 모습에 대한 憤氣가 있다.(물론 사랑하니까 미워하는 것이다) 그런 한을 분기를 굿쟁이의 현란한 재주넘기로 이렇게 저렇게 엮어 보고 풀어보고 하는 것이다.

백마강에도 지난 역사에 대한 시골출신 문사의 한과 분이 깔려 있다. 울컥하는 역사의식 같은 것도 있다. 그러나 그보다 그위에 생명과업과 대물림과 오늘의 삶에 대한 대긍정의 기운이 만만한 것이다.

원래 우리 굿의 무속의 가치관은 긍정이다. 억울하게 죽은 사람 곱게 씻어 잘 보내고 화는 쫓고 복은 불러들이며 제 아무리 성나고 한맺힌 귀신도 잘 멕이고 어르면 결국은 오늘의 인간에게 이롭게 작용한다는 소박한 자기위안의 의식인 것이다. 이런 굿의 틀 때문인지, 오태석의 내면의 변화탓인지(이런 기미는 운상각에서도 조금은 보였었다), 아니면 극장개관과 문킨시대 출범이라는 시의성 때문인지 몰라도 아무튼 이 연극은 화합이고 긍정이다. 마치 부조리극이나 희랍신화의 주인공처럼 끊임없이 병사들의 칼에 찔리고 모기에 뜯기는 의자왕의 고통을 끝내주고 백마강에 던졌던 무기들을 건져 농기구로 새로 버르자는 처절한 풀무질 노래로 의자왕을 해원시키는 순단, 그리고 이승에 돌아와 문득 뒤쪽 언덕에 비치는 할멈 장례의 밝고 가볍고 평화로운 분위기, 다시 소생한 애기엄마의 환회의 그네들 뒤를 무심하게 자전거 타고 지나가는 잠바 입은 의자왕네 식구들(그들은 아마도 전생에 의자왕이었을지도 모른다는 탁월한 메시지)……

이 연극은 또한 대서사시에 버금간다. 영매가 된 마을 처녀가 명부에 가고 가서 죽은 무조신들과 만나고 그들을 해원시키고 화해시켜 이승의 오늘의 삶으로 이끄는 저승 여행의 구조는——우리 무속에 가깝게 저승 여행의 모티브는 뚜렷하지 않다고 해도——

과장하면 단테의 신곡을 가깝게는 바리공주 설화를 연상시키는 대서사시의 구조인 것이다. 그래서 넉넉함과 큰 기운이 있다.

그러나 이런 안정되고 넉넉한 틀 안에서도 역시 오태석 특유의 난잡한 얘기 전개와 장면 사이의 논리적 비약을 따라잡기는 힘들다. 더구나 역사에 특별히 밝지 않는 한 어디까지가 사실이고 어디부터가 허구인지 어디부터가 명부 귀신들의 패자부활전인지, 금화란 실존인물이며 의자왕과의 관계는 뭔지, 계백과 의자왕의 실제관계, 중국에서 의자왕의 행적 모두가 충분히 극화되지 못한 채 아리송하게 남아 있다. 물론 작가나름의 역사의식, 예컨대 삼국통일 전쟁을 실제 고통받던 당시 민중의 눈으로 본다거나 성충의 고루한 사상에 대한 순단의 질타 등은 그 나름의 자기무게를 지닌다. 그러나 충분히 전달된 것은 순단이 아직도 한을 품고 명부를 헤매고 있는 백제의 왕과 유신들을 해원시켰다는 정도인 것 같다. 나머지는 그저 오태석의 요란한 재주넘기와 자유로운 숨쉬기를 따라갈 뿐이다.

하나 재미있는 것은 같이 명부여행을 다녀온 순단과 이웃마을 박수 영덕의 상반된 명부체험기이다. 영덕은 명부에서 보고 온 참상을 있는 그대로 전하는 반면 순단은 환한 표정으로 모든 참상을 긍정적이고 아름다운 이야기로 바꾸어 마을 사람들에게 전한다. 순단은 어린 여자이지만 삶의 의미와 굿의 기능을 참되게 이해하는 제대로 된 큰 무당인 것이며 이 숨겨진 갈등 부분이 사실상 이 연극에서 가장 극단적으로 빛나는 부분이라고 생각한다.

아쉬운 점이 있다면 순단에게 성공적인 영매라는 극적 기능외에 도덕적 심리적으로 보다 능동적 인간적인 면모를 조금만 더 부여했으면 더 감동적이 아니었을까 싶다. 순단의 극적 성격을 부각시키는 일이 소품과 아이디어 속에서 허우적대는 2부의 명부 장면을 길게 보여주는 일보다 작품의 격조를 높일 수 있는 길이

었을 것 같다. 또한 결국 무당을 극의 주체로 설정함으로써 어쩔
수 없이 감수해야 하는 삶의 전망에 대한 제약을 완화시킬 수 있
을 것이다.

<한국연극> '93. 4월호

生命의 끈……胎의 뜻을 선명히 부각

구희서(연극평론가)

新劇70주년 기념공연이며 세종문화회관 개관 기념공연으로 24~28일 세종문화회관 소강당에서 공연된 吳泰錫 作·演出의 「胎」는 水墨으로 그린 추상화 같은 느낌으로 선명하게 육박해오는 무대였다.

「胎」는 74년 봄시즌 예술극장과 드라마센타 공연, 75년 가을 드라마센타공연, 다시 77년 시민회관 別舘 무대에서의 歐美순회 공연 기념공연을 거치면서 東朗레퍼터리 劇團의 安民洙 연출무대로 화려한 공연경력을 가진 작품이다. 安民洙 演出무대는 이 작품의 다른 연출이 있을 수 있으리라는 가능성을 완전차단 했을 만큼 강렬하고 충격적인 무대였었다. 死六臣 처형장면의 기괴하고 잔혹한 조형이나 피가 흩뿌려지고 엉겨붙는 듯한 농도짙은 색조, 음침한 呪文이나 필사적인 祈願의 몸짓에서 나옴직한 소리와 움직임 등으로 충격과 거부를 함께 느낄 수 있는 무대였다.

작가 吳泰錫은 이러한 강렬한 인상의 연출로 이미 매듭지어진 그의 작품을 다른 소리, 다른 움직임, 다른 얘기방식으로 무대에 구현했고 初期王政의 환란 속에서도 면면히 이어져 내려오는 생명의 끈으로서의 胎의 의미를 더욱 선명하게 부각시키는 데 성공하고 있다. 安民洙 연출무대를 무시하고 새로운 작업을 했다기보다 오히려 安民洙 연출무대를 딛고 그것을 바탕으로 삼아 연출작

업을 시작함으로써 한층 작품의 차원을 높이는 결과를 얻어낸 것
같다.

불기만 닿으면 후줄근히 내려앉는 흰종이로 만든 의상의 뻣뻣
함은 버티며 살아가는 인간의 나약한 위엄처럼 어떤 儀式같은 위
엄을 주고 먹물이나 검은빛으로 처리된 피의 색깔이 흰의상과 함
께 굵게 그려놓은 검은 붓자국같은 효과를 거두고 있다.

대부분 「春風의 妻」 이후 吳泰錫과 함께 실험적인 연극작업을
해온 젊은 연기자가 주축이어서 대사에 자신없음이 노정됐으나
이런 상황을 무대 양쪽에 검은 두루마기 차림으로 正座한 악사와
해설로 깨끗하게 마무리 짓고 있다.

이 무대는 黑白으로 이뤄진 무대의 색조와 해설 역의 金敏基가
만들어낸 조용하면서도 요지부동인 분위기로 보이고 들리는 요소
를 다잡아 세련된 그리고 의젓한 강렬함을 간들어 냈다.

한국적 연극찾아 30년 외길

장병욱(극작 · 연출가)

오태석 씨(50 · 극단 「木花레퍼토리컴퍼니」)는 우리 연극계의 한 정점을 움켜 쥐고 있으면서 동시에 그의 실험정신에 대한 격렬한 찬반논쟁의 중핵에 자리잡고 있는 독특한 연극인이다.

지난 6월 29일 大學路서 개관한 자신의 소극장에다 '충돌'이라는 별스런 이름을 붙여놓고 신이나 아예 이곳에서 단원들과 살다시피하는 그는 우리 나라에서는 드물게 30년 가까이 극작과 연출작업에만 전념해 왔다. 연기를 지도할 때 그는 늘 러닝셔츠 차림이다. 목에 두른 수건으로는 연신 땀을 닦아낸다.

충남 해안지방의 사투리로 손짓 발짓을 섞어가며 떠들썩하게 단원들에게 연기지시를 하다 자주 무대로 뛰어들어 춤과 노래를 직접 시연한다. 춤솜씨는 그 자체가 상당한 수준이다.

놀기좋아하는 시골 중늙은이를 언뜻닮은 이 사람이 다름아닌 '한국인의 심성에 가장 맞아 떨어지는 연극만들기'의 장본인이다. 그의 작품들, 특히 73년의 「草墳」을 필두로 「胎」「春風의 妻」「自轉車」 등 일련의 대표작들은 발표 때마다 충격의 파문을 일으켰다고해도 과언이 아니다.

특히 歐美와 일본의 연극계는 그 특유의 한국적 연극어법에 대해 70년대 중반부터 찬탄과 경이의 박수를 보내오고 있으며 지난 88년 東京 三井 페스티벌에 참가한 「胎」는 NHK TV를 통해 일본 전역에 한국어로 고스란히 방연됐다.

그러나 국내 연극계가 그의 연극을 보는 시선에는 애증이 착잡하게 교차되고 있다. 오늘의 한국연극을 가장 한국적으로 대표하는 천부적 연극인이라는 평가의 대극점에는 그의 연극이 공연히 어렵기만 한 실험극이라는 거부감이 공존하고 있다.

지난 **87**년 이런 저런 이유로 해서 그와는 꽤 인연이 멀다 싶었던 서울 연극제에서 「父子有親」이 대상으로 선정됐을 때 이 작품에 퍼부어진 일부 평자의 집중포화는 가공할만했다. 이들은 당시 신문을 통해 '자기연극에의 도취' '일본취향' 등의 비판과 함께 '이런 류의 연극이 유지되고 있는 것은 吳泰錫사단에 빠져든 광신도 그룹때문'이라고 공격하고 나서 그와 木花의 자존심을 찔러댔다. 이같은 현상은 그가 한국연극이 이뤄야할 중대한 과제, 즉 전통의 계승이란 작업에서 독특한 자리를 차지하고 있음을 실감케한다.

그에게 한국연극이란 무엇보다 '한국적 볼거리'를 의미한다.

볼거리를 엮어내는 한국적인 그 어떤 것을 그는 우리말, 우리의 순수한 口語에서 찾아냈다. 왜냐하면 그는 거기에 우리의 성정과 생활양식이 고스란히 용해돼 있다고 믿기 때문이다.

"예를 들어 한남자가 '사랑해'라고 한다면 이건 새빨간 거짓이다. 이 경우 한국의 성정에 비춰보자면 의당 '썩을년'으로 표현된다"

이같이 진솔한 구어는 굿, 판소리, 탈춤, 사투리, 시쳇말 등 온갖 출처에서 借辭된다.

예를 들어 "백곰, 모시곰, 달아높이곰, 돋우샤, 어의야, 머리곰 비춰오시라"(**75**년 작 「약장사」)는 식의 독특한 언어 구사를 통해 그는 서울에서 百濟로 일거에 시공을 뛰어넘는다.

그가 우리말의 음감과 리듬을 끝까지 밀고 나갈 경우 무대의 時空이 물구나무서게 되는 것은 정한 이치이다. 따라서 서구식의 인과논리에 길들여진 현재의 한국인들은 그의 작품이 오히려 낯설기까지 하다. 여기가 숱한 오해와 비난의 출발점이다.

그가 말하는 '볼거리'란 '굿보러 가자'고 하면 그저 신명나 어깨부터 들썩였던 그리 멀잖은 과거의 자연스런 연희형식과 직접 닿아 있다. 동경유학파로부터 신극이 유입되면서 단절된 산대놀이 등 전통놀이문화의 원형을 되살리는 일이 그의 연극이다.

그의 연극작업은 이 두 축에다 '인심, 너털웃음, 호연지기, 유약한 듯 하지만 긴 호흡' 등 반만년 역사를 통해 생명력이 확인된, 그러나 잊혀져가고 있는 우리의 생활 풍정을 채워넣는 일이다.

이제 그의 앞에는 연출가로서 84년에 창단한 이래 함께 호흡해온 本花단원과의 공동작업이 기다리고 있다. 그가 구축해놓은 단원들의 연기술에는 그의 연극어법이 철저히 관철돼 있다. 이결과 〈木花〉는 우리 극단에서 매우 개성적인 그룹으로 평가되고 있다.

이들은 분장을 하지 않는다. 호호할미를 20대 배우가 그 얼굴 그대로 연기하는 것이다. 완전히 감추지 못할 바에는 아예 드러내놓고 벌이는 대범한 산대정신의 일부이다.

이들은 「春風의 妻」에서 누웠다가 일어섰다가 혹은 철퍼덕 앉았다 나동그라지면서 죽음과 삶, 사랑과 질투로 가득찬 검은 水面 위를 滑稽의 힘으로 건너가고 있었다. 무원칙한것 같은 이들의 動線은 끊임없이 풀고 죄는 태극무늬에 의해 지배되고 있다.

시인 金洙暎은 풍자가 아니면 자살이라고 했다. 〈木花〉의 시선은 '외면 아니면 정색'이다. 외면은 논두렁에 나란히 앉아 방죽을 바라보며 나누는 일상적 어법이고 정색은 목을 내놓고 세조를 향해 호통치는 사육신의 어법이다. 이런것들이 吳泰錫 씨가 일궈 놓은 〈木花〉의 體言이다. 여기에는 소품으로 등장하는 요강이 용궁 또는 자궁을 담뱃대는 남자 또는 벼슬을 상징한다는 고전적 상징문법까지는 관객들이 몰라도 상관없다.

吳씨는 다만 春風의 妻가 걸치고 있는 무명저고리와 두루마기의 고운 빛깔이 옛 여인네들의 풍속을 따라 들인 칡물과 치잣물 덕분이라는 점을 조금은 알아주기를, 따라서 이런식으로 만들어진 자신의 작품에 대해 倭色이라는 등의 시비만은 없기를 바라고 있다. 그의 간절한 기원 덕인지 대부분의 관객들은 "우리 것이 이렇게 재미있는줄 몰랐다"는 소감을 설문지에 밝혀 놓고 있다.

그는 자신이 필생으로 쫓아온 한국적 생활성정의 원형을 소년시절의 체험에서 찾아내고 있다. 11세 때부터 3년간 겪은 6 · 25는 그의 기억 속에서 기묘하면서도 절실한, 그러나 도저히 不可解한 원체험으로 존재한다.

어느날 귀가길에 당시 대통령비서실에서 일했던 아버지가 인민군의 총부리에 둘러싸여 납북돼 가는 광경을 코앞에서 목도한 소년 吳泰錫은 이 일을 어떻게든 받아들일 만한 겨를도 없이 곧장 고향인 忠南 舒川으로 40일을 걸어 내려가야 했다.

아들을 잃는 할머니의 넋두리감은 사투리, 그 음률 그리고 생과 사의 迷惑性, 당시 고향사람들의 표정과 몸짓, 그의 연극이 이런 것들을 다잡아 두려는 노력으로부터 내밀히 출발했다면 꽤나 먼 길을 온 셈인데 그는 겨우 중간쯤 왔다고 여기는 표정이다.

延世大 철학과 2학년에 재학중이던 62년 연희극예술회에 가입해 연극과 첫 인연을 맺고, 1년 뒤에는 5 · 16정권의 신인예술제에 응모한 「영광」이란 작품이 '희한하게도' 뽑혀 공연을 위해 허겁

지검 〈회로무대〉란 극단을 만들었을 때까지도 그는 자신이 평생 연극을 하게 될지를, 그것도 지나온 길이 까마득할 만큼 우뚝 서게 될 줄은 결코 예상치 않았다.

그의 솔직한 고백에 의하면 2학년 때는 너무나 배가 고파 라면과 담배를 보장받기 위해 극단의 막잡이 노릇을 했다. 그러나 졸업후 다시 궁핍의 끝으로 내몰린 그는 죽기살기로 마구 써낸 신춘문예 응모작이 67년 한국일보와 조선일보에 동시 당선되면서 연극으로 뛰어들었다.

초기의 언어유희에서 연극적 감각이 번득이던 그에게 잠재해 있던 한국적 연극어법의 재능을 끌어낸 것도 자신이 아니라 東朗 柳致眞 선생의 혜안이었다.

그 우연의 매순간마다 기대를 훨씬 뛰어넘는 비약으로 보답해 온 그가 요즘들어 공중전화 시비끝의 칼부림을 심각히 걱정하는 눈치이니 우리는 또 다시 그와 '충돌'할 모양이다.

—— 〈한국일보 1990년 9월 15일자〉

신들린 연극

한상철(한림대 교수 · 연극평론가)

연극을 놀이라는 개념으로 이해할 때 오태석만큼 신명지고 즐거운 놀이꾼은 아마 좀처럼 찾아보기 힘들 것이다. 그는 마치 연극을 위해 태어난 사람처럼 모든 것을 연극적으로 사고하며 연극적으로 행동한다.

그는 연극판이 벌어지면 갑자기 전신에 힘이 솟고 정신과 육체가 네 활개를 펴고 두둥실 춤을 춰대기 시작한다. 그 춤은 어떤 정형적인 춤도 아니며 어딘가 낯익은 춤도 아니다. 그 춤은 마치 신들린 자의 그것처럼 출 때마다 언제나 새롭고 언제나 신선한 영감에 차 있다. 일단 춤이 시작되면 그는 잠시도 쉬지 않고 처음부터 끝까지 거의 열광하면서 계속하며 등시에 뭔가 새로운 궁리와 계교를 찾느라고 여념이 없다. 오태석의 놀이는 분명히 남다른 독특한 세계와 개성을 지니고 있으며 언제나 괴상한 마력으로 가득 차 있어 보는 사람으로 하여금 그 마력에 넋을 빼앗기지 않을 수 없게 만든다. 그의 착상은 너무도 기발하여 때로는 엉뚱하기까지 하며, 그의 재간은 너무도 비상하여 때로는 남을 당혹시키기까지 한다.

오태석은 확실히 괴력을 지닌 사람이다. 그의 작품이 그렇고 그의 인간성이 그렇다. 따라서 그와 그의 작품을 한마디로 간단히 정의하기는 힘들지만 그의 그러한 괴력은 어디에서 나오느냐 할 때 그것은 분명 '신들린 상태'에서 나온다 말할 수 있고, 그의 인간과 예술을 통틀어 신들려 있다고 보아도 무방할 것이다.

오태석은, 그의 연극에서도 그렇지만 그보다 앞서 그의 개인 생활에서도 늘 도깨비 장난같은 기괴하고 엉뚱한 장난을 잘 하는 사람이다. 그를 본 사람이면 그가 얼마나 일상적이고 범용한 행위를 싫어하는지를 곧 눈치챌 것이며 그가 얼마나 놀이끼가 많고 장난기가 지독한 사람인가를 알아차릴 것이다. 그는 늘 온몸과 마음을 잠시도 가만두지 못한다. 일단 말이 시작되면 팔 다리와 시선을 쉴새없이 움직이면서 넋을 빼앗고 이야기가 좌충우돌 갈피를 잡을 수 없는가 하면 그 위에 생략과 비약이 제멋대로인데다 기발한 생각들이 무질서하게 난비한다. 그래서 좋게 보면 귀재요, 언짢게 보면 도깨비같다는 인상을 주지 않을 수가 없다. 그런 이유로 오태석은 일언지하에 무시해도 될만한 작가로 생각할 수도 있지만 반대로 **60**년대에 배출된 가장 걸출한 작가로서 한극 연극사에 뚜렷한 위치를 점할만한 작가로 평가될 작가이기도 한 것이다. 이 경우 다만 오태석의 예술의 핵심을 어떻게 정확히 파악하여 그 가치를 정당하게 평가해 주느냐가 문제인데, 그 점 오태석의 경우 그리 간단하지가 않다.

그러나 오태석을 이해하는 기본적인 전제로써, 또한 그의 작품의 핵심에 도달하는 하나의 열쇠로써 나는 그를 앞에서 말한 바와 같이 '신들린 사람', '신들린 연극'으로 파악하고 싶은 것이다. 그의 예술은 신들린 예술이며 그의 연극은 신들린 놀이라는 명제는 먼저 그의 개인적인 특징과 그의 예술가적 작업과 특성과의 관계를 긴밀히 연관지워 줄 수 있고 또한 그의 작품세계를 해명해 주는 조명이 될 수 있을 것이다. 그리고 그같은 명제는 오태석 개인뿐만 아니라 한국 연극 전체에 걸쳐 매우 특이한 성격을 부여해 줌과 아울러 연극적 상상력과 그 형식성에 전혀 새로운 비전을 제시해 준 것으로 받아들일 수 있다.

　오태석이 연극계에 데뷔한 것은 **67년** 조선일보 신춘문예에 「웨딩 드레스」로 당선된 때이고, 장막극으로서 처음 공연된 것은 국립극장·경향신문 희곡공모에 당선된 「환절기」였다. 이 두 작품은 오태석의 특이한 개성과 남다른 재능을 엿보기에 충분하지만 그는 그 이전에 이미 특별한 연극활동을 하고 있었는데, 연세대 철학과에 재학하던 **60년대** 초반 학교 전체 연극부와는 관계없는 별도의 연극을 교내에서 하고 있었던 것이다. 자기가 쓰고 자신이 연출한 이 연극은 종래의 연극과는 내용이나 형식이 사뭇 다른, 말하자면 학교 연극으로서는 다분히 실험적, 전위적인 연극이었던 것이다. 그 당시 그는 생에 대한 인식과 연극적 형식에 대한 감각이 어떤 형태를 취하려고 발버둥치는 형성기에 처해 있었으며, 본인이 그 영향을 받았는지 안 받았는지 확언하지는 않지만 베케트, 이오네스코 등 부조리 연극이 이제 막 화제가 되고 있었던 때였다. 그 후 그는 희곡보다는 소설에 대한 관심을 갖고 응모도 여러 번 해보았지만 대개 가작으로 끝나는 불운을 맛보면서 한편 대학극의 연출자로서 참신한 재능을 발휘하기 시작했었다.

　그런데 그의 소설수업은 본인이 인정하듯이 말과 글에 대한 감각을 날카롭게 하는 데 귀중한 체험이 되었으며, 대학극의 연출은 연극에 대한 감각을 더욱 깊이 있게 체득할 수 있는 기회가 되었던 것이다.

　그가 겪었던 생의 구체적인 체험들은 그의 연극작업에 적지 않은 영향을 미친 것으로 보이는데, 그 중에서 **6·25**때 겪은 체험들은 그의 작품에 일관되게 흐르고 있는 저류를 형성한다. 그는 서울의 중류가정에서 태어났다. 그러나 전쟁으로 인해 가정적인 비극을 겪으면서 그의 생애는 극심한 시련기로 접어들었다. 감수성이 예민한 그에게 전쟁의 잔혹성은 너무 일찍 그의 마음에 깊은 상처를 입혔으며, 주변의 살벌하고 비인간적인 상황들은 아버지를 잃고 보호 받지 못하고 성장하는 그에게 잔인함과 난폭성을 가르쳐 주었다. 특히 전쟁 중에 그가 목격한 수없이 많은 시체들과 피는 가뜩이나 정서적으로 황폐해가는 소년에게 생의 모든 양상을 극단적으로 생각하는 버릇을 길러 주었고, 죽음의 참혹함에 비례하여 생을 보다 격렬하고 투쟁적으로 살게끔 길들였던 것이다. 그래서 그는 배재고등학교 시절 스포츠 가운데 가장 격렬한 스포츠로 아이스하키를 택했으며, 대학에 와서는 폭발하는 격정을 내면으로 침잠시켜가면서 문학에 열중하는 가운데 예술에서도 가장 난폭한 장르인 연극을 택해 몰두하게 되었던 것이다. 그는 늘 생을 몸부림치는 자세로 살아왔고 그렇게 지금도 살아가고 있다. 그에게는 편안한 휴식이나 안락한 잠이란 생각할 수 없으며, 오직 신들린 듯한 격렬성과 충동적인 행위만이 오히려 그를 안정케 해주는 것이다.

이같은 오태석, 그것이 바로 오태석 예술의 전형적인 특징이라 할 수 있다. 그의 예술은 동적인 예술이며, 세련된 문장으로 장식된 세계가 아니라 본능적, 충동적인 세계이며 논리적, 합리적인 질서 이전의 카오스적 세계를 지향하는 예술이다. 그의 작품에는 늘 죽음이 일관된 주제로 나타나는데, 그것은 죽음에 대한 관조로서가 아니라 그와 상반된 생의 바이텔리티의 형태로서 표현된다. 오태석의 경우 죽음은 늘 그것의 반사로서의 생의 몸부림이 강조되지만, 그럼에도 불구하고 죽음은 늘 거기에 어둡고 찐득찐득하게 존재하고 있다. 그 감촉은 마치 피를 만진 감촉과 같은 것이며, 그것은 곧 오태석의 거의 모든 작품의 특성이라고도 할 수 있다.

작가와 작품을 연관지어 생각해 볼 때 오태석의 작품을 통해 그려볼 수 있는 이 작가의 모습은 총을 맞은 사슴이 피를 흘리며 몸부림치는 모습이다. 그는 역사와 시대적인 상황에 의해 상처받고 좌절된 세대로서 그 아픔을 누구보다도 통절히 느끼고 있으며, 그의 작품은 바로 이러한 아픔의 표현이고 절규인 것이다. 그런 점에서 오태석의 작품은 가장 현대적이며 그 감각이 가장 새로운 것이었다. 한편 그는 자신의 체험과 그것이 가슴 속에 남긴 깊은 상흔을 다시 고통하는 방법으로써 그것들이 지니고 있는 의미를 파헤쳐보려고 했고, 여기에서 그는 그의 특유한 개성과 독창성을 발견하는 것이었다.

오태석의 작품세계의 가장 전형적인 특징은 연극을 놀이로서 인식하고 있는 점이다. 이러한 인식은 한국의 극작가들에게는 매우 드문 일로서 오태석의 작품은 희귀한 가치를 갖는다. 한국의 연극은 이제까지 리얼리즘의 엄격한 형식성과 그 형식이 갖는 한정된 연극관에 얽매여 있었다. 그것은 생을 한정시키고 단절시켰으며 그나마 생의 한 단면을 엄격한 논리와 인과율에 묶어 경직시켜버렸던 것이다.

우리에게는 본래 서구식 의미로서의 연극이 있었던 것이 아니다. 우리가 가지고 있는 유산은 연희 즉 놀이였다. 그것은 리얼리즘의 연극적 양식과는 반대로 생을 총체적으로 포괄적으로 포용하는 것이었으며, 현실적이고 구체적인 생에 비현실적이고 환상적인 가치들을 부여해 주는 것이었다. 그것은 논리성과 합리성이 지배하지 않는 세계이며 일상과 정상은 더더욱 배제되는 세계이다.

오태석이 한국인의 놀이를 재발견하고 그것을 연극미학으로 정립하려는 시도는 상당히 중요한 가치를 가지고 또한 가장 현대성을 띤 것이라 하겠다. 왜냐하면 현대의 연극은 오늘의 연극의 원초적인 형태인 놀이, 그 가장 순수한 형식으로 되돌아가려는 노력이기 때문이다.

놀이란 일상적 규율에서 벗어나 가장 비현실적이고 환상적인 세계로 비약하려는 순간에 탄생하는 것이다. 그것은 우리의 일상적 삶이 중단되는 지점이며, 우리의 이성적인 사고가 정지되는 곳이다. 우리는 놀이 속에서 비로소 일상적 가면을 벗은 참모습을 발견하며 교양과 세련 저 너머에 있는 원시적 본능과 충동을 보게 된다. 따라서 죽음과 생의 고통이 크면 클수록 더욱 더 놀이에 탐닉하게 되고, 놀이의 효과가 나타날수록 더욱 더 놀이는 광적인 것이 된다.

오태석이 연극놀이를 신들린 듯이 노는 이유는 생 전체를 연극 속에 포괄시켜보려는 노력도 물론이지만, 그보다 더욱 삶을 격렬하고 미친 듯이 살지 않으면 견딜 수 없기 때문이고, 특히 그를 집요하게 괴롭히는 죽음과 삶의 고통으로부터 벗어나기 위한 것이다. 아니 그것을 확보하기 위한 것이라고 보아도 좋다. 그제야 그것으로부터 해방될 수 있기 때문이다. 그의 작품이 갖는 장점과 결함 역시 그의 이러한 광적인 놀이때문이다. 그는 놀이를 통해서 생의 내용과 형식을 가장 잘 표현할 수 있을 뿐만 아니라, 연극에 전에 볼 수 없는 난폭함, 광적인 활력, 넘치는 생명력을 넣어줄 수 있었다. 그 대표적인 경우가 몰리에르(Molière)의 「스카빵의 간계」를 번안한 「쇠뚝이 놀이」와 「춘풍의 처」였다. 그런 반면 그의 작품에는 치명적인 결함이 있다고 지적되는데, 그것은 플롯이 논리정연하지 못하고 작품 전체를 꿰뚫는 통일성과 일관성이 결여되어 있다는 점이다. 그것은 마치 길을 가다가 엉뚱한 곳을 실컷 배회하다 보니 목적지점을 잃어버렸고 그렇다고 다시 출발점으로 되돌아올 수도 없게 된 경우와 같다. 오태석은 본래 상상력과 연상작용이 뛰어난 작가이다. 이런 작가는 반드시 상상력에 제동을 걸어줄 고삐가 필요하다. 신들린 듯 신명나게 놀다 보니 고삐는 풀어지고 가던 길은 목적지를 잃은 채 엉뚱한 곳에서 배회하게 되는 것이다. 혹 제정신을 차려 차근차근 제 갈 길을 따져보지만 이미 때가 너무 늦어버린 것이다. 설사 제 길을 다시 찾는다 해도 반드시 들려야 할 곳을 이미 빠뜨린 곳이 한두 군데가 아니다. 「유다여 닭이 울기 전에」, 「사육」, 「이식수술」, 「종」 등이 그런 결함을 약간 혹은 상당히 지니고 있다.

그럼에도 불구하고 그의 작품은 매우 경쾌하며 짙은 밀도를 갖는다. 그것은 그가 유달리 언어감각이 뛰어나기 때문이다. 그는 본래 말에 대해 언제나 깊은 관심을 가지고 있어서 언어의 리듬, 언어의 의미를 놓치지 않으려고 애쓴다. 그의 첫 장막극 「환절기」의 공연을 본 사람이면 그 대사가 얼마나 간결하면서도 신선한가, 리드미컬하고 유려하게 흘러가는 가운데 그 대사가 지니는 의미와 분위기가 얼마나 생생하게 살아나는가를 느끼며 놀랐을 것이다. 언어에 대한 이러한 재능은 우리의 민속연희가 갖는 독특한 언어 구사와 발성, 우리의 고전문학 속의 문체와 사설을 도입하기 시작하면서 더욱 빛을 발하기 시작했고, 이제까지 한국의 신극에 없던 전혀 새로운 경지를 개척해 나갔다. 일련의 그의 모노드라마, 전통극의 요소를 도입시킨 극들에서 우리는 그의 언어의 현란함을 보게 되며, 그것이 보다 지나칠 때(그는 늘 지나치다) 의미전달의 수단으로서의 언어가 아니라 다만 요설에 지나지 않는다는 느낌을 갖게 된다.

그러나 그는 「초분」이나 「태」에서는 극도로 언어를 절약 내지 절제하고 있었다. 그것은 연극의 양식성과도 밀접한 관계가 있는데, 초기의 사실주의적인 연극으로부터 벗어나려는 노력이 인간의 생의 근원적인 문제를 비언어적인, 제의적인 형태(「초분」) 혹은 신화적, 우의적인 형태(「태」)로 표현하려 했기 때문이다. 그와 더불어 연극에서 작가의 기능 못지 않게 연출자의 역할을 강조하여 연출가가 창의적으로 작품에 임할 수 있는 여백과 공간을 처음부터 고려했기 때문이다. 언어의 연극에서 배우의 육체와 연극적인 언어의 연극으로, 작가의 연극에서 연출가의 연극으로 전환하는 과정에서 그는 고도로 언어를 생략치 않을 수 없었다. 그러나 「태」의 경우 그 언어는 더욱 큰 긴장과 밀도를 갖게 되었으며 정서의 환기 폭이 확대되었음을 잊어서는 안될 것이다.

금년 오태석은 몇 개월 간의 미국연극 여행을 마치고 귀국하여 그 첫 발언으로 앞으로 언어에 대한 탐구를 더욱 열심히 해야겠다는 말을 했다. 그는 세계 연극은 다시 작가의 연극으로 돌아가고 있다는 것을 깨달았음이 분명하다. 실은 작년의 그의 「물보가」가 이미 언어의 연극으로 되돌아오고 있음을 보여준 바 있으며 금년의 「사추기」 역시 언어의 비중과 중요성을 강조하고 있다.

그가 남달리 섹스에 관심을 가지고 있고 어느 작품이나 미스테리적인 요소를 품고 있는 것 역시 현대성과 놀이가 교묘히 결합되어 있는 것으로 볼 수 있다. 그러나 그의 섹스는 단순히 놀이나 쾌락으로서의 의미만을 갖는 것이 아니라 죽음의 반대로서 살아 있는 생명의 확인이며, 죽음의 차가움에 대한 삶의 뜨거움으로서 존재하는 것이다. 미스테리 역시 단순히 연극적인 효과로서 스릴과 긴장을 위한 것 이외에 삶 자체가 늘 알 수 없는 미스테리에 휩싸여 있음을 굳이 강조하고자 한 것이었다.

오태석은 그동안 총 **18**편의 희곡을 발표했다. 그 중 장막이 **11**편, 단막이 **5**편, 모노드라마(monodrama)가 **2**편이다. 대부분이 현대적 상황을 다룬 것이고 사극으로서는 **3**편이 있는데 그것도 정통적인 사극이라기 보다는 다분히 현대적 조명을 가한, 인간의 삶과 역사의 어떤 원형적 핵심에 파고드는 것이었다.

그의 초반 작품들이 대체로 리얼리즘 계열의 현대인의 상황과 심리를 다룬 것으로 현대극의 특징들을 잘 나타내 주고는 있지만

아직 흠잡을 데 없는 걸작 수준에까지는 이르지 못하고 있다. 그
이유의 하나는 구성이 치밀하지 못하고 인물의 성격창조가 미흡
한 점이다. 이때문에 그와 동시대 작가들이 아직 첨예하게 다루
지 못하고 있었던 현대적 감각과 새로운 기법이 충분한 개화를
보지 못하고 말았다. 따라서 「환절기」에서의 현재 남녀의 성풍속
과 비인간화된 사회에 대한 분노, 「유다여 닭이 울기 전에」에서
의 현대인의 좌절과 절망은 현대의 관객에게 보다 강하게 감동을
주지는 못했다. 그러나 60년대 한국 연극의 전반적인 상황으로
볼 때 그의 몇 작품들은 단연 뛰어나게 그 감각과 형식의 새로움
을 일깨웠다.

  60년대 작품으로 이색적인 것은 두 편의 모노드라마였는데, 이
제까지 그런 형식이 없었던 한국 연극계에서 「육교 위의 유모차」
와 「롤러스케이트를 타는 오뚜기」는 새로운 형태의 연극 개발이
라는 의미에서 주목을 받았으며, 특히 그의 언어와 연극술에 놀
라움을 던지지 않을 수 없었다. 이 시기의 작품이고 단막의 길이
를 가진 「이식수술」과 「약장사」는 앞의 작품이 꼭두각시 놀음의
홍동지를 주인공으로 하여 우리의 민속극적 요소를 대담하게 활
용하였고, 후자의 경우 역시 지금은 거의 사라진 떠돌이 약장사
와 이야기꾼의 놀이판을 결합시킨 점에서 매우 흥미를 끈 작품이
었다.

  오태석이 한국 연극계의 가장 중요한 작자로 부상하여 한국 연
극의 새로운 방향을 제시하기 시작한 것은 70년대로서 이때 그의
활동은 연극사적으로 주요한 의의를 갖는다. 70년대의 작품은 대
체로 한국인의 삶의 근원과 그 질서를 다시금 재음미해 보려는
것이었다. 그것은 한 작가로서 매우 중요한 전환일 뿐만 아니라
한국 연극 전체에서도 하나의 큰 전환을 의미하는 것이었다. 그
자신이 말했듯이 그는 서양 연극을 베끼는 일만 열심히 해왔던

초기과정에서 "지극히 실제적인 이야기가 뚜렷한 목적을 향해서 합리적이고 필연적으로 전개되어야만 극이 된다는 생각에 회의를 느꼈다" 그래서 오히려 자기와 자기 선조들의 삶의 근원을 들여다보기 시작했고 거기서 그들이 서양 연극에 나오는 인물들과는 전혀 다른 삶을 그들과 전혀 다른 세계 속에서 영위하고 있음을 알았던 것이다. 그리고 그 삶이야말로 한국인인 그에게는 가장 확실하고 든든한 삶으로 여겨지게 되었던 것이다. 특히나 현대 한국인의 생활이 근원에서 단절된 채 이질적인 서양문화 속에서 살아가는 동안 생의 활력과 기쁨을 상실하고 점차 고사되어 가는 차제에, 그는 자신의 생명과 모든 한국인의 생명에 새로운 기름을 부어 넣기 위해 보다 원초적이고 보다 생명력이 충일한 세계로 귀의하고자 했던 것이다. 그는 「태」에서 한국인이 수많은 죽음을 겪으면서도 면면히 삶을 이어온 그 생명의 끈질긴 심줄을 높이 기리면서 지배자와 피지배자의 관계를 풀어보려고 했었다. 생명은 살아 남아야 되며 그러기 위해서는 시아버지를 죽이고 자식을 죽여야 되지만 탯줄은 면면히 이어지는 것임을 그는 감격하고 있는 것이다.

한국인의 삶의 근원을 보다 철저히 실험하면서 그의 앞으로의 작품 경향을 예시해 준 것이 「춘풍의 처」였다. 「초분」이 문명과 원시성을 대비시켜 그 갈등을 그려주고 있는 반면, 「춘풍의 처」는 문명을 거세한 원초적인 세계 속에서 인간의 본능적인 삶이 어떻게 영위되는가를 보여 주고 있는 것으로 생과 사, 놀이와 제의, 성과 윤리가 하나로 합쳐진 삶 속에서의 인간상을 적나라하게 그려 주고 있다. 이 작품은 춤과 노래와 사설이 혼합된 놀이로서 이제까지 어느 연극에서도 볼 수 없는 재미와 흥겨움을 준다.

이제 오태석은 서양의 연극과는 전혀 다른 새로운 연극세계의 문을 열었다. 그는 삶의 고통을 이기기 위해서, 사람과 사람간에 참된 우정과 우의와 정을 나누기 위해서 놀이를 만들어 냈고, 그 놀이를 더욱 신명지게 놀게 하도록 그에게 있는, 그가 이용할 수 있는 모든 것을 동원하고 있다. 다만 그것이 하나의 예술로 승화되기 위해서는 무엇이 필요한가를 작가 자신이 빨리 알게 될 때 그의 예술은 보다 높은 차원으로 비상할 것이다. 「춘풍의 처」와 같은 계열이면서 사실주의 풍의 「물보라」가 작품에 질서를 부여하는 일에 한걸음 나아갔지만, 아직도 오태석 특유의 혼돈이 남아 있음을 부인할 수 없다.

한국인적 정체성 탐구

한상철(한림대 교수 · 연극평론가)

68년에 극계에 데뷔하여 70년대 초에 시작된 한국 연극의 일대 전환기에서 신극 60년의 집념이었던, 서구 리얼리즘 연극을 이 땅에 뿌리내리고 성장시켜보려던 노력을 일단 중지하고 또는 반성하고 그것과는 다른 새로운 연극을 시도하려는 기운이 움텄을 때, 이러한 기운을 재빨리 제일 먼저 간파하고 그것을 앞장서서 주도해 나간 극작가 겸 연출가가 오태석이었다.

위에서 말한 새로운 연극이란 바로, 우리에게는 아무래도 이질적일 수밖에 없는 서구적인 연극이 아니라 몇천년간 이 땅에 살아오면서 이 민족이 발전시켜온, 한국인의 고유한 생활과 얼이 담긴 한국적인 연극을 말하는 것이다.

60년대 후반 연극계에는 우리의 각종 전통연희의 재발견 내지 발굴활동이 활기를 띠었으며 그것들의 일부가 연극 작품에 원용되는 현상이 증가하기 시작하였다. 옛 민담이나 전설을 내용으로 하거나 옛 춤과 노래를 연극적 표현의 일부로 삽입하는 것이 통례였는데, '전통유산의 현대화'는 당시 한국 연극의 지향목표로서 꽤 설득력을 가지고 연극계에 영향을 미치고 있었던만큼 전통연희의 여러 요소 중 일부가 새로운 한국 현대극을 만들어 가는 데 불가피한 요소인 것처럼 무분별하게 차용되었던 것이었다. 북장단에 맞추어 옛 노래와 춤을 부분적으로 곁들이는 것이 보편화되었을 뿐만 아니라 그렇게 하는 것이 바로 한국적인 연극이며 전통의 현대화 내지 현대적 이식이라는 착각까지 갖게 되었다.

그런데 이같은 잘못된 생각과 관행을 깨트리고 진정한 의미의 한국적인 연극, 전통의 계승과 현대적 변용을 기도한 것은 70년대 이래의 오태석이었다. 그가 추구한 방법이 남과 근본적으로 달랐던 것은 전통적 유산을 전승연희의 어떤 특정한 요소나 양식에서 찾으려 하지 않고 한국인의 총체적인 실체 즉, 그들의 전형적 생활양식, 그들의 독특한 정신세계 및 심리적 정서적 구조, 그들의 사고방식과 그것의 표현방식 등에서 찾으려 했던 점이다. 특히 의사와 감정의 수단으로서 한국인의 독특한 언어와 언어구사법에 대한 그의 탐구는 거의 독보적이라 할만큼 획기적이었다. 어쩌면 이 한 가지만으로도 현대 극작가로서 오태석이 이룩한 업적은 충분한 가치가 있다고 생각된다.

그렇다고 오태석은 결코 전통의 보존이나 복고에 관심을 두고 있는 것은 아니었다. 그는 "우리의 전통이 이웃 나라에서처럼 고정되고 정형화되지 않은 것은 우리의 전통적 요소가 여전히 계속 현대인 속에 살아 있기 때문이며, 그것은 이질적인 서구문화와 조우하면서 심한 갈등대립을 겪고 있으면서도 여전히 현대 한국인에게 강력한 영향력을 행사하고 있다"고 말하고 있다.[1] 따라서 그의 작업은 현대와 전통이 어떻게 충돌하고 어떻게 작용하고 있는가를 검증하고 실험하는 것이며, 그것으로부터 오늘날 잊혀져 가거나 왜곡되어 가는 전통적 가치들을 재발견하려는 것이다.

전통적 가치에 대한 그의 신념은 확고하다. "옛날에는 우리에게 정신적 문화가 있었다. 인간이 인간답게 살아갈 어떤 기틀이 마련되어 있었다. 그러나 오늘 현대 사회에서는 인간의 정신은 극도로 황폐화되고 비인간화되어 가고 있다. 그러나 나는 인간적 가치의 회복을 전통에서 충분히 구할 수 있다고 믿는다"[2]고 그

---

1) 필자와 오태석의 인터뷰('91년 8월)

는 서슴없이 진술하고 있다. 아마도 역사적으로 무수한 시련과 고난을 겪으면서도 민족의 생명을 보존하고 고유한 문화를 유지 발전시켜 온 한국인에게는 그는 그것을 가능케한 어떤 잠재력과 특성을 찾아내야 하고, 그것을 표현하는 데 가장 적합한 예술형식인 연극을 통해 후손들에게 그것을 보여주고 그것을 남기도록 해야 하는 것이 연극인으로서의 그의 사명이라고 믿고 있는지 모른다.

그런 반면에 오태석은 매우 현대적이다. 그의 희곡과 연출 작품은 예외없이 현대적인 감각으로 충일해 있다. 바로 이 점이 '전통과 개혁'이라는 오늘의 주제 하에 오태석을 가장 적절한 인물로 거론하는 주요 이유가 될 것이다. 연극을 만든 재료들은 모두 과거의 문화적 예술적 유산들임에도 그의 극에는 현대성이 첨예하게 드러나 있으며 그것은 매우 중요하게 간주해야 될 사실이다. 현대적이다 못해 첨단적이라고까지 불러야 될 그의 극들이 그같은 결과를 낳게 된 것은 일차적으로 그가 처음 서구 연극으로부터 연극수업을 받았으며 현대 구미의 참신한 연극술에 대해 유달리 예술적 감수성이 예민했기 때문이다. 다음으로 그는 우리의 전통적인 유산에 맹목적으로 접근하려 하지 않고 현대성이 있는 오늘의 사회로 옮겨 놓아도 가치와 질이 손상되지 않을 부분을 잘 선별해서 부각시키는 능력이 탁월하기 때문이다. 또는 언어와 형식적 구조에 현대적인 감각을 착색시키는 재능이 뛰어나기 때문이다. 반대로 매우 현대적인 연극기법을 구사하더라도 극내용과 상응하여 조화를 기하도록 그것을 조절하고 통제할 줄 알기 때문이다.

오태석의 작품은 흔히 난해하다 애매모호하다는 비판을 받는다. 그것은 결국 서로 모순되는 서구적인 형식과 한국적인 형식

---

2) 같음

의 충돌에서 필연적으로 발생되는 것인데 때때로 그는 그 둘의 조화와 통일을 놓치고 있기 때문이다. 서구적인 형식은 논리적인 데 반해 한국적인 형식은 직감적, 비약적이어서 그 둘의 충돌과 마찰은 불가피하다.[3] 작가가 그 둘을 잘 통제하고 있을 때는 좋은 결과를 얻지만 자기 상상의 세계에 함몰하여 통제의 줄을 놓치면 위에서 말한 것과 같은 비난의 소리를 듣게 되는 것이다.

다음은 문화적 유산과 개혁을 비교적 성공적으로 수행한 오태석의 작품을 구체적으로 분석해 보려 한다. 분석의 대상이 된 작품은 70년대 한국 연극의 개혁을 시도하는 데 일종의 예시적인 역할을 한 「초분」과 80년대의 수작인 「사추기」와 「자전거」, 최신작 「심청이는 왜 두 번 인당수에 몸을 던졌는가」 등 3편이다.

「초분」은 우리의 현대와 전통이 충돌하고 동양과 서양이 맞부딪힌 연극이라 할 수 있다. 시대는 1970년, 배경은 어느 외딴 섬이다. 1970번의 기결수가 모친의 상을 당해 뭍에서 섬으로 간다. 섬은 오랫동안 섬 자체의 관습이 있었고, 그것은 섬을 지켜온 질서가 되어 있었다. 그 곳은 땅이 습해 한 자만 땅을 파도 물이 고여 시신을 매장하지 못하기 때문에 초분에 그것을 건조시키는 풍속을 가지고 있었다. 또한 이 곳에는 죄를 짓지 않고는 뭍으로 나갈 수 없다는 불문율이 있었기에 뭍으로 가고 싶었던 1970번은 살인을 하고 뭍의 형무소에 수감중이었던 기결수였다. 섬은 최근 폐수로 생활기반인 미역밭에 병이 들어 섬사람 모두가 섬을 떠나지 않으면 안되게 되었고, 섬의 치안관은 섬사람들로 하여금 초분의 시신을 뭍으로 옮기고 초분을 모두 불태워버리고 섬을 떠나라는 법령을 내린다. 결국 이 극은 섬을 떠나도록 명하는 법과 섬을 지키도록 하는 섬의 질서(전통)와의 갈등과 충돌을 다룬 셈이다.

---

3) 같음

이 둘의 갈등은 현대극과 전통극이 다 같이 공유할 수 있는 영역을 확보함으로써 연극적 형상화가 가능해졌는데, 그것이 다름 아닌 제의적 형식이었다. 마침 **60**년대 이래 서구 연극에서는 연극의 제의성 회복의 요구가 크게 일던 때였기 때문에 그 영향으로 한국에서도 처음으로 제의적인 형식의 현대 연극이 출현할 수 있었으며, 그것은 다시 한국 연극에 전통과 현대화의 과제를 푸는 적절한 열쇠가 될 수 있었다.

가치관이 전혀 다른 질서와 법의 두 세계가 충돌하는 동안 합리적인 사고와 원초적인 심성이 자연스럽게 노출되었으며 토착적인 한국인의 소리(음성을 포함하여)와 몸짓이 그것에 자연스럽게 동반될 수 있었다.

극의 구조는 기본적으로 서구적이었지만 극 내용에서 비약과 압축은 한국적이었기 때문에 부조화가 따르고 이해를 차단하는 부분이 꽤 있었다. 그러나 한국인이면 누구나 감지할 수 있는 비논리적, 비합리적인 그리고 초월적인 세계를 무대에서 재현하였다는 것은 큰 성과가 아닐 수 없었다.

어느 한 개인에게 초점을 맞추고 논리정연한 플롯을 전개해 가지 않은 이 극은 그때문에 스토리가 없는 연극이 되었고 따라서 내용을 이해하기 곤란했다. 그러나 이 극은 근본적으로 제의극의 형태를 취하였기 때문에 제의극이 당연히 그렇듯이 스토리가 중심이 아니라 혼을 불러내고 어떤 정신적, 정서적 분위기를 환기시키는 데 목적이 있었던 것이다. 이 극의 이해도 그러한 차원에서 이루어져야 된다. 이 극은 보통 일반 연극처럼 스토리 전개와 그것에 의한 긴장이나 서스펜스가 극적 효과의 중심이 된 것이 아니다. 이 극에는 극히 간략하지만 스토리가 전혀 없었던 것은 아니다. 그러나 이 극은 스토리 자체보다 그 배후에 감추어져 있는 보다 큰 문화적 배경을 이해하는 것 즉, 한국적인 질서의 세

계와 서구적인 법의 세계와의 충돌과 갈등을 통해 한국인의 정신
세계의 정체를 드러내게 하는 것이 더 중요하였다. 작가는 이러
한 목적을 위해 제의적인 형식을 취했는데 그것은 주로 한국인의
집단 무의식을 표출시키는 것이었다. 따라서 개인보다 집단, 이성
보다 감성, 언어의 논리성보다 언어가 지닌 소리, 특히 초혼(招
魂)적 주술적인 소리의 활용, 군무와 동작, 추상적인 장치와 도구
에 전적으로 의존하였다. 한마디로 이 극은 초현실적인 연극이었
다고 봄이 옳다.

산문극이 아니라 시극(詩劇)에 더 가까운 「초분」은 한국인의
정신세계와 심성을 직감적으로 표현하려 하였지만 그것에 대해서
작가의 문학적, 철학적 천착이 보다 더 심도 있고 섬세하게 표출
되지 못해 예술적인 완성의 경지에까지는 이르지 못한 아쉬움을
남겼다.

「사추기」, 이 극은 한국 여인의 전형적 특질을 규명해 본 작품
이다. 그러나 형식은 매우 현대적인 기법을 구사하고 있다. 이
극의 이해를 위해서는 작가 자신의 말이 매우 중요하다고 본다.
작가의 의도와 목표가 아주 명료하고 구체적이기 때문이다.

"우리 민족의 성정이 해학, 인종, 한, 끈, 활기 등으로 그 기조를 이
룬다고 얘기되는데 분(憤) 또한 일관해 온 성정임이 분명하다.
원래 지정학적으로 외세의 시달림을 받게 되어 있었지만 토지 또한
비옥 광활한 것도 아니어서 기마민족의 활달한 기상은 정착하면서부터
오랜 세월 변질이 불가피했을 터이다. 그 과정에서 상당한 부분이 분
으로 환치됐으리라는 점은 자경하다. 그렇다고 해도 분이 성정의 기조
로 된 것은 불행한 일로 봐야 된다. 분은 이지에 보다 정감에 쉽게 작
용하기 때문이다. 따라서 분을 재조명해 보는 작업은 기마민족 성정의
원류를 찾는 일이며, 그것의 변용과 현상의 이해를 가늠해 보는 일이
기도 하다.
부부는 인류의 가장 밀접한 상호관계치다. 이 관계에 분은 어떻게

작용하는가 하는 그 과정이 이 작품의 구조가 되겠다.

예로부터 한국 남자는 우유부단, 오기, 결백, 방자, 이기심 등으로, 여자는 인종, 내공, 절개, 의타심 등으로 체질화시켜온 터이다. 이 두 개의 인습적 이질이 상호관계하면서 갈등을 일으키고 해치고 조화를 이루는 데 있어 분의 작용도를 측정해 보자는 것이다.

분은 정감으로 작용할 때 부정적인 측면을 지닌다. 그러나 이성으로 작용할 때에는 의분이 되기도 한다."[4]

오태석은 한민족이 일관해 온 성정으로서 분을 정확히 알고 그 것을 이성적, 긍정적인 힘으로 유도해야 되지 않겠는가라고 우리 에게 권유한다. 그러기 위해 그는 50대의 중년부부를 등장시켜 그들의 부부관계를 면밀하게 관찰하고 우리 조상들이 살아온 모 습을 통해 급격히 변질되어 가는 오늘의 부부관계, 특히 한국 여 인의 정신적 윤리적 가치의 붕괴를 경고하고 있다.

오태석은 오늘 한국 사회의 위기를 정신적인 문화의 부재에서 읽고 있는데 그는 문화를 지키고 전승하는 데 있어 여성의 역할 이 절대적이라고 주장한다.[5] 자녀를 키우고 그들에게 전통적인 정신적 문화적 가치들을 주입시키는 주체가 여성이기 때문이다.

사실 오태석은 모든 작품에서 여인을 주인공으로 삼고 있으며 한국 여인의 본질을 표현하고 그려내는 데 심혈을 기울였다고 할 수 있다. 「초분」에서도 주인공은 섬을 지키려는 임자라는 여인이 었으며 「춘풍의 처」, 「어머니」, 최신작 「운상각」 등은 한마디로 한국 여인에 관한 극이다.

「사추기」는 막내딸의 혼사를 끝내고 난 뒤 아내가 이혼을 제 기하여 부부싸움의 발단이 되는 데서 시작한다. 그런데 이 싸움 의 내용은 이제까지 몇 십년간 살아오는 동안 이 부부의 관계가

---

4) 「사추기」 공연 대본
5) 필자와 오태석의 인터뷰('91년 8월)

어떠했으며, 상대방에 대한 이해와 태도가 어떠했고, 그것에 대한 각자의 생각이나 감정이 어떻게 응어리졌는가를 잘 보여주고 있다. 이 과정에서 작가가 보여주고자 했던 것은 그가 말한 대로 전통적인 한국인의 전형적인 부부상(像)이며, 특히 한국 여인의 부덕(婦德)과 그들이 마음 속 깊이 간직했던 한과 분이었다.

이렇게 말하면 이 극은 마치 옛날의 부부를 구태의 형식으로 표현하고 있는 듯하지만 실은 전혀 그렇지 않다. 7년 전에 죽은 자식을 거론하면서 언쟁이 있었을 대 무대는 1659년 효종의 임종을 당해 왕의 상례(喪禮)를 둘러싸고 벌어진 대신들간의 예론(禮論) 논쟁이 제기된다. 남편이 자신의 입장을 방어하기 위하여 인용한 역대의 제상들을 오태석은 인형을 사용하여 처리했는데 그 기법이 아주 현대적이었다. 더욱 참신하게 생각되었던 점은 아들의 주검을 앞에 놓고 부부간에 벌어졌던 갈등과 언쟁을 인형으로 처리해서 현재의 당사자가 옛날 자신들의 역을 맡고 있는 인형들의 연극을 관객의 입장에서 바라보고 있도록 설계한 기발한 구성이었다. 그래서 우리는 三중의 연극을 통시적으로 한 무대에서 투시하고 있는 셈이 되었다. 그것은 하나의 주제를 인형들의 연극으로, 이 연극에 반응하는 부부의 연극으로, 또 이들을 비교하고 비판하는 오늘 우리의 연극으로 입체화시킨 것이다.

현대와 과거가 비교되고 과거의 부부상과 현재의 그것을 대비시켜 놓은 것이다. 이것을 보다 구체적으로 실증시켜주기 위해 작가는 남편이 형무소에 수감되었을 때 그를 구하기 위해 동분서주하는 아내를 오늘의 여인으로 치환해 놓은 장면을 설정하였다. 이 장면에서 아내는 한중록과 조침문을 읽으면서 옛날 아내들의 통한과 인고를 거울삼아 변화하는 오늘의 자기를 가다듬으려 애쓰고 있었다.

결국 끝까지 남편과의 이혼을 고집하는 아내를 통해서 작가는 그녀의 분과 그 결과를 정당화하고 있는데, 이러한 판단을 우리가 받아들이건 받아들이지 않건 이 극을 통해 우리는 자신도 모르게 은연중 이 부부들처럼 체질화되어 있을 자신들의 실상을 다시 한번 반성하지 않을 수 없게 만들고 있다.

「자전거」, 이 극은 작가 오태석의 잠재의식 속에 깊이 자리잡고 있는 한국인의 특이한 체험과 그것에서 오는 특별한 정서와 6·25 한국 전쟁의 상흔을 잘 나타내고 있다.

어느 날 한 면서기는 기이한 체험을 겪고 40여 일간 몸져 누웠다가 그 체험을 다시 관객과 함께 추체험하는 형식으로 극은 전개된다.

하루 일과를 끝내고 자전거를 타고 귀가하던중 그는 넉배재에서 옛 등기소에 세워질 비석에 관한 이야기를 듣는다. 그 순간 그는 과거 인공 당시 100여 명의 인사들이 등기소에 갇혀 있다 등기소 방화로 모두 불타 죽은 끔찍한 사건을 회상한다. 그 날이 바로 그들의 제삿날인데 이 날만 되면 등기소에서 살아 남은 그의 당숙이 집에 찾아와 사금파리로 이마를 긋고 피가 낭자한 얼굴로 윤서기 아버지의 죽음이 자기 탓이라고 참회하는 광경을 이야기한다. 다음 간질병이 있는 아내때문에 외따로 사는 거위집에 오자 그 집의 딸아이가 가출했으며, 그녀는 사실은 앞에 사는 문둥이 집에서 데려온 아이이고, 그런 이야기를 전하는 큰 딸도 문둥이 자식일지도 모른다는 사실을 알게 된다. 그 곳을 떠나 솔매집에 이르렀을 때 문둥이 남편이 나와 친절하게도 밤길에 불 밝혀 가라고 양초를 준다. 이어 삼거리를 지나려 할 때 뒤를 보고 있는 죽은 한의원과 만난다. 돌다리 겟막에서는 황서방을 만나 그가 방금 소에 받혀 뒷간에 빠졌다 나오는 길이라면서 오는 도중에 본 처녀 암매장하는 이야기며 골짜기에서 소를 밀도살하는 이야기를 듣는다. 신들매 골챙이에 도달했을 때 갑자기 무덤 뒤에서 집 나간 거위집 딸이 뛰어 나오고 뒤이어 문둥이 어미가 나타나 자식들만은 번듯하게 살아보라고 그들을 거위집에 들여보냈다는 실토를 한다. 그리고 어미 자신은 어디론가로 영영 사라지고 만다.

극은 사실 확인을 위해 다시 거위집에서부터 밤노정을 되풀이하는데(이것은 사실의 진상이 얼마나 불확실한가를 보여주는 대목이다) 신들매 골챙이에 왔을 때 문둥이 집에 불이 나고 방화한 큰딸이 어머니가 타 죽는다고 외치며 울고 불고 한다. 그리고 윤서기는 이때 황서방에 의해 외양간에서 뛰쳐나온 소에 받혀 개굴창에 처박힌다. 문둥이 집이 불타면서 화광이 중천할 때 그것은 등기소가 불타는 화광과 중첩되면서 극은 끝난다.

이 극의 탁월한 형식적 특징은 현재와 과거를 연결하는 시점을 일치시킨 데 있다. 즉, 오늘과 40여 일 전과 1950년대와, 시기를 정하기 어려운 먼 옛날부터 있었던 우리의 생활 속에 깃든 밤의 생활풍경을 한 시점에 모아놓고 있는 점이다. 이 밤의 풍경들은 사실 한국인의 정서 밑바닥에 주요한 기층을 이루고 있으며 그 영향은 낮의 생활에까지 미치고 있다. 이 연극은 오늘날 산업화 도시화 집중화된 현대 한국 사회에서는 체험할 기회가 사라지고 있지만 그같은 풍경들을 어렸을 때 체험한 사람들에게는 충격과 그리움을, 전혀 체험하지 못한 젊은 세대들에는 놀람과 호기심을 자극하기에 충분하다. 문둥이에 대한 공포는 한국인의 의식 기층에 자리잡고 있고 그 이미지는 한국인의 어떤 운명을 상징하고 있다. 6 · 25의 상처는 한국인이라면 누구나 다 간직하고 있는 낙인인데 그 극에서는 그 비극의 책임을 외부(타자)에 돌리지 않고 당숙을 통해 자기 자신에게 돌리고 있는 사실이 주목된다.

서양 문학에서는 인생을 여로로 비유하는 것이 고전에서부터 상례로 되어 있다. 오태석의 이 작품도 윤서기의 하룻밤 여로를 가지고 한국인의 특수한 생활체험을 집약시켜 놓은 것이다.

오태석의 희곡이 대체로 그렇듯이 이 작품에서도 작가의 과거 회상이 전혀 감상적인 여운을 남기지 않고 매우 객관적이면서 정교한 언어로 진술되고 있다. 그러나 사실적이고 간명한 언어로 이루어진 이 극이 보고 듣는 이의 마음 속에 공명을 크게 울려주는 것은 그가 실재의 사실을 매우 정확하게 포착하고 있기 때문이다. 그런 점에서 그는 훌륭한 리얼리스트의 면모를 지니고 있다. 그러나 그는 그것에 그치지 않고 그 이상의 것을 항상 우리에게 제공하고 있다. 그것은 한국인의 참모습, 한국인의 정체성을 가장 잘 보여주고 있다는 점이다. 한국인의 피상적 묘사를 뛰어넘어 그 내면세계를 정확히 통찰하고 있는 것이다. 바로 그 점이 그가 한국을 대표하는 가장 우수한 현대 극작가로 평가되고 있는 점이라 하겠다.

「심청이는 왜 두 번 인당수에 몸을 던졌는가」

「심청전」은 우리의 유명한 고전소설의 하나이다. 오태석은 이 소설에서 여주인공의 이름을 빌리고, 심청이는 아버지를 위해 몸을 팔았으며 그녀가 다시 용궁에서 세상으로 나온다는 기본설정만 활용했을 뿐 그 나머지는 완전히 오태석의 새로운 창작희곡이라 할 수 있다. 원래는 심청이 용궁에 들어갔다 나중에 세상에 나와 왕비가 되고 장님 아버지를 만나 그의 눈을 뜨게 해준다는 해피엔딩의 교훈이지만 오태석은 심청이 남북분단으로 인해 북쪽인 고향으로 환생해 나올 수 없으며 왕비가 되어 호강스럽게 여생을 마칠 수도 없기 때문에 세상구경차 뭍으로 행차하려는 용왕을 따라 서울로 오기를 간청, 같이 나오게 된다. 그러나 그들이 세상에 나와서 경험하게 되는 것은 지옥보다 더 참혹하고 야만적인 인생의 모습일 뿐이다. 아마도 연극이 현 사회를 반영하되 이처럼 처참하고 통렬하게 관객의 가슴을 난타한 예는 거의 없을 것이다.

결국 오태석의 심청은 인신매매로 붙잡혀 온 수많은 여인들의 몸값을 갚아 줄 독지가가 나타나기를 기원하면서 다시 인당수에 몸을 던지고 만다. 그녀와 더불어 또한 수많은 여인들이 함께 제 **2**의 심청이 되어 물 속으로 몸을 던진다.

심청의 선한 희생이 많은 사람에게 행복을 가져다 준다는 고전적 교훈을 충격적으로 반성시킨 이 극은 그러한 교훈을 망각하거나 잊고 있는 현대인의 악을 무자비하게 고발하고 매도한 데 특별한 의의가 있다. 그는 고전이 단순한 옛날 이야기가 아니라 현대인의 도덕과 양심을 항상 비쳐보고 비교하고 교정해야 될 거울임을 강조하고 있는 것이다.

이 극은 옛날 심청이처럼 다시 환생하여 뭍에 살고 있는 중생의 고통을 구제해 준다는 미래의 약속이 없음으로써 비관적이고 절망적이다. 물론 이 극은 용왕이 먼저 바다로 들어가 심청이를 맞이하지만 그것은 반드시 미래의 구원의 약속이라고는 보기 어렵다. 따라서 오늘의 인간을 구제하는 책임은 그와 동시대의 사회성원이며 미래 사회를 건설하는 것도 바로 그 사람들임을 암시하고 있다.

오태석이 창조한 용궁의 사람들과 용궁은 완전히 현대화되어 있다. 용왕과 심청은 서울 어느 거리에서나 볼 수 있는 현대인과 다를 바 없으며 용궁 안에는 컴퓨터 등 현대의 첨단장비들이 설치되어 있다. 그것은 용궁의 현대화이지만 한편으로는 오태석 특유의 기믹(gimmick)이라 할 수 있다. 사나이가 화상을 입자 장난감 앰뷸런스가 달려가는 장치 역시도 그런 것의 하나이다. 「심청전」의 아득히 먼 과거의 세계와 오늘날 눈부신 과학문명의 세계를 기묘하고 흥미롭게 대비시켜 놓은 것이다.

무대를 수십개의 종이 상자로 **빽빽**하게 채워 놓은 장치는 기발

하다. 몸을 움직일 수 없을 만큼 빽빽한 무대는 오늘날 우리가
살고 있논 서울의 환경이 주는 느낌과 방불할 뿐만 아니라 오태
석은 그러한 장치들은 연극적으로 매우 기능적으로 활용하고 있
다. 마지막 장면에서 각 상자마다 여인들이 앉아 몸단장을 하고
있는 광경은 밀집된 아파트군의 꼭 같이 생긴 무수한 창문들을
보는 것 같다.

오태석은 일부 여인을 남자로 대신하게 했다. 몸을 파는 것은
여자만이 아니며 남녀의 구별이 점차 희미해 가는 오늘 우리의
사회현상을 풍자한 것이 아닌가 생각된다.

한마디로 이 극은 고전과 그 속에 담긴 문화적 가치들을 현대
로 치환하였으며 그것을 통해 우리가 살고 있는 오늘의 한국인의
인성과 사회를 통찰하고 반성케해주고 있다.

참고문헌

오태석의 희곡집 「초분, 태, 춘풍의 처」, 한국종합출판사, 1975.
오태석 희곡집 「자전거」, 오상출판사, 1986.
오태석 희곡 대본 「사추기」, 국립극장.

한국민족의 전통적 심성 추적

양혜숙(이대교수 · 연극 평론가)

1. 작가의 연극사적 위상

한국 현대 연극사에서[1] 가장 중요한 과제로 부상하고 있는 '전통의 수용'은 크게 두 단계로 나누어 고찰할 수 있다. 첫번째 단계가 전통의 발굴과 직수용의 시도라고 규정짓는다면, 두 번째 단계는 전통의 재발견과 원용적 수용이라고 단정지을 수 있다.

그러나 이 두 단계는 시기적으로 나누어 볼 때 마땅히 '직수용'의 시도가 있은 다음에 '원용적 수용'이라는 발전적 단계를 가져오는 것이 상식적이고 보편적인 문화발전의 과정임에도 불구하고 한국연극의 현대사에서는 이 두 가지 성향이 거의 동시적으로 병행되어 나타남으로써 한국의 창작극 발전과정의 이중구조를 가능케 하고 있다.

전통의 발굴과 직수용이라고 갈할 수 있는 첫번째 단계를 작가 허규와 그의 극단 〈민예〉를 중심으로 일어난 60년대 말과 70년대 있었던 전통찾기의 일맥(一脈)으로 본다면, 전통의 원용적 수용과 전통의 재발견은 오태석, 안민수 등의 연출 및 희곡작품에서 볼 수 있는 형태적 창출의 실험연극에서 찾아볼 수 있다. 그

---

1) **1960**년대 이후의 한국연극을 한국의 현대연극이라고 규정짓는 입장에서 이 글을 전개하며, 그 근거는 이두현의 「한국 연극사」와 유민영의 「한국 현대 희곡사」를 근거로 한다.

외 작가 김의경, 이재현 등의 희곡 속에서 볼 수 있는 역사찾기 운동 또한 창작의 또다른 유형을 낳고 있으나 이들의 작품에서는 어디까지나 주제면에서 그 역사성을 가져 올 뿐, 연극의 형식면에서는 한국적 토양성과 민족적 심성을 탐구하는 결과가 형태나 형식창출에까지 나타나지 않고 있음을 우리는 간과해서는 안된다.

그러므로 한국연극의 창작풍토 속에 전통의 수용이 이중구조로 구성되고 있음은 어디까지나 그 형태적 차원에서 찾아짐을 전제로 한다.

1940년 충남 서천에서 출생한 오태석이 연극에 발을 들여놓게 되는 것은 매우 단순한 동기에서였다. 5·16직후 연세대학 철학과에 재학중이던 그는 경제적으로 매우 궁핍한 상태에 처해 있었다 한다. 때마침 거액의 상금이 걸린 〈신인예술제〉가 개최되면서 9개 단체의 작품을 선정한다는 얘기를 그는 듣는다. 그의 솔직한 얘기에 따르면―무엇보다도 상금에 혹해서―희곡이야 전에도 몇 편 읽어 봤지만 연극의 꼴을 갖춘 연극이라고는 불타기 전의 원각사에서 공연한 「뜨거운 양철지붕 위의 고양이」 한 편 밖에 없으면서도 9개씩이나 뽑으니 웬만하면 붙을 것 같기도 해서 과감히 공모에 응하기로 결심했다고 한다. 그래도 기본적인 공부는 필요한 것 같아서 USIS도서관과 연대 도서관을 이잡듯이 뒤져 찾아낸 책이 바로 「아마츄어를 위한 연극 제작론」이였다. 이렇게 공부까지 해서 썼던 탓인지 그의 작품 「영광」이 공모에 당선되는 영광을 얻었다. 하지만 국립극장에서 공연을 해야만 하는데 극단도 없는 상황이라 재빨리 연대, 중대, 이대생들을 끌어 모아 〈회로무대〉란 극단을 조직했고, 연극의 연자(字)도 모르던 그가 대표 겸 극작가 겸 연출가가 된 것이다.[2] 연극인으로서의 그의

---

2) 한국연극, 1986, 4월호, p. 32.

출발은 참으로 무모하다 할만큼 이렇게 우연적이었다. 그러나 그의 연극과의 만남은 그의 일생을 좌우할 뿐 아니라 한국연극의 새로운 지평을 열게 한 큰 구실을 하고 있다.

20세의 나이로 첫 작품을 발표한 그는 그가 조직한 극단 〈회로무대〉와 함께 그의 작품 「4중주」, 「조난」 등을 무대에 올렸으나 번역극 「문밖에서」를 끝으로 재정난으로 인해 해체되고 만다. 그러나 그가 극작가로 이름을 알리게 되는 것은 그로부터 7년 후인 1967년도 조선일보 신춘문예에 작품 「웨딩드레스」가 당선되면서부터다. 그후 1968~69년도에는 실험극단에서 「환절기」, 「유다여 닭이 울기 전에」, 「교행」, 「롤러 스케이트를 타는 오뚜기」를 공연한다.

그의 첫 작품인 「영광」은 그의 말대로 희곡이라고 하기에는 "말장난에 의존한 작품"[3]이라고 할 수 있다. 다시말해 이 작품은 희곡의 구조적 기반이 되어 있지 않다는 말이다. 그 다음 그가 실험극단에서 보내던 시기는 서구식 드라마투르기의 수업기간으로 보아 마땅하다. 즉 연극의 기본적 틀을 서양연극에 의존하여 굳히는 기간으로 잡아도 무방하다.[4] 그후 실험극단을 떠난 그는 드라마센타에서 「루브」 연출을 시발로 「초분」과 「태」를 쓰고 또한 연출도 한다. 그에게 있어 「초분」을 상연한 1973년은 그가 작가로서 거듭나는 해일 뿐만 아니라 한국 연극계의 스타가 되는 해이기도 하였다. 뿐만 아니라 한국 연극 발전의 커다란 이정표를 만드는 해이기도 했다. 작품 「초분」이 가지는 의미는 작가인 그에게 있어서 뿐 아니라 한국 연극사적 의미에서도 매우 중요하다.

작품 「웨딩드레스」를 통해서 그가 극작가로서의 자리를 굳혔

---

3) 한국연극, 1986, 4월호, p. 32.
4) 한국연극, 1986, 4월호, p. 33.

다고 한다면, 작품 「초분」을 통해서는 비로소 연출가와 작가를 겸하는 명실공히 연극인이 된 것이다. 또한 이 작품은 '전통의 수용'이라는 관점에서도 기여한 바가 매우 크다. 주제와 형식면에서 한(韓)민족의 토속적이며 정감적인 정서를 물씬 풍기는 가운데 한국적인 삶의 "구심력과 원심력의 충돌과 긴장·대립"의 관계를[5] 여실히 보여주는 생동감 넘치는 작품이기 때문이다.

그 뒤를 이어 발표되는 「태」(1974), 「춘풍의 처」(1976), 「물보라」(1978) 등의 작품에서는 서양 드라마투르기의 흔적이 거의 보이지 않는 가운데 연극의 본질 속에 한국의 전통과 민족적 심성을 용해시키고 있다. 뿐만 아니라 전통을 수용하는 방법에 있어서도 그는 다각적으로 시도하고 있다. 그러는 가운데 그의 작품들 속에는 오태석만이 해낼 수 있는 독특한 연극 형식의 창출이 보인다. 비록 그 형식이 미학적 완성도에 있어서는 매우 논란의 여지가 있으며 작품마다의 완성도 또한 차이의 폭이 있으나, 그가 해내는 이러한 형식창출의 작업은 작품 속에 주제와 정신이 융화, 용해 그리고 각인되는 형식이므로 해서 매우 값진 것이다. 그러므로 그를 현대 한국 연극작가 중 가장 주목받는 위치에 서게 만드는 이유가 되기도 한다.

그뿐만이 아니다. 그는 「초분」을 통하여 한국 최초의 해외공연 —— 미국에 국한되기는 하였으나 —— 경험을 얻게 된다. 이것은 70년대 한국의 폐쇄되었던 문화풍토에서는 매우 얻기 드문 해외 연극에 접할 수 있는 기회였으며 이로써 해외에서의 연극경험을 맛보게 된다. 그리하여 타문화와의 만남의 경험은 그로 하여금 극작가로서 갖추어야 할 세계적인 안목과 개방된 시각을 허락하게 된 것이다.

그 이후에도 그는 비교적 여러 번 해외연극과 만날 수 있었고,

---

5) 한국연극, 1986, 4월호, p. 33.

그 경험은 그의 극작술과 연출술에 다양성과 순발력을 발휘하게 함으로써 그의 연극형식에 매우 긍정적이며 발전적인 반응을 하고 있음이 드러난다. 또한 이러한 경험은 그로 하여금 세계 속에서 한국 연극의 위상을 어떤 점에서 찾아야 할 것인가에 대한 구체적인 생각과 시도를 매우 일찌감치 가능케함으로 그의 실험정신과 더불어 한국연극의 발전적 다양성에도 크게 보탬이 되고 있는 것이다. 물론 그러한 시각에서 온 혼돈의 상태가 그의 연극 속에 하나의 형태로 미처 결정되지 못한 채 '애매모호'한 형상으로 남는 경우도 종종 있다. 그러나 이는 어디까지나 그의 실험정신과 연극정신의 도전적 성격에서 빚어지는 결과로 보아 마땅하며, 이러한 한 작가가 겪는 과도기적 현상은 앞으로 그가 극복해야 할 하나의 과제이기도 하다.

어쨌든 그가 갖는 한국의 토속문화에 대한 원초적 감각은 오늘의 현실생활을 조명하는 그의 시각에, 논리를 초월하는 디오니소스적 열정을 발휘하게 한다. 작품 「초분」 이후에 두드러지게 그의 작품들 속에 나타나는 두 가지 이질적 요소는 다음의 두 가지로 분류되지 않을까 한다. 그 한 가지는 한국의 토속문화와 정감적 정서구조에 대한 무한한 탐구정신과 동경이고, 또 다른 하나는 오늘의 현실을 전통의 시각으로 꿰뚫어 보고자 하는 열정이 작품 속에서 논리를 초월하여 나타난다는 점이다. 이 두 가지 요소는 그의 연극 속에 '원심력과 구심력'의 대응적 또는 대립적 관계 속에 작용하여 나타남으로써 그의 작품이 나올적 마다 사람들로 하여금 놀라움을 자아내게 하고 있다.

「초분」, 「태」, 「춘풍의 처」, 「물보라」, 「필부의 꿈」, 「자전거」 등이 한국의 정감적 정서구조를 구축하여 한국적 심성과 뿌리의 근원을 찾는 데 열중한 결과 태어난 작품이라고 한다면, 「1980년 5월」, 「아프리카」, 그리고 1989년 봄에 발표된 「비닐하우스」 등의 작품 속에는 오늘의 현실을 초현실적 감각의 더듬이로 조명한 또다른 오태석의 면모를 보여주는 작품들이다. 특히 오태석의 연극적 특징을 한마디로 규정지으라면 '신들림', '열정', '생동감', '생명력'이라고 열거할 수 있으며, 이에 동반되는 부정적 시각에서의 표현은 '애매모호성', '용두사미로 끝나는 열정' 등의 표현을 가끔 덧붙이게 된다. 그러나 이러한 모든 과도기적 요소에도 불구하고 그의 연극 속에는 남이 도저히 복사하거나 흉내낼 수 없는 독창성과 오리지날리티가 있으며, 더욱 그를 빛나게 하는 것은 그의 생태적 사고 자체가 연극적이라는 데 있다. 70매짜리 희곡 속에 700매짜리 연출노트를 끼워야 할 만큼의[6] 압축된 그의 희곡작품을 그는 연출가로서 채우는 요술장이인 것이다.

그리고 그의 연출작업은 연극을 만드는 데 한국적 언어와 한국의 전통적 시각 속에 현대를 용해하는 마술적 재능을 발휘하고 있으며, 이러한 재능을 그는 한민족의 심성의 뿌리와 전통의 도가니 속에 용해, 다시 한국의 현대와 오늘 지금의 또다른 모습으로 재창조한다는 점에서 그는 한국연극을 세계의 연극 속에 자리잡게 할 수 있는 가장 빠른 지름길을 여는 작가라고 할 수 있겠다. 그의 이러한 창작정신과 태도는 한국연극 속에 전통의 올바른 수용의 길을 원용적 수용의 방법으로 제시함으로써 한국연극의 독특한 길을 제시하고 있는 것이다.

이러한 그의 독창적 연극세계를 이해하기 위해 가장 평병한 방법을 써볼까 한다. 우선 그의 여러 작품에 나타나는 주제에서의 공통점과 구조의 특징을 살피며 인물들에서 나타나는 한국적 전형성, 그리고 언어의 독특한 구성과 기능을 살펴보고, 아울러 그것이 무대화하는 과정에서 어떠한 요소를 창출하여 연극적 입체

---

6) 한국연극, **1986**, 4월호, p. **33**.

성을 자아내는가를 살펴봄으로써 그의 난해한 특징을 파헤치는 조그마한 시금석이 될 수 있지 않을까 기대해 본다.

2. 민족심성의 탐구

이미 언급한 바와 같이 오태석이 작가로 성장하는 과정에는 몇 단계가 있음을 확인할 수 있다. 우선 1960년 「영광」을 공연하기 위해 〈회로무대〉를 조직하여 활동하던 최초 연극과의 만남의 시기를 '태동기'라고 볼 수 있겠다. 「영광」, 「4중주」, 「조난」 등을 공연하면서 그가 만드는 연극작품은 뚜렷한 주제를 제시하거나 꽉 짜인 연극의 틀을 보여주지 못한 채 오히려 말의 재치와 상황 전개의 순발력을 통해 극의 모습을 더듬고 있음을 알 수 있다.

'태동기'의 다음을 잇는 1967년부터 「초분」이 발표되기 전 1972년까지의 시기를 '청년기' 또는 '습작기'라고 해도 무방할 것 같다. 「웨딩드레스」가 조선일보 신춘문예에 당선되면서부터 그는 본격적인 극작가로 성장하고 있으며, 1968년에 처음으로 쓴 장막극 「환절기」가 경향신문에 당선되면서 그는 당당한 데뷔를 하게 되고 그 이후 속속 작품이 발표된다. 「여왕과 奇僧」, 「유다여 닭이 울기 전에」, 「육교 상의 유모차」, 「枯草熱」(이상 1969), 「交行」, 「롤러 스케이트를 타는 오뚜기」, 「飼育」(이상 1970), 「이식수술」, 「버남의 숲」(이상 1971) 등의 작품 속에서 그는 연극의 본질을 탐구한다. 그가 관심을 갖는 연극의 본질은 특히 관객과의 만남의 반응에서 살펴지고 있으며, 연극의 구조를 더듬어 세워보는 작업이다. 이러한 습작시기의 작품 속에도 극작가로서의 그의 특징과 독창성이 여실히 드러나고 있음은 매우 감탄스러운 일이다. 물론 1960년대에 한국에 소개되어 있는 연극에 대한 상식이나 이론이 서구의 연극이른에 전적으로 의존하는 상황을 벗어나지 못하고 있었으므로, 아리스토텔레스적 전통연극 기법이 독보적 자리를 차지하고 있었으며 한국 연극의 ABC를 교육하고 있었음은 부인할 수 없는 사실이다. 그럼에도 불구하고 그의 작품은 오히려 어느 것 하나 서구적 이론을 그대로 직수입한 흔적을 보이지 않는 강점을 나타내고 있다. 또한 주제를 설정하고 펴나가는 방법도 매우 다양하며, 그 내면 속에는 서구적인 논법과 계산적인 구성에 힘입고 있으면서도 그의 작품들은 나름대로의 새로운 세계를 매우 재치있게 열어 가고 있다. 습작기인 이 시기에도 그는 벌써 다양성과 개방성, 순발력과 즉흥성을 연극 속에 담고 있으며, 이러한 그의 특징적 요소는 이미 이 시기에 충분히 발휘되고 있다는 점이 그의 앞날을 기대하게 하고 있다.

그러나 1972년 「쇠뚝이 놀이」를 발표하면서부터 그의 참모습은 드러나기 시작한다. 몰리에르의 「스까뺑의 간계」를 한국적으로 번안해 보인 것이 「쇠뚝이 놀이」이다. 몰리에르 탄생 40주년 기념공연을 위해 제작한 이 작품에서 그가 배운 것들은 '청년기' 다음에 올 '장년기'의 작품방향을 결정해 준 셈이다. 그의 창작에서 해외경험이 커다란 역할을 한다면, 그가 연출을 통하여 접한 '번역극'과의 만남은 그의 연극적 토양을 비옥하고 다채롭게 해주는 데 크게 기여하고 있다.

「문밖에서」, 「루브」 등의 연출을 통하여 그가 접하게 되는 연극 세계는 물론이거니와 「희한한 한쌍」, 「맨발로 공원을」 등의 연출은 그로 하여금 코메디가 갖고 있는 연극의 또다른 본질적 세계를 파악하게 한다. 특히 코메디에서 주된 역할과 기능을 하는 연기자에 대한 그의 생각은 적중하는 것으로 다음과 같이 표현하고 있다. "코메디 작품의 연기란 연기자 자신과 연기로 표현해야 하는 인물 사이를 쉴새없이 넘나들기를 요구합니다. 무대 위에 선 연기자가 자신의 연기를 객관화해 보고, 부단히 자신의 연기를 비평하고 또 그러면서 그 연기를 계속해 나아가는 가운데 자신과 등장인물이 만나지는 지점에 으면 제대로 되는 것이겠지요. 앙드레 지드의 얘기입니다만, '글이 의도하지도 않았는데, 독자에 의해 만들어지는 것이 있다. 그것은 신(神)의 몫이다' 바로 그런 것이 얻어지는 순간을 말하는 것이겠지요."7) 그는 대부분 번역극을 연출할 경우 번안을 주로 하고 있다. 「쇠뚝이 놀이」역시 이미 언급한 바와 같이 몰리에르의 「스카뺑의 간계」를 번안한 작품이다. 이 작품은 코메디아 델아르떼 풍의 작품으로 이태리의 즉흥극 스타일을 띠고 있어 우리 나라의 마당극 형식에 옮겨 놓기에 매우 유리한 경우였다. 이 작품의 번안을 통해 작가 오태석이 배운 것은 우리 나라의 연극이 가지고 있는 체질과 템포, 또한 그가 가지고 있는 고유의 감각을 구체적으로 터득하는데 있었다.

「쇠뚝이 놀이」를 무대 위에 올린 다음부터 나오는 작품들은 "우리 민족의 원천적인 심성을 추적하는 쪽으로 눈을 돌린" 그러한 작품들이다. "우리 민족의 심성 속에 섞여 있는 인심, 너털웃음, 호연지기, 위약한 듯하지만 숨이 긴 점 등의 생활풍정을 무대 위에 그려보고 싶습니다. 또 앞으로도 그런 점들만 어떻게든 남겨지도록 해야 한다고 믿고 싶습니다"8)

이러한 자신의 생각을 옛 이야기 속에 담아 본 작품이 「물보라」이고, 오늘의 현재 속에 자화상을 그려 본 것이 「아프리카」라고 한다. 위에 담긴 그의 말을 미루어 볼 때, 한국적인 정서를 서양 연극의 구조 속에 담는 것으로만 만족할 수 없었음을 짐작할 수 있다. 한국적인 '풍정'이나 '인심', '너털웃음', '위약한 듯하나 끈기 있는 생명력' 이러한 요소들이 그의 연극에서 본질이되고 있으며 주제 이상의 요소로 등장하고 있는 것이다.

---

7) 한국연극, 1986, 4월호, p. 34.
8) 한국연극, 1986, 4월호, p. 35.

　간단한 말로 바꾸어 보자면, 그의 작가정신과 작품의도는 「초
분」 이후 끈질기게 한 가지 커다란 주제만을 맴돌고 있다는 것이
다. 다름아닌 '한민족의 심성'을 어떻게 오늘의 연극 속에 되살
려 담아 볼 수 있겠느냐 하는 문제인 것이다. 오로지 이것만이
작가나 연출가로서의 그의 작품 속에 스며있는 연극정신이며 바
탕인 것이다.

　이 유일한 주제를 놓고 작가 오태석은 희곡을 구상하고, 연출
로서도 그 구상을 무대 위에 입체화, 구체화시킴으로써 제 3의 현
실과 제 3의 생명 즉 예술적 생명을 구현하고 있다. 이러한 큰
테두리의 주제는 매 작품마다 색채와 모양을 달리하며 영롱하게
빛나고 있는 것이다. 또한 이러한 것들을 무대 위에 구현하기 위
해 그는 어쩔 수 없이 전통과 현재를 넘나들며 제 3의 현실을 연
극 속에 구현시키고 있는 것이다.

　작품 「초분」이 극한상황에 처한 인간의 절망과 체념이 한국적
행동방식으로는 어떻게 나타날 수 있겠는가 하는 문제를 다루고
있다면, 「태」에서는 인간의 원한과 복수의 끝없는 반복이 삶의
원형(原型) 속에서 무엇을 의미하는지, 또한 그것이 한(韓)민족
의 심성 속에는 어떠한 형태로 뿌리박고 있는지에 대한 오태석
특유의 "반역사적(反歷史的) 실험극"9)을 만들어 내고 있다.

　한국 민족의 '원천적인 심성'을 추적하는 그의 끈질긴 열의와
그것을 형상화하기 위해 연극에 접근하는 그의 시도는 형태나 템
포, 리듬뿐 아니라 그 주제설정도 매우 다양하게 나타난다. 「태」
공연 2년 후에는 또 한번 한국 연극계를 놀라게 한 「춘풍의 처」
가 초연된다. 이 작품은 한국 특유의 해학과 풍자의 형태를 빌
어, 한국인의 심성 속에 녹아 용해되어 있는 서민적 정감의 근원
과 그 구조의 실체를 파악하고자 한 작품이다. 서구의 논리로는

---

9) 한국연극, 1983, 1월호, 특집 : 한국연극이 뽑는 연극계 10대 사건(73~83).

도저히 파악되지 않는 한민족 특유의 정서와 정감의 바탕을 오태
석은 자기 특유의 초월적 논리로 이 작품 속에 재구성하고 있다.
춘풍의 처, 춘풍, 춘풍의 애첩인 추월이가 함께 엮는 삼각관계는
한국의 전통극인 탈춤이나 꼭두극에 나타나는 애증관계의 원형
(原型)을 이어받고 있다. 이는 또한 한민족의 생활 속에 쌓여 있
는 애증의 구조이며, 한민족이 가지고 있는 본능적이며 원초적인
감정의 세계이다. 이 세 사람 사이에서 엮어지는 이야기와 효도
할 돈을 만들기 위하여 비리로 고발된 부자(父子)를 잡아 한양으
로 끌고 가는 도중 지쳐버린 이지(李知)와 덕중(德中)이 전개하
는 재판과정은 원래적인 이야기를 전개하는 본 틀의 역할을 하는
데, 춘풍을 찾아 나선 춘풍의 처가 이들의 재판과정에 뛰어 들면
서 이 두 이야기는 실타래가 엮어지듯 재미있게 엮어지며 전개된
다. 그 속에 재현되는 한국인의 때로는 비약적이며, 때로는 비논
리적이며, 때로는 즉흥적인 그러면서도 어리석기 짝이 없고 엉뚱
하기 짝이 없는 소박하다못해 질박하게까지 느껴지는 정서의 세
계는 관객으로 하여금 옛날에 살았을 조상의 삶을 연상케 하는
것이다. 그러나 이 연극의 기능은 그것으로 끝나는 것이 아니다.
재판이 엎치락뒤치락 하는 과정을 보며, 그 속에서 속출되는 비
약과 비논리는 역기능을 행하면서 오늘 우리들의 사고구조와 삶
이 뿌리박고 있는 정감적 삶의 구조를 사랑의 눈으로 비판할 수
있는 유머와 해학이 넘쳐 흐르는 것이다.
　그의 어느 작품보다도 이 작품 속에 작가는 자기 특유의 초월
적 논리를 연극적으로 살리는 데 그 철저성을 가장 잘 관철하고
있다.
　반면 안상노의 외골수적인 삶과 삶의 목표 속에 그 정신을 다
한 안중근 의사의 일생을 대비시키며, 한민족의 얼 속에 지속되
어 내려오는 정신의 실체를 탐구하고 있는 「한만선」에는 「춘풍

의 처」에서와는 달리 한민족 심성의 원천을 정감어린 감정의 차원에서가 아니라, 선비적인 정신의 세계에서 찾아보고자 노력하고 있다. 그리하여 「초분」 이후에 씌여진 그의 작품을 보면 옛 이야기의 형식을 빌리든, 오늘의 현재 우리 생활 속에서 그 형식을 빌어오든, 작가의 일관된 관심은 한국적인 것의 근원파악이다. 다시말해 한민족의 심성 속의 원천 탐구가 작가의 가장 주된 관심의 대상으로 나타난다. 그리하여 옛 이야기의 틀을 빌어 오늘의 우리를 비쳐 보고자 한 작품이 「초분」, 「태」, 「춘풍의 처」, 「물보라」, 「한중록」, 「필부의 꿈」, 「부자유친」, 「자전거」 등으로 분류할 수 있다면, 현재의 우리들의 삶을 틀로 하여 엮어낸 이야기들은 「어미」, 「1980년 5월」, 「한만선」, 「아프리카」, 「비닐하우스」 등을 손꼽을 수 있겠다. 그럼에도 불구하고 이러한 분류에 아랑곳없이 지금까지 써 온 그의 작품은 예외없이 한국적인 정서와 정감의 세계를 그 주제로 다루며, 즉 한국인의 심성 속에 뿌리박고 있는 실체파악이 주제가 되고 있는 것이다.

이 한가지 주제를 놓고 작가는 다양하고 다채롭게 그 실체파악의 과정을 전개해 나가는 것이다. 그러므로 주제만으로 그의 작품세계를 완전히 이해하기는 어렵다. 왜냐하면 그의 작품은 오히려 극작법과 극의 구성을 통해 수없는 실험을 거듭하고 있으며, 한국 연극의 다양화에 크게 이바지하고 있기 때문이다. 단조롭게 보이는 주제설정과는 대조적으로 작품의 형태와 구조를 살펴보면, 이러한 주제를 다루기 위해 그가 어떠한 구성을 선택하고 있는가를 살펴보는 것이 그의 작품을 이해하는 지름길일 수 있기 때문이다.

3. 초월논리와 정감구조

한국의 창작극은 그 생성의 경위와 발전의 유래가 일본을 거쳐

들어 온 서구의 희곡문화가 배경이 되고 있다. 그러므로 60년대까지 대부분의 창작극에서 가장 큰 취약점으로 지적되는 요소는 서양의 아리스토텔레스적 기법을 틀로 하여 만들어진 구조에 한국적인 정서가 담긴 주제나 내용을 담고 있는 경우가 대부분이다. 그러나 서양 그릇에 동양적인 내용물을 담은 결과는 마치 물과 기름의 관계처럼 서로 겉도는 모습으로 나타나, 예술에 있어서는 형태와 내용의 조화로운 용해를 이루지 못한 채 한국 연극이 앞으로 해결해야 할 커다란 과제로 남아 있다.

한국의 창작극이 이러한 취약점을 극복하지 못한 채 서구적인 용기로서의 희곡구조와 그 속에 담긴 한국적인 정서의 내용 또는 주제는 아직까지도 연극을 관람하는 관객이나 희곡을 읽는 독자에게 충분한 설득력을 발휘하지 못해 어딘가 늘 흡족하지 못한 상태로 지속되어 온다.

그러던 것이 70년대로 접어 들면서 한국의 창작극계에는 대담한 실험정신이 엿보이기 시작한다. 그 시도는 우선 60년대 번역극의 직수용의 단계를 벗어나 번안의 시도를 한 많은 작품에서 엿보인다. 그리고 70년대로 들어 오면서 극단 〈자유〉의 「무엇이 될고 하니」, 최인훈의 「어디서 무엇이 되어 만나랴」 등의 공연을 통해 한국적인 주제와 내용 등 한국적인 소재를 현대적인 감각 속에 담아 보려는 실험정신이 크게 돋보이는 시대로 접어들고 있음을 알 수 있다.

이러한 시대적 경향을 가장 독창적으로 맞이하고 있는 작가가 오태석이다. 그의 연극세계는 그 독창성과 대담성 때문에 더욱 빛난다. 그는 서양 연극에서 배운 연극의 본질과 언어의 구사, 연극이 하나의 생명체로서 가지고 있는 구조와 흐름을 한국적인 정서구조로 환원하여 재구성 하는 데 성공을 거두고 있다. 그의 독창성은 바로 서구적인 연극구조를 깨고 가장 고유한 자신의 기법을 개발, 응용하는 점에서 많은 기대를 불러 모으고 있다.

그의 희곡은 주제나 소재만이 한국의 전통이나 현재의 삶 속에서 발췌해 오는 것이 아니라 그 소재에 맞는 구조와 형태를 독창적으로 엮어 나가는 데 어느 작가보다 훨씬 한국적인 모습을 나타내고 있으며 아울러 참신함과 충격을 불러 일으키는 이유도 바로 그러한 그의 연극세계에서 기인한다.

그가 한국연극에 기여한 점은 연극의 소재를 한국적인 것에서 찾아 왔을 뿐 아니라 그 소재를 담기 위한 연극의 구조를 서양적인 구속에서 과감히 벗어나 지금까지 고정관념처럼 연극을 얽어 매었던 구조의 혁명을 일으켰다는 데서 큰 의의를 찾을 수 있다.

> "오태석 씨의 작품은 우리의 극작가들이 부닥친 침체한 벽을 시원히 뚫어 주는 역할을 해주었다. 그는 지금까지 꼼짝 못하게 얽어 매었던 극 속의 시간이라는 사슬을 풀어 놓은 것이다. 그의 작품은 시간의 구속을 벗어나 자유롭게 움직여 가며 논리적인 전개를 넘어선 차원에서 극적인 전말을 보여주고 있다."[10]

사실상 오태석은 서양 희곡이 가지고 있는 논리성과 거기서 비롯된 구조가 우리 정서에는 오히려 거북하게 느껴진다는 사실을 일찌감치 파악한 작가이다. 그리하여 그는 한국 특유의 비약적 사고와 정감적 정서구조에 뿌리 박은 한국인의 심성을 그리는 데는 서양 희곡에서 고수되어 내려 온 3통일의 원칙적 시간, 공간, 줄거리의 통일적 짜임새를 해체하고 오히려 한국인의 호흡에 맞는 템포와 리듬에 의존하여 그의 희곡을 구성하기 시작한다.

그러나 이런 구조해체적 성향이 그의 초기 작품들에 이미 나타나고 있는 것을 비추어 볼 때, 그에게 있어 서구의 논리적 틀을

---

10) 나영균, 「오태석의 인간과 작품세계」 오태석 희곡집 중, **1979, p. 257,** 서울 한국종합출판사.

벗어나는 일은 본능에서 우러난 그의 체질처럼 보인다.

하지만 이러한 작가로서의 천부적인 재질은 끊임없는 실험 정신의 투철한 작업을 통해 몇 편의 작품을 상연하는 가운데 점점 자기 본연의 것으로 확인되기 시작한다.

그가 우리의 호흡과 리듬, 템포가 서구의 것과 다르다고 의식한 것은 몰리에르의 「스까뺑의 간계」를 「쇠뚝이 놀이」로 번안할 때였다. 이 작품이 가지고 있는 기본체질이 우리와 같은 반도인 이태리 문화에서 비롯된 것이므로 번안을 하는 데 큰 무리는 없었다고 한다. 하지만 우리 전통 예술의 공연기법을 적용시키려고 했을 때 느낀 커다란 저해요소를 그는 무대 위에서의 시간과 호흡에서 깨닫는다.

> "그런데 우리의 마당놀이는 등장인물의 등·퇴장의 템포가 별 이유없이 늘어진다고 느꼈습니다. '덩기덩기' 하는 박자에 맞춰 등·퇴장하는 것만으로는 부족하다는 것이였죠…… 그래서 제가 문제로 느낀 점을 해결하기 위해 계단, 터널 등을 등·퇴장구로 하고 미끄럼틀을 사용하여 등·퇴장을 스피드하게 만들어 보기로 했습니다. 그 밖에 천정에서 밧줄을 늘어 뜨리는 방법으로 한 장소에서만 벌어지는 마당놀이의 평면성으로부터도 벗어나려고 했습니다."[11]

한국적인 정서의 특징인 즉흥성과 비약성, 그러면서도 끊임없이 이어지는 반복성과 단순성, 그러는 가운데 우러나는 순박하고 우직한 심성을 표현하기에 오태석은 나름대로의 구조와 기법을 개발하기 시작한 것이다.

우선 무대 위에서의 공간과 시간의 관계를 그는 줄거리 중심의 이야기 전개과정에만 의존하지 않기로 한 것이다. 줄거리의 구성

---

11) 金哲理, 오태석의 신들림, 〈한국연극〉, 1986, 4월호, p. 34.

을 서구적인 논리에 의존하지 않고 오히려 언어에 초점을 맞추어 논리를 초월하는 비약성과 즉흥성을 무대화하기로 한다. 거기에다 비극 예술에서 가장 중요하다고 아리스토텔레스가 지적한 반전(peripetie)을 거듭 사용해서 연극의 박력과 힘의 역동적 반작용을 이끌어 내고 있다. 이러한 초월논리와 정감구조를 가장 잘 표현하고 있는 작품은 「춘풍의 처」이다. 거기에다 현대적 삶 속에 가장 큰 역할을 하고 있는 속도감각을, 특히 연출가로서 무대 위에 펼쳐 보이므로 해서 무대의 시·공간의 역동적 관계를 가장 크게 성공시키고 있는 것이다.

우선 그의 희곡들은 예외없이 막으로 구성되어 있지 않고 장면의 구성으로 이어져 있다. 그리고 그 장면 중심의 희곡 구성은 무대 위에서 공연될 때 연출가에게 매우 큰 역할의 영역을 넘겨 주고 있다. 이렇게 작가와 연출의 보완적 관계 속에서의 작업을 전제로 하고 있는 관계로 그는 대부분 자신의 작품을 자신이 연출한다. 그리고 희곡 속에서 덜 분명했던 부분은 무대의 시·공간의 선정에서 연출가의 상상적이고 감각적인 작업의지에 맡겨지게 된다. 그리하여 작가로서 구성한 희곡의 틀은 오히려 사건전개나 심리적인 발전에 맡겨지기 보다는 오히려 어떤 한 상황이나 그 상황에 처한 인간들의 반응에서 그려지는 정서의 세계로 반영되고 있다. 이럴 때 그의 작품은 인물중심이나 사건중심이기 보다, 상황묘사를 어떻게 해주느냐에 따라 그 속에서 반응하는 인간의 원초적 감정세계나 정감구조가 돋보이게 하는 방법을 주로 쓰고 있다.

이때에 상황묘사를 가장 한국적으로 나타내기 위해 플롯에 의지하기 보다는 언어에 의지하는 경우를 우리는 「어미」, 「약장사」, 「춘풍의 처」, 「1980년 5월」 등에서 역력히 볼 수 있다. 반대로 상황묘사를 근간으로 하면서 한국적인 인간을 부상시키는 경우를 볼 수 있다. 이때에도 무대는 어디까지나 상황전개가 본래의 틀이 되고 그 틀 속에 부각되는 인물의 감정세계가 표출됨으로써 한국적인 심성을 표출해 보고자 한다. 그리하여 그는 상황묘사의 효과를 최대한 얻기 위하여 서사적 기법, 영상기법, 대조기법, 사실주의적 기법, 부조리적 기법을 자유자재로 선택하여 연출하는 것이다. 작품「초분」에서는 인간이 처한 극한 상황에서의 반응을 보기 위해 초현실주의적이면서도 부조리적 기법을 동원했다면, 「태」에서는 역사적인 소재를 가장 비역사적인 기법으로 다룸으로 해서 역사와 현실을 다리 놓았다고 할 수 있다. 한편 「자전거」에서는 우리의 심성 속에 자리잡고 있는 요소들은 과연 우리들 원조들의 어떠한 현실경험에서 유래하는지를 추적하기 위해 우리들의 가장 일상적이면서도 전형적인 이야기 속에서 발췌하고 있다. 그 속에는 **6 · 25**때의 생 · 사를 초월한 아픔과 한이 있고, 그 아픔과 한의 극치는 문둥이 움막에서 태어난 애들과 문둥이 부모와의 끊을 수 없는 아픔과 한의 인연으로 투영될 수 있도록 연극은 이중, 삼중의 구조로 짜여져 있어 마치 하나의 실타래를 엮어가듯 몇 가지의 이야기들이 얽히고 설켜가며 짜여져 나가고 있다. 이러한 구성은 논리를 초월하고 있으며 언어를 축으로 하여 그 언어에 서린 정감의 실체파악에 중점을 두고 있음을 알 수 있다. 「1980년 5월」과 「아프리카」 등이 현실묘사에 철저하여 마치 사실주의적 기법을 쓰고 있는 듯하면서도, 사실 그 작품에서 작가가 의도하는 바는 오늘의 현실 속에 살고 있는 한국인의 위상을 파악하되, 그 실체의 근원이 무엇인가를 뚜렷하게 잡아낼 수 없는 대신, 분위기나 상황 속에 부각되는 전체성을 통해 '윤곽'과 '분위기', 또는 '심성적인 것'으로라도 우리의 참 모습이 무엇인가를 추구하는 작가정신에서 연극의 구조 또한 새롭게 탄생하고 있는 것이다.

그리하여 그는 사건의 전개를 두 가지나 세 가지를 평행적으로 엮어 나가거나, 아니면 타래를 엮듯 꼬아 나가면서, 그로 인해 생기는 이중구조나, 삼중구조 속에 시간과 공간의 논리적 구성을 초월하고 있어, 그의 작품을 논리적 사고로 이해하려 할 때면 벽에 부딪쳐 난해성과 모호성을 면치 못하게 된다. 오히려 '신들림'과 번득이는 '영감' 등 직감과 직관에 의존하여 이해하려 할 때 그의 여러 기법들의 동원이 왜 필요하며 그러한 것들의 완성도가 매 작품에서 어느 정도 어떻게 차이나게 표현되어 있는가를 객관적으로 살펴 볼 수 있을 때 그의 연극을 이해하는 지름길을 찾을 수 있으리라 믿는다.

4. 파괴와 창조의 갈림길

오태석의 연극을 올바로 이해하는 지름길은 두 가지가 있다. 그 하나는 그가 우리의 말을 얼마나 사랑하고 있으며, 그 언어를 통하여 우리의 참 모습을 나타내기 위해 어떻게 노력하고 있는가를 더듬어 보는 길이다. 그리고 또다른 하나의 길은 그가 인간의 원초적인 고뇌와 본능, 감정 등을 그려낼 때, 어떻게 하면 우리답게 그려낼 수 있는가를 연출가적 시각에서 어떻게 고심하고 있으며 그 과제를 풀기 위하여 그가 어떤 방법을 쓰고 있는지를 헤아려 보는 방법이다.

우선 그가 우리의 언어를 얼마나 사랑하고 그 언어로 우리의 정취를 표현한다는 것이 얼마나 필요한지 그의 작가적 사명을 그곳에서 찾고 있음을 다음의 대화에서 알 수 있다.

"우리의 바탕을 알고, 또 믿고 그리고 내일을 열기 시작해야 하는" 작업 중에서 언어에 대한 그의 집착과 애정은 대단하다.

"우리의 언어는 옛부터 있었겠지만, 500년 전까지는 한자가 그

표현을 위한 기초였고, 그 후에야 한글이라는 우리의 기초가 탄생
했습니다. 그런데 한자와 한글이 조화를 이루어 생활어의 기초가
확립될만한 시기에 이씨 조선은 패망해 버렸습니다. 또 그 뒤 약 1
세기 동안 일본어와 서양언어의 무차별 공격 속에서 수많은 우리
의 어휘들이 상실되어 버렸다고 봅니다. 더군다나 일본어, 서양어
의 합병증이었으니 더욱 심한 상태에 빠진 거죠. 그래서 저는 언
어를 중요 수단으로 이용하는 연극인들에게, 숨겨진 묻혀버린 우
리 말을 찾아 내서 빨고 말려, 쓸만한 것은 걸러내는 의무 조항이
라도 주었으면 하는 생각이 들기도 합니다.”[12]

　언어에 대한 그의 관심과 애착은 그의 연극에서 어느 부문보다
큰 역할을 담당하며 많은 경우 그의 연극의 기본적 틀의 구실까
지도 하고 있다. 그리하여 그 결과는 그의 작품집 평설에서 나영
균 교수가 지적하였듯이, “그가 우리의 것을 찾아내는 데에는 두
가지 방법을 쓰고 있다. 그 하나는 우리 고유의 말을 철저하게
개발시키는 방법이었다. 그는 우리 말을 깊이 사랑할 뿐 아니라,
그 맛을 누구보다도 잘 알아서 요리할 줄 아는 작가이다. 굿거
리, 판소리, 탈춤, 사투리, 시체(時體)말 등 각종 출처에서 동원
해 온 말을 얽어 그는 희한한 말무늬를 짜내고 있다. 우리 말에
대한 그의 애정과 혹은 독특한 맛에 대한 확신은 묘미에 가득찬
대사를 통해 감동적으로 우리에게 전달된다. 그래서 우리는 아마
우리말이 이런 것이었던가를 새삼 느끼며 기뻐하는 것이다.”[13]
　그의 언어는 우선 연극의 대사 속에서 대사 이상의 역할을 맡
고 있음이 드러난다. 이미 일인극 「롤러 스케이트를 타는 오뚜
기」에서 두드러지게 드러나는 언어탐구 현상은 「약장사」를 통해
더욱 확인되며, 「춘풍의 처」와 「어미」를 통해서는 이미 언어가

---

12) 한국연극, 1986, 4월호, p. 36.
13) 나영균 · 오태석 희곡집 중 評說, 한국종합출판사, 1979, p. 236.

연극의 기본틀이 될 수 있음을 확인하고 있다. 그리하여 그의 희곡 언어는 대사의 기능을 뛰어 넘어 플롯의 역할을 감당하면서 연극을 진행하는 주축이 되고 있음을 알 수 있다. 그 좋은 예가 작품 「어미」에서 잘 증명된다.

또한 그는 언어를 통해서 연극의 분위기 창조와 플롯의 역할 기능까지도 하게 한다. 그의 언어는 이미 지문에서부터 그 작품의 배경과 분위기를 대변하고 있을 뿐 아니라 그 극의 진행까지 맡아 수행한다. 그 예로 작품 「약장사」의 지문을 보자.

> 약장사가 소리하는 처를 데리고 등장, 약명칭이라고 이 소리 저 소리 써갈긴 종이 오리 여남은 장을 빨래줄에 빨래 널듯이 빨래집게로 물리어 달리면서 실없는 우스개 소리를 늘어 놓는다. 세상 돌아가는 얘기에 날씨걱정도 해보고, 모자란듯한 처의 언동을 잡아 조롱에 구박에 어르기도 하다가 신세자탄을 늘어 놓고, 뒤늦게 들어와 앉은 관객을 잡고 망신도 주면서 한껏 떠들떠들 바람을 잡는다……. [14]

작품 「약장사」의 지문에서 우리는 그가 쓰고 있는 한국적 분위기 생성에 적합한 단어를 군데군데 쓰므로 해서 이미 희곡을 읽은 독자로 하여금 그 작품의 상연시 어떠한 분위기를 창출해 내야 될 것인가를 이미 암시하고 있다.

예를 들어 "약명칭이라고 이 소리 저 소리 써갈긴 종이 오리 여남은 장"[15]이라고 쓰고 있는 가운데 이 소리 저 소리 써갈긴 종이는 이미 그 어휘를 들을 때, 정확하거나 엄숙하거나 엄격하지 않은 적당주의적 한국인의 구수한 분위기를 풍기고 있다. 또한 그 외에도 "……하면서 한껏 떠들떠들 바람을 잡는다"[16]를

---

14) 「아프리카」, 오태석 희곡집, 오상출판사, 1986, p. 63.
15) 앞글.
16) 앞글.

읽느라면 연극의 시작 분위기가 어떻게 잡혀가기 시작하는지를 잘 그려 내고 있다. 이렇게 지문에서 설명하고 있는 그의 글은 이미 '말'이 되어 우리 귀에 들려오는 듯 현실성을 불러 일으키면서 대사 이상의 생동감을 불어 넣는다.

그러나 그가 처음부터 우리 말을 그렇게 잘 구사한 것은 아니고 언제나 그렇게 효율적으로 언어를 사용한 것은 아니다. 본능적인 '말놀이'의 단계에서 연극적 재미를 느끼던 초기의 작품[17]에서는 한국적 언어 사용이 매우 서툴러 인위적이거나, 아니면 애매모호한 감을 돋구는 데 더욱 큰 몫을 하여 오히려 그의 연극이 지니고 있는 본래적인 애매모호성을 더욱 강하게 하여 연극을 이해하는 데에는 부정적인 기능을 하기도 하였다.

그러나 그의 '말'은 점점 살아나며, 생명력을 지니게 되어 연극의 힘과 생동감을 배가하는 데 큰 몫을 하기 시작한다.「초분」에서 우러나는 박진감과 기백에 찬 무대도 사실은 그 속에 담긴 응축된 언어와 폭발적인 감정의 압축상태를 절제있게 다스려 나가는 가운데 표출되는 풍부한 표현력에 힘 입고 있는 것이다.

시어(詩語)의 형태를 빌어 토속적인 감정의 세계를 표현하고자 한 작가의 의도는 언어로 하여금 작품이 상연되는 무대공간을 힘과 절제로 다스려 나가게 하고 있다.

그런가 하면 작품「춘풍의 처」에서는 아예 언어로 하여금 작품의 호흡을 조절하고, 연극의 진행을 담당하며, 주제의 전달을 도맡아 하도록 꾸며져 있다. 이 작품 속에서 작가는 자기가 한국어와 한국 정서의 대가(大家)가 될 수 있다는 확신을 가지고 언어에 도전하고 있다. 특히 이 작품 속의 언어는 한국인의 어느 부분만을 대변하는 언어가 아니라, 한국의 서민적인 정서가 전체

---

17) 작품「영광」을 비롯하여「롤러 스케이트를 타는 오뚜기」등은 '말무늬'를 짜는 기초작업으로서 매우 의의있는 작품이다.

적으로 말 속에서 물씬 풍겨 나오도록 하는 서민적인 언어이다.

예를 들어 논리라는 말은 꺼내 볼 수도 없을 만큼 이치에도 안 맞는 이야기를 펼쳐 나가는 가운데 작품이 끝나고 나면 남은 것이라고는 아무것도 분명한 것이 없는데, 관객의 뇌리에는 다만 대사 속에서 풍겨 나오는 유머와 풍자, 서슴치 않고 내뱉는 쌍스러운 욕에서 자아 나오는 무명 실타래와도 같은 한국적인 투박한 인정과 정서가 모두 대사에 스며 있음을 알 수 있다.

「춘풍의 처」는 춘풍의 애첩 추월이를 만나 대화하던 중 너무나 화가 나서 그를 이마팍으로 떠 받는다. 그러나 정작 쓰러진 것은 추월이 아니라 춘풍의 처다. 예기치 않은 반전의 좋은 예이기도 하다.

처 내 면상을 받아서 급살을 낸 것이 추월이가 분명한가?

이지 말은 바로 하시우. 성님이 먼저 받았지 어디.

처 그년 소리 한번 잘 하더라. 그것 보구서 내 후행을 하여 소리나 들려주면 내가 어서 북망산에 가겠네만.

이지 여기 없소. 벌써 갔소.

처 그러면 그년 입던 저고리나 한번 입어 보면 어서 북망산에 가겠네.

덕중 그럼 어서 가져 오리다. (뛰어 나간다 처는 도로 눕는다.)

부 이 송장이 업쳤다 뒤쳤다 하는 것이 아무래도 여게 토주신이 부정을 탔는가 보오. 동태나기 전에 토주관 불러 돈 한푼 팔푼 주고 살풀이를 하시요.

이지 토주관이 어디 계신가?

부 여기 있소.

이지 어디?

부 여기, 나.

이지 옛다. 한푼 팔푼. (불식간에 면상을 받는다. 부(父)는 얼굴을 싸쥐고 달아난다) 내가 토주관을 할터이니 너 한번 들어 보거라. (심난하게 소리를 한다) 저—건너 묵은 밭에 쟁기가 없어서 묵었는

가. 임자가 없어서 묵었는가…….[18]

이 짧은 장면만 보아도 이 작품 속에서는 삶과 죽음의 경계를 '말' 하나로 넘나들고 사건의 진행도 말로, 사건의 중단도 말로 되어있음을 알 수 있다. 또 이 작품 속의 말은 그 자체가 유머의 도가니로 대사만 듣고 있어도 이 작품이 자아 내고 있는 분위기와 이 작품의 주제가 가지고 있는 초월적 논리 속에 전개되는 한국인의 정서와 그 뿌리가 물씬 풍겨 나온다. 사건의 발전도 사실은 말과 박치기 한 번으로 끝내고 다음 장면으로 넘어가는 것이다. 한국의 탈춤이나 판소리, 꼭두극 등에 나오는 우리의 전통 공연예술 속에 나오는 특유의 기법에서 유태되는 요소를 너무나 자연스럽게 오늘의 우리 정서 속에 계승하고 있는 것이다.

그가 언어에 기울이는 관심과 애정은 그로 하여금 우리의 정감을 나타내고, 우리 사회 속에 뿌리박고 내려오는 풍자와 해학, 유머의 구조를 파악하는 데 게을리하지 않는 결과라고 볼 수 있다. 그는 이러한 언어를 만들어 내기 위해 옛날에 쓰던 고어(古語)를 그대로 답습하는 것이 아니라, 오히려 고어가 가지고 있는 묵은 때를 벗기기 위해 과감히 분해하고 파기하였다가 오늘의 우리 정서에 맞도록 다시 재창조해 내는 데 이제는 숙련을 쌓은 장인(匠人)이 된 셈이다.

예를 들어 "옛다, 한푼 팔푼"하는 표현을 보았을 때 아마도 그러한 표현이 옛날에 있을성 하지만 사실 그 언어가 가지고 있는 의미적 내용은 텅 비어 있고 단지 형식과 발음에서 오는 울림이 분위기를 자아내고 웃음을 자아내는 데 그렇게 적중할 수가 없다. 작가 오태석이 갖고 있는 우리 말에 대한 언어감각은 아마도 그의 연극의 형태 파괴적 대담성과 맞먹는 차원으로 그의 연

---

18) 「아프리카」, 오태석 희곡집, 오상출판사, **1986**, p. **54**.

극을 충격적인 놀라움의 대상으로 만드는 데에도 근본적인 기여를 하고 있는 것이다. 그러나 그러한 언어 구사력은 가끔 감각적인 차원이나 분위기 차원에 머무를 뿐 언어의 의미 해석에만 길들여 온 관객에게는 아연실색할 정도로 의미 파괴적이므로 감당하기 어려운 연극의 애매성을 불러 일으키는 요소가 되기도 한다.

5. 전형성의 창조

오태석의 연극 속에서 언어가 한국적인 세계를 표현하는 데 가장 중추적인 역할을 하고 있다면, 언어의 힘을 빌어 그려내는 인물들은 인간이 가지고 있는 원초적이고 토속적인 세계를 가장 한국적으로 반응하고 표현하는 장본인으로 기능한다.

극한적인 상황 속에서 인간이 그것을 어떤 모습으로 체험하고, 그 체험을 통해 삶에 어떻게 반응하며, 또한 삶을 어떻게 영위해 나가는가를 그려내는 것이 극작가의 명제라고 한다면 그 명제에 오태석은 또 하나의 명제를 더 얹어 극작에 임하고 있는 셈이다. 그 또 하나의 명제란 다름아닌 어떻게 하면 삶 속에 자기를 영위하는 인간을 가장 한국적으로 그려내느냐 하는 것이다. 그렇기 때문에 그의 작중인물들은 서양 연극에서 흔히 만나게 되는 개성적인 인물이거나, 영웅적인 인물이 아니다. 비록 작품 속에서는 주인공으로 등장하는 인물이라 해도 그 인물은 홀로 서 있는 법이 없다. 예를 들어 「롤러 스케이트를 타는 오뚜기」, 「약장사」, 「어미」같은 일인극의 형태를 지니고 있는 작품에서도 비록 연극은 한 사람의 연기를 통해 극이 진행된다 하더라도 그 속의 인물이 부딪치고 있는 문제나 상황은 절대로 혼자만의 것으로 등장하는 것이 아니다. 그들은 항상 주변의 환경과 상황에 의해 희망적이거나 절망적이 된다. 또한 그들이 비록 자신의 삶에 관한 이야기를 하고 있다 해도 그들의 이야기는 자신만의 이야기가 아닌 우리들의 이야기를 대변하고 있는 것이다.

그러므로 오태석의 작중인물들은 오늘의 우리를 대변하고 있거나, 아니면 옛날의 삶 속에 투영된 오늘 우리의 이야기를 하고 있는 것이다. 그래서 그들의 이름은 역사 속에 근거를 두고 우리에게 전해 내려오는 이름들이거나, 아니면 으늘날 우리가 흔히 대할 수 있는 우리 주변에 사는 그런 이름들이다. 「유다여 닭이 울기 전에」에 나오는 준장, 이순, 국정, 정가, 옥자 등의[19] 이름을 볼 때 정가라든가 옥자라든가 하는 흔한 명명은 벌써 그 이름만 보아도 우리 주변에 사는 사람들이라는 가까운 느낌을 준다. 또한 이들을 통해 일어나는 마약밀매와 얽힌 괴이한 사건, 이순의 복잡한 과거, 국중과 준상의 라이벌 관계 아닌 삼각관계, 식모로 등장하는 옥자의 처신, 이들을 둘러싸고 일어나는 모든 일들은 매우 일상적인 우리 주변에서 흔히 일어날 수 있는 일이라는 암시가 그들의 언행에서 이미 풍기고 있는 것이다.

사실 이들의 이름은 편이상 있는 것이다. 남자**A**, 남자**B**, 식모, 심부름 온 사람 등의 표현으로 얼마든지 이 작품의 사건전개는 가능하다. 단지 이름이 가지는 개개의 개성은 이 사건을 전개해 나가는 가운데 그들 각각이 갖는 대응관계에서 더욱 흥미롭게 관객에게 다가온다. 국정의 예상밖의 무모하고 거칠은 행동이나, 이에 맞서는 준상이의 얼떨떨하면서도 돌변하는 교활한 모습, 또 그러는 가운데 가끔은 정의감에 불타서 남편 구실을 하는, 즉 여자에 대한 본능적 보호심리가 나타나지만, 결국은 둘 다 한 여자를 이용해 자신의 욕심을 채우는 인물이라는 사실, 또한 여자도 그런 남자를 이용하여 자신의 상황에서 벗어나고자 하지만 실패하는, 매우 비인간적이며 비정상적인 인간관계를 보여주고 있다.

---

19) 「아프리카」, 오태석 희곡집, 오상출판사, 1986, p. 9.

그렇지만 이러한 인물군은 우리가 무심히 지나쳐 버리는 오늘날의 바로 우리들의 모습을 대변하고 있음을 알 수 있다.

그런가 하면 「춘풍의 처」에 등장하는 춘풍, 이지(李知), 덕중(德中), 부자(父子), 추월(秋月), 화조(花朝) 등은[20] 모두가 극중에서는 제각기 나름대로의 역할을 하고 있는 기능적이고 대변적인 인물이라, 꼭두극이나 탈춤에 나오는 양반 박첨지와 본처 그리고 애첩 사이의 삼각관계보다 훨씬 더 유머스럽고 사회비판적으로 그려지고 있을 뿐이다. 이 작품에서의 사회비판은 어떤 특정한 시대의 특정한 제도를 비판한 것이 아니라 우리들의 심성 속에 스며 녹아 있는 비논리성과 정감에 얽혀 모든 것을 제대로 볼줄 모르는 무지 아닌 무지, 그래서 끊임없이 반복되는 한국적 삶의 비생산적 합리주의와 타협주의가 풍자와 해학과 어우러져 사랑이 넘치는 시각에서 우러나온 유머의 그릇 속에 담겨 있는 것이다. 그러므로 그 속에 담긴 인물들은 옛날 전설에서 따 온 (예, 덕중과 이지) 이름들이며, 그들이 벌이는 사건은 한국인인 우리의 심성 속에 자리잡고 있는 마음을 각기 대변하고 있는 것이다.

「한만선」에서 처럼 어떤 특정한 인물, 즉 안중근의 선비정신과 그 정신을 이어받은 것으로 보이는 선생의 장인정신은 오늘날의 적당주의를 대변하는 안상노의 언행 속에 삼각의 변을 이루며 서로를 비쳐주고 있다. 그러나 그러한 한국인의 정신적 근원을 추구하고자 한 작품 속에 등장하는 인물들을 보면 해설자, 안상노, 처, 현장감독, 아낙, 간호원, 임우식, 미스 문, 선생, 기사 등으로[21] 되어 있다. 이 작품 속에서도 역시 어떤 한 개성을 강조한 개인을 그린 것이 아니라 아낙, 처 등으로 나타나는 이름은 삶 속에 인간의 기능과 위치를 드러내는 데 필요한 명칭이거나 아니면

---

20) 「아프리카」, 오태석 희곡집, 오상출판사, 1986, p. 41.
21) 「아프리가」, 오태석 희곡집, 오상출판사, 1986, p. 89.

현장감독, 간호원 등 직업을 대변하는 인물들이다. 다른 작품에서와는 달리 「아프리카」에서는 분명 당당한 주인공으로 등장하는 지씨(池氏) 또한 사실은 현대의 지식산업과 정보문화가 지배하는 속도주의 시대에 여전히 시골마을에서 자란 우매하고 약삭빠르지 못한 한국인이 어떻게 반응하는지의 '본보기'가 될만한 전형적 모습을 그려내고 있는 것이다.

가장 사실적인 묘사를 하여 오태석 답지 않게 상황과 인간관계를 섬세하게 그리고 있는 「물보라」에서도 또는 하이퍼 리얼리즘에 가까운 작품 「1980년 5월」에서도 그의 인물들은 생동감을 통해 삶의 모습을 전달하는 데 큰 구실을 하고 있다. 그럼에도 불구하고, 오태석의 작품인물들은 어떤 특정인이 아니고 한국인이면 누구나, 그러한 상황과 그러한 사건 속에서는 그렇게 대응했을 법한 가장 보편적인 한국인의 모습으로 드러나고 있다.

그리하여 「자전거」, 「부자유친」, 「비닐하우스」 등 최근의 모든 작품 속에 등장하는 인물들은 대담하게 스케치되는 모습 속에 우리 모두를 대변해 주는 전형적인 인물로 등장한다.

그러면서도 극중에 나오는 모든 인물들은 제각기 나름대로의 대변되는 성격을 가장 색채감 있게 드러내보이면서 그들이 처한 상황을 입체적으로 그려가는 것이다. 그들 인물들의 여러 색깔들은 드디어 무대 위의 화려하거나 담백한, 아니면 열렬한 한 폭의 그림 속에 인간의 원초적 모습을 대변하는 제스처로 각인된다. 그러한 인물을 연기하려면 아마도 배우들은 방방곡곡을 누비며 우리의 삶 속에 녹아 용해된 조상들의 모습을 지금의 우리들의 모습 속에서 재발견하고, 그러한 심성의 뿌리가 언어에서 뿐만 아니라 행동방식과 몸짓에서까지도 우러나오도록 연기할 수 있어야 할 것이다.

그러나 그렇다고 해서 그 연기가 반드시 사실적인 묘사에만 머물면 안된다. 상황을 패턴화하고, 그 속에 우리의 삶의 모습을 더 큰 테두리로 육체화하기 위해서는 인물 하나하나가 가지고 있는 전형적 특징을 대담하게 그려낼 수 있으면서도 연기자 자신이 가지고 있는 특징이 개성으로서가 아니라 한민족의 전체성으로 드러난 것을 염두에 두어야 할 것이다. 「어미」에 나오는 주인공인 해녀 출신 어미를 통해 모성애의 원형이 한국적으로 드러나게 되어 있는가 하면, 「아프리카」의 지씨(池氏)를 통해 '국제화' 되어 가는 세계적 추세 속에서 '자기상실화'를[22] 겪는 우직한 촌뜨기의 한국인의 한 모습을 빈틈없이 드러내고 있다. 결국 오태석의 작품공간은 한국의 어느 서민적 공간 「유다여 닭이 울기 전에」에서부터 점점 작가의 시각이 세계화되어 가는 가운데 그의 인물들 역시 점점 더 한국적인 모습을 분명하게 드러낸다.

　「여자歌」에서 빚어내는 현실비판은 아직도 허구적인 대세를 누리면서 안방문화를 지배하는 대가족 제도의 맹점을 지적하고 있다. 여기에서도 이야기의 전개는 금치산 제도를 둘러싸고 이복형제와 생모 사이에 벌어지는 물질만능의 시대 속에 인간애정의 부재 현상을 질타하는 것으로 되어 있다. 이 작품에서 작가는 인물들로 하여금 제각기 나름대로의 역할의 기능을 살리면서 한 대가족 속에 얽혀있는 애증의 소용돌이와 그 바닥에 깔린 허망한 인생관을 그려내고 있다. 사회비판 중에서도 오늘의 시점에 초점을 맞추어 다룬 작품인 것이다. 그러므로 이 작품 속의 인물들은 인간이기보다는 오히려 교활한 동물의 세계를 연상할 만큼 비인간적이고 계산적이다. 갓 시집온 새댁 영주의 시각을 통해 비추어지는 "이 집안식구인 모든 다른 식구, 시부모, 시누이, 시숙, 동서 등은 모두가 자신의 관점으로 살아가는 한 개인이 아니라 소위 지체높고 가문 쟁쟁한 한 가문의 바탕을 이루고 있는 몇 푼의

---

22) 한국연극, **1986**, 4월호, p. **179**.

재산과 그 재산을 둘러싸고 일어나는 반목, 시기, 이기의 도가니 속에서 조종받고 조종하는 인형에 불과한 것이다."[23]

이 작품을 통해 보여지는 오태석의 작중인물들은 인형과 사람과의 대비관계로도 전개될 수 있다. 이미 「1980년 5월」이라는 작품이래 그는 그로테스크한 인형으로 무대 위에 오브제의 역할과 기능을 백분 활용하고 있다. 특히 「아프리카_의 비행기 장면에서의 인형 활용은 그의 연극의 일부가 되었으며, 「태」의 재공연 때마다 그는 인형 아닌 두루마기 형식의 종이두루마기를 천정에서부터 내려뜨려 살아 있는 인물 이상의 역할과 기능을 암시적으로 담당해 낸다. 가장 최근의 작품인 「부자유친」에서 그가 활용하는 인물과 오브제, 의상과 소도구의 밀접한 관계는 점점 상실해 가는 인간성의 문제를 좀더 현대화하여 오늘을 사는 현대인에게 섬짓한 두려움을 줌으로써 연극의 사회적 기능을 돋보이게 하고 있는 것이다. 이는 인물의 전형화를 통해 한국인의 심성을 전체적으로 대변하고자 하는 작가의 의도를 넘어 점점 인형화하는 현대사회의 허구적 삶을 적중하려는 그의 연출의지에서 출발했다고 보아 마땅하다.

6. 재창조된 역사와 현실

오태석의 연극세계는 작가 오태석과 연출가 오태석이 무대 위에서 정반합으로 정확히 만났을 대에야 비로소 완전해진다. 그가 아무리 뚜렷한 주제를 설정했다 하더라도, 또한 그의 언어구사가 아무리 완벽하여 음성언어와 동작언어가 교묘한 배합을 이루었다 하더라도, 또는 그가 아무리 연극이라는 생명체의 호흡을 파악하여 그에 맞는 리듬과 템포를 조절할 수 있다 하더라도 그는 곧잘

---

23) 안혜숙, 공연평 「여자歌」,《한국연극》, 1985, ɔ. 10.

자기가 파놓은 함정에 빠질 수가 있다.

그의 연극이 신들린 듯 재미있는 것은 그의 작가적 재능에서 보다는 연출가적 착상에서 오히려 더 많이 찾아진다. 그가 극작가로서 거의 모든 작품에 활용하고 있는 이중구조나 삼중구조의 타래식 '이야기 묶음'의 기법은 다시각(多視覺)의 초점이 한 지점에서 만났을 때 비로소 무대 위에서 명쾌한 감명을 선사하는 것이다. 그러나 여러 타래의 이야기들이 한 시각에서 초점이 맞지 않아 엇갈릴 때에는 작가로서 설정했던 그의 의도가 무대 위에서 적중하지 못해 흔히 혼란이 야기된다. 이 혼란은 다시 관객에게는 재미있는 가운데 "무슨 말을 하려는지 도무지 모르겠다"는 애매모호함으로 전락하게 되는 것이다.

「춘풍의 처」, 「태」, 「초분」, 「물보라」, 「자전거」, 「1980년 5월」, 「부자유친」 등에서는 연출가인 오태석이 작가 오태석의 의도를 적중하여 이 중요한 시각의 초점을 맞춘 셈이다. 그리하여 이러한 작품들에서는 역사와 현실 사이에 훌륭하게 다리를 놓은 시공간을 창조하여 생동감 있는 제 3의 현실을 관객 앞에 구현해 보이는 것이다. 그러한 작품들 속에서 관객은 옛날 우리 조상들의 모습을 보는 동시에 우리 스스로의 모습을 확인하게 되는 것이다. 이러한 작품 속에서는 작가 오태석이 꾸준히 추구하고 있는, 전통과 현실을 감싸고 있는 한국인의 심성적 뿌리가 부각되는 동시에 인간의 원초적이며 본능적인 삶의 구조가 그 참 모습을 드러내 보이는 것이다.

그러나 가끔은 완성의 경지에 이르지 못한 채 작품이 무대 위에 올려지는 경우가 있다. 뮤지컬 「불새」가 그러한 경우였고, 「아프리카」가 아쉬움을 남긴 채 막을 내렸다. 또한 연출가 윤호진과 작업한 「팔곡 병풍」이 너무나 엇나간 채 힐책의 대상이 되었다. 「불새」의 경우, 그는 뮤지컬에 대한 더 깊은 탐구가 필요

할 것이고, 「아프리카」의 경우 조금만 보완을 하면 작품이 훨씬
더 살아날 수 있지 않을까 생각된다. 「한만선」의 경우 '한국의
정신적 배경'을 추구한 극작가로서의 일관성있는 집념은 어느 다
른 작품보다 돋보이면서, 연극의 재미가 빠져 있는 것은 어쩌면
연출가로서의 상상력이 조금 굳어 있어서가 아닐까 추측된다.
「필부의 꿈」이 또한 빗나간 채 막이 내려졌다. 이 경우는 「한만
선」의 경우와 정반대되는 예이다. 연출가의 착상은 무궁무진하였
는데, 작가가 가지고 있는 주제설정이 미약하여 연출가의 재주에
작품이 끌려다닌 셈이 된다.

  그리고 보면 오태석의 경우 작가 오태석이 연출가 오태석을 적
당히 압도할 때 오히려 절제와 여유가 넘치는 좋은 작품이 태어
나지 않나 싶다. 그가 코메디 연기에 대해 언급한 글을 보면 그
또한 앙드레 지드가 말한 '神의 몫'이 이루어 놓은 제 3의 영역
에 대한 기대를 하고 있음이 분명하다.[24] 단지 이러한 영역에 대
한 기대가 가끔은 너무 지나칠 수 있다는 데 작가는 경계를 게을
리하지 말아야 되겠다는 생각일 뿐이다.

---

24) 한국연극, **1984**, p. **33**.

공연예술신서 1
오태석희곡집 1

백마강 달밤에

초판 1쇄 펴낸날/ 1994년 3월 12일
초판 4쇄 펴낸날/ 2004년 3월 15일

지은이/ 오태석
기　획/ 이저명
펴낸이/ 이정옥
펴낸곳/ 평민사

주소/ 서울시 서대문구 남가좌2동 370-40
전화/ 02) 375-8571(영업) · 02) 375-8572(편집)
fax/ 02) 375-8573
홈페이지/ www.pyungminsa.co.kr
e-mail/ pms1976@korea.com
등록번호/ 제10-328호

값/ 9,500원

* 인지가 없거나 잘못 만들어진 책은 바꾸어 드립니다.